Reinhold Christiani (Hrsg.)

Jahrgangs-übergreifend unterrichten

Ziele, Erfahrungen

•

Organisieren, Informieren

•

Differenzieren, Beurteilen

Cornelsen
SCRIPTOR

Die in diesem Werk angegebenen Internetadressen haben wir überprüft (Redaktionsschluss Dezember 2004). Dennoch können wir nicht ausschließen, dass unter einer solchen Adresse inzwischen ein ganz anderer Inhalt angeboten wird. Deshalb empfehlen wir Ihnen dringend, die Adressen vor der Nutzung im Unterricht selbst noch einmal zu überprüfen.

Cornelsen online http://www.cornelsen.de

Bibliografische Information: Die Deutsche Bibliothek verzeichnet diese Publikation in der Deutschen Nationalbibliografie; detaillierte bibliografische Daten sind im Internet über http://dnb.ddb.de abrufbar.

Dieses Werk berücksichtigt die Regeln der reformierten Rechtschreibung und Zeichensetzung.

5.	4.	3.	2.	1.	Die letzten Ziffern bezeichnen
09	08	07	06	05	Zahl und Jahr der Auflage.

Redaktion: Daniela Brunner, Düsseldorf
Herstellung: Brigitte Bredow, Berlin
Layout und Satz: FROMM MediaDesign GmbH, Selters/Ts.
Umschlagfoto: Fotobüro Veit Mette, Bielefeld
Druck und Bindung: Clausen & Bosse, Leck
Printed in Germany
ISBN 3-589-05098-5
Bestellnummer 50985

Gedruckt auf säurefreiem Papier,
umweltschonend hergestellt aus chlorfrei gebleichten Faserstoffen.

Inhalt

Vertrautes aufgeben?

Die Grundschule soll noch besser werden. Dabei wird – so legen es die Ergebnisse der internationalen Vergleichsstudien nahe – der Schuleingangsphase eine entscheidende Rolle zukommen:

- gezielte Förderung statt Auslese bereits zu Schulbeginn
- Individualisierung der Lernziele und der Lernwege statt normierter Anforderungen
- individuelle Verweilzeiten in jahrgangsübergreifenden Klassen statt amtlicher Nichtversetzung

Die Umstellung vom Jahrgangsklassensystem auf das pädagogische Konzept der jahrgangsübergreifenden Lerngruppe gehört in diesem Zusammenhang zu den aktuellen, indes keineswegs neuen pädagogischen Botschaften. Aber warum sollte man die Jahrgangsklasse – uns allen doch so vertraut – einfach aufgeben?

Altersgleiche Kinder zu einer Klasse zusammenzuführen, das ergab sich erst, nachdem die Schulpflicht eingeführt und auf ein bestimmtes Datum festgesetzt war. Damit war zugleich die Vorstellung geboren, man könne Gleichaltrige durch einheitlichen Unterricht gleichmäßig fördern. Denn – so die Annahme – die geistig-psychische Entwicklung laufe mit dem Lebensalter parallel. So begünstigten das Einsammeln der Kinder nach Lebensalter und das Einverleiben in ein zufälliges Sozialgebilde den offensichtlich unausrottbaren Glauben an die Notwendigkeit homogener Lerngruppen. Und die glaubte man durch Zurückstellen, Nichtversetzen und Überspringenlassen immer wieder gleichschalten zu müssen. PETER PETERSEN war es schließlich, der angesichts des Sitzenbleiberelends vom Bankrott der Jahrgangsklasse gesprochen hat.

Übrigens: Noch bis in die jüngste Gegenwart war die jahrgangsübergreifende Klasse verpönt – und das, obwohl Grundschulen mit solchen Klassen seit Jahren bereits sehr erfolgreich unterrichten, zum Beispiel nach den Grundsätzen von PETER PETERSEN und MARIA MONTESSORI.

Zu diesem Band

Die Autorinnen und Autoren berichten in diesem Buch über ihre Erfahrungen mit jahrgangsübergreifenden Klassen und über die Ziele, die sie sich bei dieser Arbeit gesetzt haben. Sie benennen auch die Bedingungen für das Gelingen einer erfolgreichen Umstellung von der Jahrgangsklasse auf die jahrgangsübergreifende Klasse. Dann schildern sie ihre Bemühungen, wie sie verhindern wollen, dass es zu bloßem Abteilungsunterricht kommt, also zu getrennten „Jahrgangsklassen“ innerhalb der jahrgangsübergreifenden Lerngruppe. Die Autorinnen und Autoren beschreiben das Differenzierungskonzept ihrer Schule: von der Freiarbeit über Kern und Kurs zu Vorhaben und Projekten. Und sie geben schließlich Antworten auf die wohl am häufigsten gestellte Frage: Wie kann ich denn bei der so großen Heterogenität (Alter, Begabung, Lernvoraussetzungen und Lernprobleme betreffend) in meiner jahrgangsübergreifenden Lerngruppe überhaupt den Überblick behalten? Abschließend schildern sie, wie sie die Eltern in die Arbeit der Schule einbeziehen und sie für das Neue zu gewinnen suchen. *Alle Autorinnen und Autoren schreiben nur über das, was sie selbst durchgeführt, erprobt und erfahren haben.*

Gewiss, die Umstellung auf jahrgangsübergreifende Klassen ist für jede Schule eine große Herausforderung. Es ist ein Vorhaben von hoher Komplexität. Doch es lohnt, wie die hier geschilderten schulpraktischen Erfahrungen zeigen, lange Vertrautes aufzugeben und sich auf den Weg zu machen. Und es wäre wünschenswert, wenn mehr Grundschulen die erzieherische Kraft, die in dieser Organisationsform zweifellos steckt, nutzen würden. Dazu wollen die Autorinnen und Autoren mit ihren zahlreichen Anregungen in diesem Buch Mut machen.

Zu Kapitel 1 – Keine positiven Effekte? Überzeugende Berichte!

Die Argumente für jahrgangsübergreifende Klassen – aber auch die Bedenken – haben Hinz & Sommerfeld (2004) unter pädagogischen, didaktischen und sozialen Aspekten zusammengestellt. Empirischen Untersuchungen über jahrgangsübergreifenden Unterricht zufolge fallen die Ergebnisse eher „ernüchternd“ aus. So berichtet Einsiedler (2003, S. 300):

> „Im Leistungsbereich werden fast nie Unterschiede zwischen jahrgangsgemischten Klassen und Jahrgangsklassen gefunden. Im Bereich des sozialen Lernens treten entweder keine Unterschiede auf, oder es kommt zu sehr geringen positiven Effekten zugunsten der jahrgangsgemischten Klassen.“

Gleichwohl hat es in der Vergangenheit überzeugende Praxisberichte über die Erfolge vor allem in erzieherischer Hinsicht gegeben: Die jahrgangsübergreifende Klasse ermöglicht – natürlich besonders wirksam bei mehr als zwei Jahrgängen – individuelle Verweilzeiten, ohne dass es zu einem Wechsel der vertrauten Lerngruppe kommen muss. Langsam Lernende können zeitweise oder auf Dauer mit den Kindern der unteren Jahrsgangsstufen zusammen lernen. Besonders Leistungsfähige lernen schon bei den Großen mit.

Hier kann man beobachten, wie Kinder ihre „intellektuellen Wanderungen" (MONTESSORI) unternehmen: nachsehen, was die Kleineren schon können; Vertrautes wieder genießen, Altes auffrischen; erstaunt sein, was die Großen schon leisten; sich bei ihnen schon mal erproben. So können Kinder vorausgreifend lernen und auch zurückgreifend, ohne Ansehen zu verlieren und ohne ihr Selbstbild zu gefährden. Kinder bekommen damit eine klare Perspektive für ihre eigene Entwicklung. Und sie erfahren sich so in wechselnden sozialen Positionen.

Zu Kapitel 2

Das Neue klar vor Augen? Erfolgreich umstellen

Niemand gibt gern etwas Vertrautes auf, wenn man das Neue nicht klar vor Augen hat. Deshalb ist es wichtig für den Erfolg, dass sich das Kollegium ein Bild davon machen kann, was in welche Richtung verändert werden und was das Ergebnis sein soll. Für die Lehrerinnen und Lehrer muss absehbar sein, wie die Umsetzung vonstatten gehen soll – insbesondere dann, wenn es sich um ein solch komplexes Problem- und Entscheidungsbündel handelt, wie es bei der Einrichtung von jahrgangsübergreifenden Klassen gegeben ist. Konsequenz: Die Schule muss das Vorgehen bis ins letzte Detail planen. Und sie muss die Zeit dafür haben. Eine Idee allein, mag sie noch so überzeugend sein, schafft noch keine neuen Wirklichkeiten.

Die positiven Erfahrungen vieler Schulen legen es nahe, nicht nur die Jahrgänge 1 und 2, sondern die Jahrgänge 1 bis 3 (d. h. ca. acht Schülerinnen und Schüler je Jahrgang) oder gar die Jahrgänge 1 bis 4 in einer Lerngruppe zusammenzufassen. Rituale, Klassenleben, Lernkultur: Was hier die Lehrerin oder der Lehrer mit der Klasse über Jahre entwickelt hat, bleibt erhalten und wird nahtlos an die jährlich hinzukommenden Erstklässler weitergegeben. So finden die „Neuen" – ohne jede äußere Disziplinierung – in ihre neue Rolle als Schul-Kind. HINZ & SOMMERFELD (2004) halten eine möglichst weite Altersspanne für notwendig, um

- Kindern den Kontakt zu deutlich älteren oder jüngeren Kindern zu ermöglichen, sodass Interaktionen den Charakter sozialer Erprobungen gewinnen,

- ein Helfen in „echten“ Situationen zu arrangieren, das zur Entwicklung von Kooperationsfähigkeit, Teamfähigkeit, Verantwortungsbewusstsein, Toleranzfähigkeit sowie zur Steigerung von Lernmotivation beiträgt,
- deutlich zu machen, dass Interessen nicht altersspezifisch sein müssen, sondern oft langfristige und gemeinschaftliche Anliegen sind,
- ein gegenseitiges Helfen zu ermöglichen, das über die funktionalisierte soziale Hilfe hinausgehend auf echte Wissensvermittlung und Lernhilfe ausgerichtet ist,
- ein Bewusstsein von einer akzeptierten Andersartigkeit und Unterschiedlichkeit von Individuellem zu vermitteln,
- ein breites Angebot von Lernanreizen und individuellen Entwicklungsmöglichkeiten machen zu können.

Zu Kapitel 3

Rahmenbedingungen vorhanden? Eigentätigkeit ermöglichen

Wenn neben dem instruktiv direkten Unterricht das aktiv-entdeckende, eigengesteuerte Lernen zu seinem Recht kommen soll, wenn die Lehrperson also nicht mehr unablässig das Unterrichtsgeschehen dominiert – was in jahrgangsübergreifenden Klassen ohnedies nicht mehr funktionieren kann –, dann muss auch der *Klassenraum* entsprechend eingerichtet sein. Eigenverantwortliches Lernen und auch das lehrerangeleitete Lernen finden in unterschiedlichen Arbeitsweisen und Sozialformen statt. Deshalb ist es wichtig, dass der Klassenraum gemeinsame Gespräche und frontales Erarbeiten ebenso ermöglicht wie ruhiges Arbeiten in kleinen Gruppen oder konzentrierte Einzelarbeit.

Kinder können ihr Wissen und ihre Fertigkeiten nur dann selbstständig ausbauen, wenn vielfältige differenzierende – das bedeutet hier auf drei oder gar vier Jahrgangsstufen abgestimmte – *Arbeitsmittel* zur Verfügung stehen.

Damit eigenverantwortliches Arbeiten nicht zu oberflächlicher, beliebiger Arbeit wird, sollte in allen Klassen eine *vorbereitete Umgebung* planmäßig aufgebaut sein. Die Arbeitsmittel haben entscheidenden Einfluss auf die Qualität des Lernens vom ersten Schultag an. Sie leisten einen wichtigen Beitrag zur systematischen Förderung von Lernstrategien – vorausgesetzt, sie ersetzen nicht einfach den eng geführten Frontalunterricht, sondern helfen beim selbstständigen Erarbeiten, unterstützen das aktiv-entdeckende Handeln, die Arbeit an Vorhaben und Projekten oder das sinnvolle Üben.

Zu Kapitel 4

Verlässliche Ordnungen hergestellt? Regeln und Rituale einhalten

In einem solch komplexen Unterrichts- und Erziehungsgeschehen, wie es die jahrgangsübergreifende Lerngruppe darstellt, sind die Schülerinnen und Schüler zu ihrer Orientierung in besonderer Weise auf Normen angewiesen. Anregung und Anleitung sind auf Dauer nur auf der Grundlage klarer Regeln wirksam; deren Nichteinhalten muss ebenso klare Folgen haben.

Regeln und Rituale im Klassenzimmer: Das sind die verbindlichen Orientierungen für die Kinder. Sie vermitteln Verlässlichkeit und damit auch Halt. Die Regeln müssen alle befolgen. Die Rituale sorgen dafür, dass man die Abmachungen für das Organisieren der Arbeit und für das Miteinander nicht immer wieder neu treffen muss. Dabei stärkt ein gut funktionierendes Helfersystem die soziale Mitverantwortung: „Schüler unterstützen Schüler". Übrigens: Bei solcher Hilfestellung fördert das Wiederholen der Inhalte die eigene Leistung. Erstaunliche Fähigkeiten erwerben die Schülerinnen und Schüler beim Lehren.

Regeln und Rituale geben der Schule ein persönliches Gesicht; sie stiften zudem Tradition, die auch entlastend wirkt. In den jahrgangsübergreifenden Klassen wachsen die Erstklässler ohne besonderes Zutun, durch Beobachtungslernen, durch Nachmachen und durch Mittun in die Klassengemeinschaft hinein.

Vom Kommen über das In-die-Pause-Gehen bis zur Freitagsfeier am Wochenende, von der Ärgerdose bis zum Klassenrat, von den Gesprächsregeln über die Arbeitstechniken bis zu den Formen literarischer Geselligkeit (Literaturbrett, Lesefeier etc.): Solche Regeln und Rituale muss die Lehrerin oder der Lehrer nicht Jahr für Jahr mit den Erstklässlern erst mühsam einüben. Es ist wichtig, konsequent auf dem Befolgen der Regeln und Rituale zu bestehen, andernfalls verlieren sie ihre so überzeugende erzieherische Funktion.

Zu Kapitel 5

Tagesgliederung transparent gestaltet? Verlässlichen Plan abstimmen

Die Schülerinnen und Schüler sollen den ganzen Vormittag über in stabilen und verlässlichen Beziehungen lernen können. Deshalb ist es wichtig, die Zahl der Lehrenden in einer Klasse möglichst gering zu halten. Die *Klassenlehrerin* sollte den Tag am besten so gestalten, dass sie den aktuellen Bedingungen ebenso gerecht werden kann wie den organisatorischen Notwendigkeiten. Sie allein kann den optimalen Arbeitsrhythmus für die Lerngruppe finden. So wird die Klassenlehrerin – oder der Klassenlehrer – Garant für eingespieltes Klassenleben. Je weniger Lehrende, umso eher sind Voraussehbarkeit und Kontinuität gewährleistet.

Gerade für jahrgangsübergreifende Lerngruppen bietet sich der offene, flexibel gestaltete *Unterrichtsbeginn* an, denn die Kinder der Lerngruppe haben je nach Jahrgangsstufe unterschiedlich viel Unterricht. Doch einfach mit dabei sein zu können, hat auch seinen Reiz gerade für die Jüngeren. Kurzzeitige Takte des Unterrichts stören das konzentrierte Arbeiten in Muße und Ruhe.

Der offene Beginn, der Morgenkreis, das gemeinsame Gebet, das konsequente, aber auch gesellige Gestalten des Frühstücks, der geordnete Abschluss des Tages ohne Zeitdruck: Solche *Tagesstrukturen* verlangen einen Stundenplan, der nicht zu sehr festlegt, der gleichwohl auch für Kinder eine einsehbare Ordnung hat.

Zu Kapitel 6 – Zielerreichendes Lernen sichern – Abteilungsunterricht verhindern

Wie fördern wir in den Fächern? Es kann nicht das Heranfördern an eine für alle gleiche Messlatte sein. Das bedeutete das Festschreiben auf ein Durchschnittsniveau. Die Förderung muss jedem einzelnen Kind, seinem individuellen Lerntyp und seinem individuellen Lerntempo gerecht werden. Zudem: Die Kinder sollen ihren Lernweg auch selbst steuern lernen (Selbstdifferenzierung).

Allen Schülerinnen und Schülern werden die unverzichtbaren Grundlagen für das erfolgreiche weiterführende Lernen in den Fächern vermittelt. Zielerreichendes Lernen im Bereich der Grundlagen gelingt angesichts der Individualität des kindlichen Lernens indes nicht mit Lernen im Gleichschritt.

Im jahrgangsübergreifenden Unterricht kann diese *Individualisierung* der Anforderungen besonders gut gelingen. Voraussetzung dafür ist allerdings, dass der Klassenunterricht nicht in einen permanenten Abteilungsunterricht zerfällt. Dazu müssen die Aufgaben in den lehrgangsorientierten Fächern so konzipiert sein, dass die Kinder unterschiedlicher Jahrgangsstufen möglichst oft an einem Unterrichtsgegenstand auf unterschiedlichem Niveau gemeinsam lernen können. So können die Kinder – Phasen aktiv-entdeckenden und eigenverantwortlichen Lernens vorausgesetzt – sich zur selben Zeit demselben Thema und derselben Fragestellung zuwenden. So stellt sich auch nicht das Problem des herkömmlichen Förderunterrichts, in dem Kinder mit Lernschwierigkeiten den Unterrichtsgegenstand, der in der Klasse behandelt wurde, noch einmal wiederholen müssen. Bloßes Wiederholen ist bekanntlich kontraproduktiv.

Zu Kapitel 7

Differenzierungskonzept erstellt? Individuell fördern

Bei undifferenziertem Frontalunterricht bliebe vom Konzept der jahrgangsübergreifenden Lerngruppe bloßer Abteilungsunterricht übrig. Deshalb sollte das Kollegium sich im Rahmen seines *Arbeitsprogramms* auf ein Differenzierungskonzept verständigen. Dazu einige Leitfragen:

- Haben wir uns auf die grundlegenden Anforderungen geeinigt und verfügen wir auch über Lernangebote für besonders leistungsfähige Schülerinnen und Schüler?
- Gibt es einen Grundbestand an Unterrichtsformen in allen Klassen unserer Schule?
- Haben wir die äußeren Bedingungen dafür geschaffen (Raum, Stundenaufteilung, Lehrerzuweisung etc.)?
- Haben wir einen Medienbestand mit Aufgabenstellungen, die nach Schwierigkeiten gestaffelt sind?
- Haben wir ein Konzept, um die Lernentwicklung unserer Schülerinnen und Schüler kontinuierlich im Auge zu behalten?
- Geben wir konsequent detaillierte Rückmeldungen an die Kinder und auch an die Eltern?

Zentrales Ziel der Differenzierungsmaßnahmen ist die bestmögliche individuelle Förderung; dazu zählen:

- zielerreichendes Lernen für alle
- konsequentes Schließen von Vorkenntnislücken
- Vermitteln der unverzichtbaren Grundlagen für weiterführendes Lernen

Arbeitet die Lehrerin oder der Lehrer in der jahrgangsübergreifenden Lerngruppe mit dem *Förderplan*, lässt sich die Lernentwicklung der Schülerinnen und Schüler eines jeden Jahrgangs gut im Auge behalten und der Lernweg systematisch planen:

- Was sind die wichtigsten nächsten Ziele?
- Mit welchen Mitteln kann ich sie in welcher Zeit erreichen?
- Wie überprüfe ich mein Tun?

Zielstrebigkeit und Erfolgskontrolle, das sind Garanten für wirksames Unterrichten.

Aufgrund seiner Erfahrungen in einer Krefelder Montessori-Schule definiert CUYPERS (2004, S. 202) die Rolle der Lehrerin und des Lehrers in jahrgangsübergreifenden Klassen so:

> „Vor allem ist die Bereitschaft eines jeden Lehrers angesprochen, eine neue, eine andere Rolle anzunehmen und zu erkennen, dass hiermit nicht nur der Erwerb neuer Techniken und Organisationsformen gemeint ist. Jegliche Form der individuellen Unterrichtsgestaltung kann in der Vor- oder Nachbereitung und erst recht während des Unterrichtes nur dann gelingen, wenn der Lehrer jedes einzelne Kind seiner Klasse *kennt.* Das setzt die Bereitschaft voraus, eine Beziehung zu jedem Kind aufbauen zu wollen, das Kind nicht nur im Klassenverband, sondern auch in Einzelsituationen zu erleben, es zu beobachten und über Gespräche mit Eltern Besonderheiten über dessen außerschulische Aktivitäten zu erfahren, das Kind also als Persönlichkeit kennen zu lernen. Nur dann kann eine individuelle Förderung sinnvoll greifen."

Zu Kapitel 8 — Diagnostisches Vorgehen planen. Den Überblick behalten

Professionelles diagnostisches Vorgehen ist das A und O eines wirksamen Differenzierungskonzepts. Und das diagnostische Instrument, über das jede Lehrerin und jeder Lehrer verfügen muss, ist die *Beobachtung* (BARTNITZKY & CHRISTIANI 2004):

- Mit welchem Ziel beobachte ich was?
- Wie und in welcher Situation?
- Wie halte ich die Ergebnisse fest?
- Wie setze ich Beobachtetes in Förderung um?

Gerade in jahrgangsübergreifenden Klassen mit zwangsläufig mehr offenen Unterrichtsformen kann man auf kontinuierliches Beobachten nicht verzichten:

- Wie ist der Lernstand?
- Werden Lernfortschritte gemacht?
- Sind die Ziele erreicht?
- Wo sind Probleme aufgetreten?
- Sind die Lernlücken geschlossen?
- Wie ist das Leistungsvermögen?

Kontinuierliche Lernbeobachtung setzt voraus, dass man einen guten Überblick über die Anforderungen und die Schwierigkeiten des Lerngegenstandes hat. Voraussetzung ist zudem ein Repertoire an methodischen Hilfen und entsprechenden didaktischen Materialien. Das alles ist wichtig – gerade auch in jahrgangsübergreifenden Klassen –, um vor allem besondere Schwächen frühzeitig erkennen, um gezielt nach Stärken suchen und um dementsprechend gezielt fördern zu können.

Zu Kapitel 9 Vorbehalte ausgeräumt? Eltern einbeziehen

Die Eltern sind die Hauptverantwortlichen für die Erziehung ihrer Kinder. Deshalb ist es unerlässlich, dass die Schule sie über ihre Unterrichtsarbeit und über ihr Erziehungskonzept informiert und sie dabei für ihre Unterstützung gewinnt. Ohne Eltern oder gar gegen Eltern geht Schule nicht – schon gar nicht, wenn es um das Einführen bisher unbekannter Konzepte und Methoden geht. Die Eltern müssen vom pädagogischen Sinn überzeugt sein, damit sie Vertrauen gewinnen und die Schule unterstützen.

Wenn die Schule Neues einführt (wie hier z. B. jahrgangsübergreifende Klassen), muss das für die Eltern auch verständlich sein: Welche Bedingungen sind daran geknüpft? Verbessert sich die Qualität des Unterrichts? Das sollte ein Kollegium den Eltern überzeugend vermitteln, um die pädagogischen Bemühungen der Schule nicht unnötig zu erschweren.

Wichtig ist es zudem, die Eltern über den Lernstand ihres Kindes in der jahrgangsübergreifenden Klasse, insbesondere bei erheblichem Lernrückstand oder bei größeren Schwierigkeiten beim Lernen, kontinuierlich zu informieren und dabei – adressatengerecht – möglichst konkrete, aber auch für die Eltern umsetzbare Anregungen und Hilfen für das weitere Lernen zu geben. Arbeitet die Lehrerin oder der Lehrer mit dem Förderplan, dann ergeben sich hieraus – wie aus einem gut geführten pädagogischen Tagebuch – die Anhaltspunkte.

Reinhold Christiani

Literatur

Bartnitzky, Horst/Christiani, Reinhold (2004): Fundgrube für jeden Tag. Das Nachschlagewerk für junge Lehrerinnen und Lehrer. Berlin: Cornelsen Scriptor. 5. Aufl.

Bartnitzky, Horst/Christiani, Reinhold (1998): Die Fundgrube für Freie Arbeit. Berlin: Cornelsen Scriptor

Christiani, Reinhold (Hrsg.) (2004): Schuleingangsphase: neu gestalten. Berlin: Cornelsen Scriptor; darin:

Cuypers, Achim: Vorbereitung und Bereitschaft

Hinz, Renate/Sommerfeld, Dagmar: Jahrgangsübergreifende Klassen

Einsiedler, Wolfgang (2003): Unterricht in der Grundschule. In: Cortina, Kai S./Baumert, Jürgen u. a. (Hrsg.): Das Bildungswesen in der Bundesrepublik Deutschland. Reinbek: Rowohlt

1 Jahrgangsübergreifend unterrichten: Ziele, Erfahrungen

Unser großes Wagnis

Noch heute empfinde ich Freude über unseren Mut, wenn ich mich an die Montessori-Schule in München in der Reutberger Straße erinnere:

> Es ist morgens früh um 8 Uhr: Kinder spielen auf dem Hof, das Haus ist offen, Kinder in der Garderobe, Kinder in den Fluren, in den Klassen, Lehrer dazwischen, man unterhält sich, lacht, steht zusammen, einige Kinder sitzen an ihren Tischen und arbeiten, andere breiten einen Teppich auf dem Boden aus und holen sich Lernmaterial, einige liegen in der Leseecke und fragen einander mit Wendekärtchen Rechenaufgaben ab. Daran ist noch nichts Besonderes. Das ist normaler Alltag in einer Montessorischule, die auch von behinderten Kindern besucht wird.

Als große Neuerung kam 1983 das Mischen mehrerer Jahrgänge in einer Klasse dazu.

Warum wollten wir das?

- Es führt die bekannte Gruppenbildung im Kindergarten (Drei- bis Sechsjährige) konsequent weiter.
- Es stärkt das Sozialempfinden in einer Klasse auf natürliche Weise.
- Es hilft durch das Nachahmungsbedürfnis der Kleinen, soziale Normen und Regeln reibungsloser zu praktizieren.
- Es schafft vielfältige Gelegenheiten, voneinander zu lernen, sich gegenseitig zu helfen, selbstständig und tolerant zu werden sowie Konkurrenzängste abzubauen.
- Es ist ein wesentliches Montessori-Prinzip, denn Maria Montessori empfiehlt diese heterogene Gruppenbildung, weil sie eine vermehrte Vielfältigkeit des Lernens und der gegenseitigen Anregung beobachtet hat.

Jeweils drei Jahrgänge gehören nach ihren Vorschlägen in eine Gruppe, sodass ein Kind, das dreijährig ins Kinderhaus (Kindergarten) eintritt, zunächst zu den Kleinen gehört, danach zu den Mittleren und schließlich zu den Großen. Dementsprechend nimmt es in der Gruppe die Rolle dessen an, der geführt, betreut und angeleitet wird, dem geholfen wird, der schaut, wie es die anderen machen, der nachahmt und sich in eine bestehende Gruppenordnung einfügt. Nach und nach werden die Kinder – auch die behinderten – selbstständiger, zu Hilfe und Führung befähigter, bis sie die Rolle des Beispielgebenden und Verantwortlichen als Älteste der Gruppe übernehmen.

Bei Eintritt in die Schule wechselt die Rolle. Das Kind, das zu den Großen zählte, gehört nun wieder zu den Kleinen, schaut auf, ahmt nach, lässt sich führen und passt sich in eine neue Gruppenordnung ein. Ein geringschätziges Herabschauen auf Jüngere entfällt. Ein verzweifeltes Konkurrieren mit nur Gleichaltrigen kommt erst gar nicht auf. Für die Lehrkräfte wirkt es sich erleichternd aus, dass zwei Drittel der Kinder die Gruppennorm weitertragen und dass sie nicht ständig neu aufgebaut werden muss, wobei natürlich nicht ausgeschlossen ist, dass sich auch immer wieder neue Gruppennormen durch die Andersartigkeit der Kinder entwickeln.

Nachdem wir die Eltern von unserem neuen Vorhaben überzeugt hatten, erlebten wir mit großer Freude, dass die Kinder sich genau so verhielten, wie es Maria Montessori beschrieben hat.

Wie unsere Praxis aussah

Die Erstklässler wurden am ersten Schultag von den Größeren liebevoll in Empfang genommen. Sie nahmen sie an der Hand und führten sie in den Klassenraum. Selbst ein sehr egoistischer und wilder Schüler zeigte sich plötzlich von einer ganz anderen, beschützenden, beispielgebenden Seite.

Innerhalb der Klasse hatte ich nicht darauf gedrungen, dass die Kinder gemischt sitzen müssten. Ihrem natürlichen Antrieb folgend, setzten sich die einzelnen Jahrgänge zusammen. Erst nach einem halben Jahr beobachtete ich jahrgangsübergreifende Freundschaften und Zusammenarbeit. Dafür verließen die Kinder oft ihre angestammten Plätze und arbeiteten auf dem Flur, auf einem Teppich, in der Leseecke oder sie setzten sich zusammen an einen Tisch.

Auffallend – obwohl erwartet – war die Reaktion lernschwacher Kinder des zweiten Schuljahres. Sie atmeten förmlich auf, endlich Kinder zu sehen, die noch etwas lernen mussten, was sie nun schon ansatzweise beherrschten. Bisher hatten sie sich ständig am Ende der Lernleistungen gesehen, nun merkten sie, dass sie ja doch etwas gelernt hatten. Sie gaben es auf, Trauer darüber zu empfinden, dass die anderen schneller voranschritten und sie nicht mithalten konnten, passten sich mit Erleichterung einem anderen Lerntempo an und genossen endlich ihre Lernfortschritte. Im Gegensatz dazu wirkte die höhere Leistung der Großen auf die Kleinen nicht beängstigend, sondern eher bewunderungswürdig. Wenn man gleich alt ist und mehr kann, kann das als Bedrohung wirken, aber wenn man älter ist und mehr kann, ist das völlig normal. Erstklässler genossen es sichtlich, von den Größeren angesprochen zu werden. Sie fühlten sich in ihrem Wert gehoben. Zweit- und Drittklässler genossen es, von den Kleinen um Rat und Hilfe gebeten zu werden. Sie fühlten sich anerkannt und gebraucht. Sie gaben von ihrem Wissen, wo bestimmte Materialien zu finden waren, bereitwillig ab und führten die Kleinen an den richtigen Platz. Sie erklärten ihnen gerne etwas und merkten dabei, dass man erst das, was man gut erklären und an andere weitergeben kann, selbst richtig verstanden hat. So festigte sich ihr eigenes Können und stärkte sich ihr Selbstvertrauen.

Ich beobachtete, dass die Vielfältigkeit der Arbeitsvorhaben sich günstig auf alle Beteiligten auswirkte, denn die Anregungen vermehrten sich enorm:

- Da gab es das, was die Lehrkraft einem gerade erklärt hatte,
- das, was einem selbst eingefallen war,
- das, was einem der altersgleiche Freund vorschlug,
- das, was einen reizte, weil es ein älteres Kind tat und man verstand es schon,
- das, worauf man sich freute, wofür man aber noch etwas älter werden musste, um es zu verstehen,
- das, was ein jüngeres Kind tat und man erinnerte sich, dass man es damals auch gern getan hatte,
- das, was man sich schon zutraute, einem anderen Kind zu erklären …

Die Natürlichkeit, mit der mich die Kinder manchmal überflüssig machten, erstaunte und freute mich. So konnte ich mich in Ruhe schwächeren Kindern zuwenden. Auch im gemeinsamen Gespräch spürte ich die positive Wirkung der drei Altersstufen.

- Die älteren Kinder brachten bereits differenziertere Beiträge und die jüngeren waren aufmerksame, wissbegierige Zuhörer.
- Die Fragen der Kleinen wurden von Schülern beantwortet und weniger von mir.
- Die Beiträge der Kleinen erweckten Staunen bei den Großen und brachten ihnen Lob ein, das mehr wert war als meines.
- Die schwächeren, älteren Schüler gingen mehr aus sich heraus, weil ihnen jüngere Kinder zuhörten, die ihnen in ihrem Fassungsvermögen und Verständnis näher standen als ihre Alterskameraden.

Christiane Gobbin-Claussen

Zwei Modelle

Die gemeinsame Unterrichtung von Kindern verschiedenen Alters in der Grundschule, auch schon in der damaligen Volksschule, findet in Deutschland schon seit den 20er Jahren des letzten Jahrhunderts in Peter-Petersen- und Montessori-Schulen statt – und zwar nicht aufgrund von strukturellen Problemlagen (wie beispielsweise bei der Dorfschule), sondern aus bewusster pädagogischer Überzeugung.

In unserem Bundesland gibt es zur Zeit ca. 100 Montessori-Grundschulen oder Grundschulklassen, in denen über viele Jahre reichhaltige positive Erfahrungen mit jahrgangsgemischten Klassengemeinschaften gemacht worden sind. Diese Schulen stehen bis auf zwei Ausnahmen in städtischer Trägerschaft. Sie arbeiten nach von den deutschen Montessori-Ausbildungsvereinen aufgestellten Standard-Kriterien. Eines dieser Strukturkriterien ist die Jahrgangsmischung:

Maria Montessori (1979, S. 87) selbst praktizierte die Jahrgangsmischung von drei Jahrgängen (3- bis 5-, 6- bis 8-, 9- bis 11-Jährige) in ihren Einrichtungen und begründete dies wie folgt:

> „Die Hauptsache ist, dass die Gruppen verschiedene Altersstufen umfassen, weil das großen Einfluss auf die Bildungsentwicklung des Kindes hat. Dies wird durch die Beziehungen der Kinder untereinander selbst erreicht. Sie können sich kaum vorstellen, wie gut ein kleines Kind von einem älteren Kind lernt; wie geduldig das ältere Kind mit den Schwierigkeiten des jüngeren ist. Es sieht beinahe aus, als ob das jüngere Kind für das ältere einen Arbeitsstoff darstellte. Ich habe oft aufgehört, sie zu beobachten, und gedacht: Ist es für das ältere Kind nicht eine Vergeudung von Zeit? Aber dann wurde mir klar, dass, wenn man etwas lehrt, einem selbst der Gegenstand klarer wird. Durch nichts lernen sie mehr als durch das Lehren anderer, besonders wenn sie den Gegenstand nicht sehr gut beherrschen. Denn die Anstrengungen des anderen wirken wie eine Fehlerkontrolle für sie selbst und regen Sie an, mehr Kenntnis zu erwerben, um dem andern zu vermitteln, was er braucht."

Darüber hinaus stellen Pädagogen in der Praxis mit jahrgangsgemischten Klassen immer wieder Folgendes fest:

- Kinder – auch wenn sie unterschiedlichen Altersstufen angehören – sind bei der Vermittlung in ihrer Denk- und Mitteilungsweise näher beieinander als eine Lehrerin, ein Lehrer den Schülerinnen und Schülern.
- Durch die unterschiedlichen Arbeiten der älteren Kinder in der Freiarbeit, bei denen die jüngeren Kinder oft zuschauen, wird bereits ein erstes Interesse für künftige Aufgaben geweckt und dadurch der Zugang zu neuen Wissensgebieten erleichtert.

Neben diesen pädagogischen Intentionen gibt es weitere wichtige sozialerzieherische Ziele:

- Eingeübte Regeln für das Leben in der Gemeinschaft werden von jüngeren Kindern leichter übernommen, wenn sie nicht nur von der Lehrerin, sondern auch von den älteren Kindern der Gruppe eingefordert werden. Hinzu kommt eine Eigenart von Kindern: die Anerkennung einer bestimmten Ordnung. Gestört wird die Selbstverständlichkeit nur durch rücksichtsloses Verhalten der Kinder selbst.
- Dort, wo sich zwischen zwei Kindern deutlich verschiedenen Alters feste freundschaftliche Beziehungen bilden, handelt es sich meist bei dem einen um ein akzeleriertes oder um ein retardiertes Kind. Man kann an diesen Freundschaftsbindungen erkennen, dass die gemeinsame Entwicklungshöhe bei gemeinsamer Interessenlage wichtiger ist als das rechnerische Alter. Dies führt auch dazu, dass Kinder, die in ihrer Entwicklung reifer bzw. retardierter sind, oder die, die besonders begabt bzw. leistungsschwach sind, sich in der altersgemischten Klasse selbstständig der Gruppe zuordnen, zu der sie bei ihrem Entwicklungs- und Kenntnisstand gehören.

Dies sind jahrelang und vielfach beobachtete Erfahrungen an Schulen,

- in denen der Klassenraum als vorbereitete Umgebung mit ausreichenden Lern- und Arbeitsmaterialien für die Hand der Kinder eingerichtet ist und
- in denen konsequent mindestens in den ersten beiden Unterrichtsstunden der Freiarbeit die Kulturtechniken, sachunterrichtliche und andere Bereiche erlernt werden.

So haben besonders leistungsschwache Kinder im Ausnahmefall bis zu fünf Jahre Zeit, ohne die Klasse wechseln zu müssen, und die besonders begabten und motivierten Kinder verlassen nach drei Jahren die Grundschule, ohne dass sie eine Klasse übersprungen haben.

Jahrgangsmischung 1 bis 3, Klasse 4

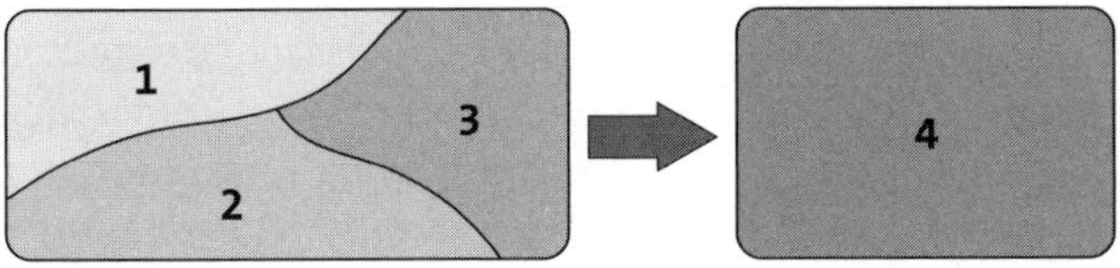

Merkmale:
- pro Jahrgang etwa 9 Kinder einer Altersstufe bei einer Klassenstärke von 27 Kindern
- Lernmaterialien für 3 Jahrgänge
- Klasse 4 fügt sich für ein Jahr aus 3 Klassen neu zusammen nach 3 Jahren jahrgangsübergreifender Arbeit
- besonders leistungsschwache Kinder wechseln erst nach 4 Schuljahren, besonders leistungsstarke bereits nach 2 Schuljahren in die Klasse 4
- jedes Kind hat während der Grundschulzeit neben den Fachlehrern zwei Klassenlehrer
- jährliche Fluktuation von 9 Abgängern und 9 Schulanfängern
- Abstimmung des Stundenplans mit den jahrgangshomogeneren Fachunterrichtsgruppen

Jahrgangsmischung 1 bis 4

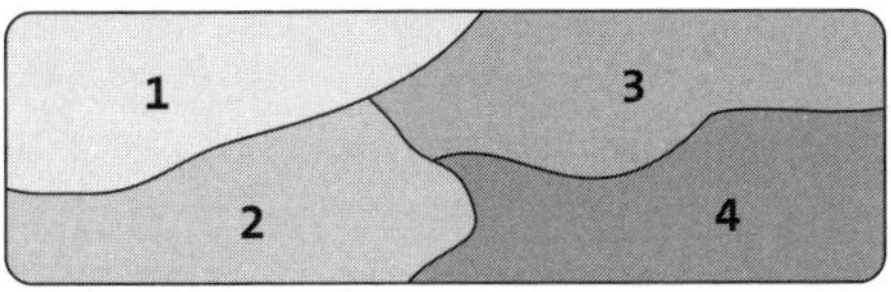

Merkmale:
- pro Jahrgang 7 Schülerinnen und Schüler in einer Klasse bei einer Klassenstärke von 28 Kindern
- jährliche Fluktuation von 7 Abgängern und 7 Schulanfängern
- Lehrerin/Lehrer hat und kennt die Bandbreite der Lernmaterialien für alle Jahrgangsstufen der Grundschule
- durchgängiges Klassenlehrerprinzip
- gegebenenfalls Stundenplanabstimmung zwischen Freiarbeitsklasse und jahrgangshomogenen Fachunterrichtsgruppen (Religion, Sport, Musik, Kunst, Englisch)
- große Altersbandbreite
- unterschiedliche Interessen

Siegfried Werner

Literatur

MONTESSORI, MARIA (1979): Spannungsfeld Kind – Gesellschaft. Freiburg: Herder

Chancen nutzen

Ich habe zwei Arten von jahrgangsübergreifendem Unterricht kennen gelernt. Das System unserer Anfangsjahre beinhaltete *zwei verschiedene* Stammgruppen in einer Flureinheit. Zu jeder unserer drei Flureinheiten gehörte *eine* Gruppe mit den Jahrgängen 1 und 2 und *eine* Gruppe mit den Jahrgängen 3 und 4. Daran schloss sich – als Konsequenz aus vielen pädagogischen und organisatorischen Unzufriedenheiten und Unstimmigkeiten – die Idee an, dieses System auszuweiten. Es folgte die Umstellung auf je *eine* Stammgruppe mit *allen* Jahrgängen, womit wir nun seit vielen Jahren erfolgreich arbeiten.

Im Lauf meiner Dienstjahre als Grundschullehrerin habe ich natürlich auch lange Zeit in reinen Jahrgangsklassen gearbeitet und werde immer wieder mit der Frage konfrontiert, welches eigentlich die Vor- und Nachteile des jahrgangsübergreifenden Unterrichts sind. Viele Kollegien stehen jetzt an diesem Punkt und möchten wissen, ob sich eine Umstellung lohnt, ob die Arbeit überhaupt zu bewältigen ist oder gar leichter wird. Viele fragen sich, ob die Kinder hiervon wirklich profitieren und in welcher Hinsicht. Viele beschäftigen sich aber auch schon mit der Realisierung:

- Welche Grundvoraussetzungen müssen geschaffen werden?
- Was ist absolutes Muss?
- Wo kann man noch abwarten?
- Wo sind individuelle Handlungsspielräume?
- Wann kann man starten?
- Kann man das eigentlich auch erst mal ausprobieren?

Ich bin mir gar nicht sicher, was wichtiger ist: dass wir Lehrerinnen uns wohl fühlen oder dass es den Kindern gut geht und ihre Lernmöglichkeiten optimiert werden. Fragt man hierzu verschiedene Menschen, so bekommt man darauf ganz sicher genauso viele verschiedene Antworten. Für mich ist beides von großer Bedeutung: Jahrgangsübergreifendes Unterrichten erleichtert uns – besonders im internationalen Vergleich – den Weg zu einer besseren Ausbildung unserer Schülerinnen und Schüler, und zwar auf eine Art und Weise, von der wir genauso profitieren, bei der wir Freude an unserem Beruf behalten und unsere Kräfte schonen können. Ziel und wichtiger Teil dieser Bemühungen ist es nämlich auch, abgeben zu können und gelassen dabei zu bleiben.

Die wichtigsten Argumente aus meiner praktischen Erfahrung für den jahrgangsübergreifenden Unterricht möchte ich hier nennen.

Zunächst zu den Schülerinnen und Schülern

Kindern tut diese „Art“ Grundschulzeit gut – und sie gefällt ihnen auch. Dies ist über lange Strecken meine Beobachtung. Sie fühlen sich durch die familienähnliche Altersstruktur und die Einrichtung des Klassenraumes mit den Bewegungsmöglichkeiten und den vielen unterschiedlichen „Lernorten“ nicht nur wohl und aufgehoben, sondern sehen sich auch in ihrer Selbstständigkeit und Verantwortungsfähigkeit bestätigt. Dadurch lernen sie oft motiviert und über die bloße „Pflicht“ hinaus. Sie befinden sich im Laufe der drei bis fünf Jahre abwechselnd in einer Geben- und Nehmen-Position, lernen Rücksicht, Akzeptanz und Toleranz. Sie verstehen schon sehr früh etwas, was in vielen Einkindfamilien keine selbstverständliche Lebenserfahrung mehr ist: Jeder ist anders und an einer anderen Stelle seines Entwicklungsprozesses. Jeder arbeitet anders, jeder hat sein eigenes Tempo, erschließt sich die Dinge auf andere Weise – und das ist gut so. Schon das eigene Tempo und die eigenen Fähigkeiten kennen zu lernen, selbstständig einzuschätzen und einzusetzen, oder die Unterschiedlichkeit auch einfach nur zu akzeptieren, ist keine Selbstverständlichkeit; dies gelingt nur in einer Atmosphäre der gewollten und akzeptierten Vielfalt.

Solche Erfahrungen so früh wie möglich zu machen, ist aber Voraussetzung und Bedingung auf dem Weg zu motiviertem Lernen voller Selbstvertrauen. Die Kinder wenden Lerntechniken kreativ und individuell an, finden eher Problemlösungen und erreichen nicht zuletzt die heute so gefragte Teamfähigkeit in einem sozialverträglichen Miteinander. Durch Erwerb dieser Schlüsselqualifikationen und Methoden sind die Schülerinnen und Schüler gut auf alles Kommende vorbereitet, was ich jetzt mit dem zeitlichen Abstand und dem Verfolgen einiger Biografien ehemaliger Grundschulkinder – u. a. auch meiner eigenen Kinder – voller Überzeugung behaupten kann.

Groß und Klein zusammen – fast wie in einer Familie: In einer normalen Geschwistergruppierung haben die Jüngeren keinerlei Probleme damit zu sagen, was sie zu einem Thema wissen oder was sie von einer Sache halten. Der Anteil des jüngeren Geschwisters wird naturgegeben in Relation zu seiner aktuellen Leistungsebene eingeschätzt und bewertet.

Genauso ist es im jahrgangsübergreifenden Unterricht. Die Kleineren lernen von den Großen schulisches Arbeitsverhalten, die Großen können ihre Fähigkeiten und ihr Wissen weitergeben und lernen selbst, Verantwortung zu übernehmen. Und doch erstaunt es mitunter, dass es nicht immer nur die Großen sind, die über etwas besser Bescheid wissen. Eine schöne Erfahrung ist es immer, wenn ein Vierer ganz selbstverständlich anerkennt, was ein Erstklässler gerade erklärt oder erzählt hat. Wenn ein Einer es geschafft hat, seine fünf ersten Wörter im Lesekreis in der großen Runde vorzulesen, bekommt er den gleichen frenetischen Applaus wie ein Dreier, der gerade einen ungeübten zweiseitigen Lesetext präsentiert hat.

Am Beginn eines neuen Schuljahres – oder wenn es um die Gruppeneinteilung für ein neues freies Projekt geht oder auch wenn neue Dienste installiert werden – arbeite ich gerne mit dem Märchen der „Bremer Stadtmusikanten". Auch darin geht es darum, die Fähigkeiten und Stärken der vier Tiere nicht am Alter, an Größe, Gewicht oder anderen äußeren Gegebenheiten festzumachen, sondern herauszufinden, worin die individuellen Begabungen und damit Vorteile für das Team bestehen könnten. Das leuchtet den Kindern ein. In der Regel achtet bei uns niemand mehr auf die Jahrgangszugehörigkeit. Sie wissen untereinander um die Stärken der Einzelnen.

In Ihrer Klasse haben Sie ungefähr 26 verschiedene Kinder. Ob sie von einem Alter und Jahrgang sind oder von vier verschiedenen, ist dabei nur noch marginal. Auch in einer Jahrgangsklasse kennen Sie jeden Einzelnen und wissen, was ihn von den anderen unterscheidet. Es war für mich – zunächst einmal unerwartet – plötzlich sogar sehr viel leichter, mir zu merken, woran ein Schüler gerade arbeitete; denn die Kinder dieser Klasse sind ja nicht alle an nahezu derselben Stelle, wie im üblichen Jahrgangsunterricht. „Verwechslungen" passierten mir früher in einer Jahrgangsklasse viel eher. In jahrgangsgemischten Lerngruppen hat jeder Jahrgang seinen eigenen Fahrplan und jedes Kind innerhalb dessen gegebenenfalls seine ganz eigenen Materialien, die Sie ihm verordnet haben. Darüber haben Sie Ihre Lernstands- und Fortschrittstabellen, um schnell nachzusehen, wie es für dieses Kind denn nun weitergeht. Sie brauchen nicht alles im Kopf zu haben, Sie werden es aber mit der Zeit. Das garantiere ich Ihnen!

Und was bringt das den Lehrenden?

Die Lern- und Klassenatmosphäre ist entlastet und von hoher Selbstständigkeit und gegenseitigem Helfen geprägt. Dies gibt Luft, uns um die „Sorgenkinder" zu kümmern. Wir wissen den Großteil der selbstständigen Kinder gut versorgt; denn es ist mit ihnen zu Beginn der Woche abgesprochen, was ihre speziellen Aufgaben für fünf Tage (und teilweise auch darüber hinaus) sein werden. Viele Fragen und Nöte im Alltag können durch Mitschüler bestens bedient werden. Dies hebt die Lehrerzentrierung auf und gibt uns Raum für andere wichtige Dinge.

Der Schuljahresanfang: weniger anstrengend

Der Start im neuen Schuljahr ist bei weitem nicht mehr so anstrengend wie in einer reinen Klasse von Schulanfängern. Viele Kolleginnen fühlen sich durch diese ersten drei Monate überfordert und ausgelaugt. Oft wird sogar erst Weihnachten als Schallgrenze der beginnenden Entlastung genannt. Ich spreche von der nervenaufreibenden und so unbefriedigenden Situation, wenn 25 Erstklässler ihre Lehrerin eigentlich für sich alleine bräuchten, weil sie etwas loswerden wollen, weil sie Angst haben oder ein Problem, sie etwas nicht wiederfinden oder weil es ihnen oft sogar schwer fällt, eine Anweisung oder Antwort zu verstehen, wenn sie an die ganze Gruppe gerichtet ist. Im ungünstigsten Fall fühlen sie sich noch nicht einmal angesprochen, wenn die Lehrerin vorne etwas in den Raum sagt. Also muss vielen Kindern, die dann auf dem Weg nach vorne sind, alles noch einmal erklärt werden.

Nun stellen Sie sich die Situation vor, dass in Ihrem Klassenraum weit mehr als die Hälfte „alte Hasen“ sitzen und die „Neuen“ in Empfang nehmen. Die Großen kennen die Klassenregeln, kennen sich in der Ordnung und den Alltagsritualen aus. Sie haben Sie sogar bei der Vorbereitung der Willkommensgeschenke und -briefe unterstützt. Für jeden Neuanfänger ist nun ein älterer Pate da. In jeder Tischgruppe gibt es ausreichend Modelle, an denen sich die Kleinen in jeder Situation orientieren können, und trösten müssen Sie nur noch in ganz hartnäckigen Fällen. Ob es das Einräumen der ganzen Schülermaterialien in die Eigentumsfächer oder der erste Gang zur Toilette ist, jeder Anfänger wird individuell betreut. Die Kleinen ihrerseits gucken völlig selbstverständlich den Großen über die Schulter und übernehmen die alltäglichen Rituale. Große andererseits helfen den Jüngeren gerne und festigen beim Erklären oft noch einmal ihr eigenes Wissen. Oder sie erkennen aufs Neue, wie wichtig jetzt gerade diese oder jene Vereinbarung ist, wenn sie beobachten, dass sich ein Erstklässler doch noch „danebenbenimmt“. Immer wieder beobachte ich, dass Kinder untereinander Dinge verständlicher erläutern, dass sie erfolgreicher appellieren und erziehen als Erwachsene. Die gewonnene Zeit können die Kinder zum Lernen nutzen.

Es gibt einige wenige systembedingte Nachteile, die ich nicht verschweigen will: Die Auswahl an Freundschaften innerhalb der Jahrgänge ist beschränkt. Allerdings ist das nur ein Scheinnachteil. Überraschenderweise verabreden sich auch Kinder von völlig unterschiedlichen Jahrgängen miteinander. Selbst dauerhafte Freundschaften sind hier schon zu beobachten gewesen.

Die Erstklässler: mehr Selbstständigkeit

Meine Erstklässler sind schon viel eher und in stärkerem Maße selbstständig, als ich es früher in jahrgangshomogenen Eingangsklassen erlebt habe. Vielen Besuchern fiel andererseits aber auch auf, dass die typischen Erstklässlerspiele (z. B. Fingerspiele, Singspiele etc.) und Anfangslieder nicht ihren Raum bekommen, da die älteren Kinder sich damit kaum noch anfreunden können. Dies stimmt bis zu einem gewissen Grad. Aber es müssen halt auch nicht immer die „Zehn kleinen Zappelmänner“ sein oder andere Relikte aus der Kindergartenzeit. Es verlangt mitunter schon etwas Kreativität, hier alle Jahrgänge zu bedienen.

So anstrengend es vielleicht scheint, die altbekannten, sicheren Gleise zu verlassen und sich ständig etwas Neues einfallen zu lassen, so spannend und interessant ist es andererseits, kreativ zu werden, ausprobieren zu können, neue Erfahrungen zu machen, nicht „Dompteur“ zu sein, sondern seine Ideen und Kräfte in einen erfolgreichen Unterricht zu investieren. Und das haben wir doch alle gelernt! Wir kennen unser Handwerk, sind doch Profis, die genügend Mut und Selbstvertrauen haben, auch einmal spontan alternative Unterrichtskonzepte zu nutzen, um mit den Kindern Erfahrungen zu machen, die man vorher nicht in Betracht gezogen hätte.

Unterricht neu denken: Der Kreativität sind hier keine Grenzen gesetzt. Dies wirkt selbst auf die Kinder ansteckend. Auch sie beginnen bald mitzudenken und verzeihen es der Lehrerin genauso wie sich selbst, wenn einmal etwas nicht wie gedacht funktioniert. Vieles muss einfach ausprobiert und vielleicht verworfen werden, weil es so keinen Sinn macht. Die „Fehlerfreudigkeit“ bei allen Beteiligten gehört zu diesem Unterrichtskonzept unbedingt dazu!

Und das Kollegium?

Veränderte Einstellungen führen zu einem begrüßenswerten Nebenprodukt, das uns aus der weit verbreiteten pädagogischen Arbeitsplatzisolierung und dem Einzelkämpfertum heraushilft. Jeder im Kollegium hat nun mehr oder weniger dieselbe Klassensituation. Dies bietet die Chance, zu einem wirklichen Arbeitsteam zu werden, das sich sowohl im pädagogischen Alltag gegenseitig mit Rat und Tat unterstützt als auch bei Misserfolgen mit der nötigen Ermutigung und Hilfe zur Seite steht.

Gabriele Hesse

So ist es – eine Reflexion

„Du groß – und ich klein" – so lautet der Titel eines Bilderbuches von GRÉGOIRE SOLOTAREFF: Ein kleiner, einsamer Elefant wird von einem großen Löwen aufgenommen. Fürsorglich begleitet der Löwe ihn auf dem Weg in die Welt der Großen. Der Elefant – selbst groß geworden – erwidert die Liebe und Fürsorglichkeit auch, als der Löwe gealtert ist. Mit dieser Metapher vom Nehmen und Geben zwei so unterschiedlicher Tiere kann der Blick auf die „familiy group" in einer altersgemischten Klasse gerichtet werden.

Eltern verstehen dieses Bild, Lehrerinnen und Lehrer auch: Große und Kleine leben und lernen sowohl in der Familie als auch im Kindergarten miteinander und voneinander. So lädt dieses Bild ein, einzusteigen in eine Schulentwicklung, die eine Veränderung der Lerngruppen von Jahrgangsklassen hin zu jahrgangsübergreifenden Klassen anregt und ermöglicht.

Die Erfahrungen in der Stephan-Lochner-Schule zeigen, dass es sich gelohnt hat, den Weg zur Veränderung zu gehen. Die Kinder haben gelernt, Verantwortung zu übernehmen – für sich und für ihre Paten. Einzelpersonen sind zu einer Gemeinschaft gewachsen. Wir haben erfahren, dass die Kinder besser selbst lernen, wenn sie zugleich handeln dürfen. Wir beobachten, dass Kinder von Kindern besser lernen als von uns Erwachsenen – denn ihre Klassenkameraden haben manches gerade erst selbst begriffen und durchschauen es besonders gut, wenn sie es erläutern.

Die Arbeitsatmosphäre in den Klassen und auf den Fluren unserer Schule hat sich verbessert: Denn die Differenz wird nicht mehr als Defizit bewertet – eher können alle die Stärken eines jeden Kindes deutlicher wahrnehmen. Die Kinder empfinden den Unterschied als selbstverständlich, Grenzen und konkurrierende Vergleichbarkeit verwischen. Ein Kind des 2. Schuljahres kann z. B. den Leselehrgang wiederholend vertiefen, ein Kind des 1. Schuljahres erarbeitet den Zahlenraum bis 100 – gemeinsam lernen sie.

Und sie alle geben ihr Wissen weiter: Du groß – ich klein … und später einmal: Ich groß – du klein …

Argumentationspapier für das Kollegium

- Die Kinder wachsen in eine bestehende Gemeinschaft, sie orientieren sich an den Verhaltensmustern der Älteren.
- Den Schulanfängern wird ein breiteres Lern- und Sozialspektrum angeboten, welches der natürlichen sozialen Umgebung – auch des Kindergartens – entspricht.

- Sie übernehmen die bestehenden Rituale: die Klassenregeln, der Weg z. B. zur Sporthalle, die Ordnung der Arbeitsmaterialien, die Beschaffenheit der Freiarbeitsmaterialien, der Umgang mit Tages- und Wochenplan, die Gesprächsregeln, die Pausenspiele usw.
- Auch der Umgang mit Konflikten, die Art des selbstständigen und entdeckenden Lernens werden selbstverständlich.
- Es werden erweiterte Chancen des kognitiven und sozialen Lernens genutzt. Viele Schulneulinge kommen mit großen Kompetenzen in die Schule. Sie können schon lesen, kennen sich in größeren Zahlenräumen aus. Sie finden Anregungen in der Zusammenarbeit mit der älteren Lerngruppe und den ihnen sonst möglicherweise nicht zugänglichen Lernbereichen.
- Kinder erleben einen perspektivischen Wechsel vom Hilfesuchenden zum Helfer.
- Ältere Kinder erfahren einen Rollenwechsel: Sie geben nun ihr Wissen weiter, sie reflektieren ihre Lernerfahrungen, festigen diese dabei und erklären in ihrer eigenen Sprache als wissender Partner.
- Die Differenz ist Motor! Sie wird nicht mehr als Defizit bewertet – eher werden die Stärken eines jeden Kindes deutlicher wahrgenommen: Die Kinder erfahren – wie in der „family group“ – den Unterschied als selbstverständlich, Grenzen und konkurrierende Vergleichbarkeit verwischen.
- Alle Kinder erleben und lernen Toleranz und Achtung.
- Erarbeitungsphasen, z. B. im projektorientierten Unterricht, werden bereichert durch Erfahrungen und Wissen unterschiedlicher Altersgruppen.
- Offene Unterrichtsformen und Aufgabenformate ermöglichen dem Kind individuelle Lernwege. Bei der Differenzierung des Lernprozesses stehen kooperative Arbeitsformen wie Partner- oder Gruppenarbeit im Wechsel zu Einzelarbeit.
- In der Phase der selbstständigen Arbeit bleibt für die Lehrperson mehr Zeit zur Beobachtung, Beratung und Förderung des einzelnen Kindes.
- Kleinere Lerngruppen (Stundenplangestaltung bietet durch die unterschiedliche Verweildauer der einzelnen Jahrgänge einen flexiblen Rhythmus und die entsprechenden Rahmenbedingungen) entlasten.
- Arbeitsmaterialien und Unterrichtserarbeitungen können ausgetauscht werden.
- Teamarbeit fordert und fördert die Stärken im Kollegium – Kompetenzen werden durch gemeinsame Arbeit als Ressourcen nutzbar.

Barbara Sengelhoff

Unsere Ziele

Die Jahrgangsmischung hat für Kinder sowie für Lehrerinnen und Lehrer viele Vorteile. Deshalb wollen wir an unserer Schule nicht mehr anders arbeiten. Im Einzelnen verfolgen wir dabei folgende Ziele.

Den Kindern Heimat geben

Viele Kinder haben keine Geschwister und leben in einer Eineltern- oder einer Patchworkfamilie. Es fehlen ihnen wichtige soziale Erfahrungen. Da die Struktur der Familie sich verändert hat, muss Schule auch immer mehr erzieherische Aufgaben übernehmen. Leben vor dem Fernsehen, vor dem Computer schafft Vereinzelung und verhindert die für die Entwicklung des Kindes wichtige Gruppenerfahrung. Das Kind braucht die Anerkennung und Sicherheit der Gruppe, der Gemeinschaft.

Durch die Jahrgangsmischung geben wir den Kindern „Geschwisterersatz“. Wie in einer Familie haben sie die Möglichkeit, voneinander zu lernen, sich besser zu verstehen, sich anzustrengen, Gleiches zu leisten, sich überlegen oder unterlegen zu fühlen, sich zu streiten, sich wieder zu vertragen und dies ertragen zu lernen. Sie fühlen sich nicht mehr allein.

Dritt-, Zweit- und Erstklässler führen gemeinsam ein Schneckenexperiment durch.

Von Anfang an werden die Kleinen liebevoll in die Gemeinschaft aufgenommen und beim Lernen unterstützt. Große haben Vorbildfunktion: Sie leben Rituale und Regeln vor. Aber die Kleinen geben den Großen auch etwas zurück. Auch der Schwächste wird von den Kleinen bewundert. Beide bauen emotionale Beziehungen auf und lernen mit ihren Gefühlen umzugehen (Liebe, Eifersucht, Toleranz). Sie sehen ihre gegenseitige Freundschaft als kostbar und wertvoll an. Sie erfahren Zuwendung und Nähe, sie freuen sich aufeinander und sind aufeinander stolz. Sie erfahren, dass unterschiedliche Altersstufen unterschiedliche Bedürfnisse haben können und unterschiedliche Freiheiten haben müssen. Die Jahrgangsmischung schafft wichtige Gruppenerfahrungen und gibt durch feste Bezugspersonen (Paten) Sicherheit.

Lernmotivation und Lerninteresse fördern

Viele Eltern haben keine Zeit, sich um die Schularbeit ihrer Kinder zu kümmern. Auch die Lehrerin muss ihre Zuwendung aufteilen. Durch einen eigenen, selbst gewählten Paten kann hier schließlich jedes Kind Beachtung finden, weil es jemanden hat, der immer für es Zeit hat. Der Pate interessiert sich für das Wohlergehen und die Arbeit des Patenkindes. Er würdigt die Arbeit und hilft bei Schwierigkeiten. Umgekehrt bewundert der Kleine die Arbeit des Großen, der Große findet einen Zuhörer für seine Geschichten.

Die Großen entwickeln mehr Selbstbewusstsein, weil sie selbst ihren Lernzuwachs erkennen. Was ihnen früher schwer fiel, können sie heute ganz einfach dem Mitschüler erklären. Durch das Interesse der Erstklässler an ihrer Arbeit werden sie zu größeren Leistungen motiviert. Ihr Lerninteresse und ihre Lernbereitschaft werden erweitert, manchmal sogar erst geweckt.

Kindern helfen, besser zu lernen

Das Kind mit seinen Interessen, Neigungen, mit seiner Anstrengungsbereitschaft, seiner Neugier, seinen Stärken und Schwächen steht im pädagogischen Mittelpunkt. Es ist wichtig, dass die Kinder sich und andere so annehmen können, wie sie sind. Sie sollen ihr Selbstwertgefühl steigern und in einer angenehmen Lernatmosphäre ihre eigene Persönlichkeit entwickeln.

Beim Frontalunterricht ist die Lehrperson „Kontrolleurin" der Kinder. Bei offenen Unterrichtsformen erlernen die Kinder die Selbstkontrolle. Hier in der jahrgangsübergreifenden Klasse lernen sie miteinander und voneinander, und sie kontrollieren sich gegenseitig.

Die Größeren können den Kleineren außerdem das Lernen zeigen. Kinder lernen voneinander besser, weil sie sich in ihrer Sprache, ihren Vorstellungen, ihrem Denken und Fühlen näher sind als den Erwachsenen. Sie sollen ihre eigene Arbeit erklären, sie sollen ihr Wissen ordnen und es verständlich mitteilen. Nur wenn sie ihre Arbeit verstanden haben, können sie sie erklären. Sie lernen es, über ihre Arbeit nachzudenken und darüber zu diskutieren. Sie festigen und vertiefen durch Erklären ihr eigenes Wissen. Etwas logisch erklären zu können und auch gesicherte Grundlagen zu haben, ist im Übrigen eine wichtige Voraussetzung für erfolgreiches Lernen in den weiterführenden Schulen. Hierzu ein Gedanke von MARIA MONTESSORI:

> „Es sieht beinahe so aus, als wenn das jüngere Kind für das ältere Arbeitsstoff darstellte. Ist es für das ältere Kind nicht eine Vergeudung von Zeit? Aber dann wurde mir klar, dass wenn man etwas lehrt, einem selbst der Gegenstand klarer wird. Durch nichts lernen sie mehr als durch das Lehren anderer, besonders, wenn sie den Gegenstand nicht sehr gut beherrschen, denn die Anstrengungen des anderen wirken wie eine Fehlerkontrolle für sie selbst und regen sie an, mehr Kenntnis zu erwerben, um dem anderen zu vermitteln, was er braucht."

Wenn die Großen den Erstklässlern eine Aufgabe erklären, wiederholen sie dabei ihre eigenen Grundlagen und sichern sie dadurch. Wenn ich im Millionenraum nicht rechnen kann, liegt es oft daran, dass ich das Einmaleins nicht kann oder die Zehnerüberschreitung nicht beherrsche. Wenn die Paten das Zehnersystem mit den Erstklässlern wiederholen, können sie ihre Rechenschnelligkeit erhöhen: „Das Geheimnis der Vervollkommnung liegt in der Wiederholung" (MARIA MONTESSORI).

Mit Freude arbeiten Zweit- und Erstklässler zusammen.

Bei Projekten oder Problemlösungen arbeiten die Kinder oft als Team. Sie sind Partner bei der Erstrebung des selbst gewählten Ziels. Teamfähig zu sein kann auch später bei ihrer Arbeitsstelle wichtig sein. Das Gleiche gilt für Flexibilität und Kreativität. Unsere Kinder müssen nach Anordnung arbeiten können, aber auch neue Möglichkeiten selbst entdecken können, neue Interessen und Aufgabenfelder selbst entwickeln können, ihr Lernen selbst steuern und selbst gestalten können.

Den Erziehungsauftrag verstärkt wahrnehmen

Aufgrund der gesellschaftlichen Entwicklung muss die Grundschule heute die Erziehungsaufgaben im größeren Umfang mit übernehmen. In der jahrgangsübergreifenden Klasse werden die Kinder viel stärker angeregt, über ihr gemeinsames Arbeiten und ihr gemeinsames Zusammenleben nachzudenken und es durch Klassenregeln zu gestalten.

Die Klassenregeln stellen die Kinder selber auf. Darum muss sich die Lehrerin nicht mehr kümmern. Die Großen führen die Kleinen ein und achten darauf, dass die Regeln eingehalten werden. Es entsteht eine Disziplin, die die Situation erfordert und nicht vom Lehrer oder von der Lehrerin gefordert wird.

Schwierige Kinder werden von den Großen liebevoll mitbetreut. Da gilt die Ermahnung des Klassenkameraden oft mehr als das Wort der Lehrerin. Wenn es unter den Älteren schwierige Kinder gibt, lernen die Kleinen von den anderen Verhaltensmuster, wie man mit schwierigen Kindern umgehen kann. Aber oft ist es so, dass schwierige Große sich vor den Kleinen zusammennehmen, weil sie ein gutes Vorbild sein wollen.

Aggressionen abbauen helfen

Die Bewertung von Leistungen geschieht nicht am Maßstab dessen, was andere Kinder leisten, sondern ist auf die Anforderungen des jeweiligen Schuljahres und der individuellen Lernentwicklung bezogen. Ein gut begabter Schüler ist zu größeren Anstrengungen bereit, wenn er Publikum hat und sieht, dass seine Arbeit gewürdigt wird. Ein Kind, das schwer lernt, wird nicht frustriert und behält trotz allem seine Arbeitsfreude. Bei Projekten muss für das gemeinsame Ziel eine Leistung erbracht werden. Dafür ist jeder bereit, das Bestmögliche zu leisten. Die Kinder sind keine Konkurrenten, sondern Mitstreiter. Aus der gegenseitigen Hilfe bei schulischen Aufgaben und Arbeiten erwachsen Achtung und Interesse der Kinder voreinander und Achtung vor ihrer Arbeit.

Beim Spiel in der Pause sind die Großen Beschützer. Die Kleinen verlieren ihre Angst vor der Vielzahl der Kinder. Bei Streit sind die Großen Streitschlichter. Ihre Argumente werden angehört und beachtet. Bei Unterrichtsgängen achten die Großen darauf, dass die Kleinen sich verkehrsgerecht verhalten und nicht verloren gehen. Unsere Kinder gehen freundlich, wohlwollend und verantwortungsvoll miteinander um. In der Klasse herrscht soziale Harmonie. Das macht die Kinder zufriedener und weniger aggressiv. Die Aggressionen auf unserem Schulhof haben stark abgenommen.

Die Lehrerin und den Lehrer entlasten

Für die Lehrkräfte ist die Jahrgangsmischung eine Entlastung, wenn man sie richtig anwendet. Führt man Abteilungsunterricht wie in der alten Zwergschule durch, wird sie gewiss zur Belastung werden.

Im Klassenunterricht sollten alle Kinder das gleiche Thema behandeln, aber auf unterschiedlichem Niveau. Bei uns hat sich dazu der Projektunterricht bewährt. Projektarbeit heißt auch fächerübergreifendes Arbeiten, d. h., je nachdem, was das Projekt erfordert, kann das normale Stundenraster des Morgens aufgehoben werden. Die Tätigkeiten sind nicht nach Jahrgangsgruppen getrennt, sondern jedes Kind arbeitet nach seinem Vermögen. Es kann also sein, dass leistungsstarke Kinder des jüngeren Jahrgangs intensiver und vertiefter an einem Thema arbeiten können als Schwächere des höheren Jahrgangs. Ziel ist die bestmögliche individuelle Förderung.

In Deutsch und Sachunterricht ist es leichter, jahrgangsübergreifend zu unterrichten, als in Mathematik. Geometrische und sachkundliche Aufgaben kann man oft leicht gemeinsam lernen. Ich suche häufig analoge Aufgaben und lasse sie nebeneinander rechnen und nicht abteilungsweise. Dadurch erhalten die Kinder einen Überblick über das Zehnersystem. Die Größeren wiederholen die Grundlagen, die Kleineren erweitern ihren Blickwinkel.

Die Arbeit der Lehrerin und des Lehrers verschiebt sich. Die Hauptarbeit liegt in der Vorbereitung (Werkstätten, Projekthefte, Freiarbeitsmaterial). Der Unterricht stresst auch bei großer Zahl der Kinder nicht, weil individuelles und partnerschaftliches Lernen den Lehrer vom immer Agierenden und Lenkenden zum Beobachter und Anreger macht.

Die Zusammenarbeit im Kollegium erleichtern

Früher arbeiteten wir bei geschlossener Klassentür. Heute haben wir unsere Türen geöffnet, tauschen Ideen aus und diskutieren Ziele miteinander. Es ist uns ein Bedürfnis, uns stetig fortzubilden. Genau wie die Kinder haben wir ein Wir-Gefühl entwickelt, helfen uns gegenseitig und stützen uns. Wir haben das gleiche Ziel für unsere Schüler: Die soziale Kompetenz steht gleichberechtigt neben der kognitiven und emotionalen Kompetenz.

Doch neben aller Gemeinsamkeit bleibt die Individualität erhalten. Die Kolleginnen verwirklichen ihren eigenen Stil. So können wir voneinander lernen. Jede ist Expertin auf einem anderen Gebiet, sei es Montessori-Freiarbeit, Werkstattunterricht, Projektarbeit, Wochenplanarbeit, Psychomotorik. Jede Lehrerin hat ihren spezifischen, eigenen Unterrichtsstil entwickelt.

Ingrid Kansy

Interview

MARJAN P. (M) ist eine junge Lehrerin, die seit sieben Jahren an der Montessori-Schule in Hofheim/Taunus tätig ist. Das Interview führte CHRISTIANE GOBBIN-CLAUSSEN (C), die seit 1991 maßgeblich den Aufbau des Montessori-Zentrums begleitet hat und dort heute als freie Mitarbeiterin und als Dozentin in der Montessori-Ausbildung tätig ist.

C *Zunächst möchte ich gerne wissen, welchen Werdegang du hattest, bevor du an unsere Schule kamst?*

M Ich habe in Karlsruhe an der Pädagogischen Hochschule studiert und in Pforzheim an einer Regelschule anderthalb Jahre mein Referendariat an einer Grund- und Hauptschule gemacht. An dieser Schule gab es ganz normale Jahrgangsgruppen.

C *Wie hast du die Arbeit in einer homogenen Klasse erlebt?*

M Im Referendariat hatte ich 30 Erstklässler und fand das wirklich sehr schwierig, weil sie alle zur gleichen Zeit schreiben, lesen und rechnen lernen wollten. Es gab aber Kinder, die nicht so schnell lernten und andere, die das sehr viel schneller konnten. Das war für mich und meinen Mentor, den Klassenlehrer, sehr kompliziert. Das konnte man selbst zu zweit nur sehr mühsam bewältigen.

C *Wie haben die Kinder reagiert, wenn du dich den schwächeren Kindern mehr zugewendet hast, um sie auf den gleichen Stand zu bringen wie die anderen?*

M Die schneller gelernt haben, haben sich ganz schnell gelangweilt. Viele haben dann gestört. Andere kamen zu mir und wollten auch meine Zuwendung haben. Einige wollten weitermachen und neue Aufgaben bekommen. – Mein Mentor und ich sind schließlich darauf gekommen, dass es vielleicht doch geeigneter wäre, den schneller lernenden Kindern andere Aufgaben zu geben als den langsamer lernenden. Darum haben wir dann so eine Art „Freie Arbeit" eingeführt.

C *Wie wirkte es denn auf dich, als du im Jahr 1997 an unsere Schule kamst und in einer jahrgangsgemischten Klasse arbeiten solltest? Das war doch für dich etwas Neues.*

M Ja, das stimmt. Ich habe mich aber auf dieses Abenteuer eingelassen, weil ich schon während des Referendariats zu der Überzeugung gekommen war, dass es vielleicht ganz günstig ist, wenn Kinder aus verschiedenen Altersgruppen zusammen lernen. An der Pädagogischen Hochschule habe ich auch ein Seminar zum jahrgangsübergreifenden Unterricht besucht und da wurde als großer Vorteil hervorgehoben, dass die Kinder sich gegenseitig helfen. Die Älteren helfen den Jüngeren und die Jüngeren können den Älteren schon zeigen, was sie alles wissen. Die Älteren können auch schon die Aufgaben der Jüngeren kontrollieren. Das entlastet den Lehrer sehr. Für die Älteren ist von Vorteil, dabei das Gelernte noch mal zu wiederholen.
Erst, wenn man etwas einem anderen erklären kann, hat man es wirklich verstanden. Die Jüngeren schauen genau, was die Älteren machen, und sehen, was sie noch alles lernen konnten. Ich empfand es für mich als Lehrerin sogar entspannender, in einer jahrgangsübergreifenden Gruppe zu unterrichten.

C *Wie lange hat es gedauert, bis du dich eingearbeitet hattest?*

M Das hat ungefähr anderthalb Jahre gedauert. Ich wurde im Laufe der Zeit immer sicherer. Am Anfang kannte ich die Materialien noch gar nicht so gut. Ich habe mich dann immer mehr eingearbeitet. Ich wurde immer mutiger, den Kindern etwas zu zeigen. Ich selbst hatte Erfolgserlebnisse und die Kinder hatten auch Erfolgserlebnisse.

Es hat schon anderthalb Jahre gedauert, bis ich wusste: Das ist die richtige Arbeitsweise und so möchte ich weitermachen.

C *Und heute arbeitest du in einer Klassenmischung vom 1. bis 3. Schuljahr?*

M 0 bis 3. Ich habe auch die Eingangsstufe dabei. Diese Kinder können aber schon auf dem Niveau der Erstklässler lernen.

C *Und wie fühlst du dich heute in einer jahrgangsgemischten Klasse?*

M Ich kann es mir gar nicht mehr anders vorstellen. Ich habe nun acht Erstklässler, acht Zweitklässler und acht Drittklässler. Ich habe gemerkt, dass die Kinder, die schon ein oder zwei Jahre in der Gruppe sind, sich auf die neuen Kinder freuen. Sie sind es, die den Kleineren erklären, welche Regeln gelten, und die ihnen zeigen, wo die Materialien stehen. Sie übernehmen Patenschaften und zeigen den Neuen die Schule, die Toiletten und das Außengelände. Sie kümmern sich um sie, wenn sie Streit haben oder sich verletzen. Schon jetzt, nach drei Wochen im neuen Schuljahr, kann ich sagen, dass die Kleinen sich gut eingelebt haben. Sie kommen großartig zurecht und wissen genau, was sie zu tun haben, weil die Älteren es ihnen vorleben.

C *Und was machen die Älteren, wenn sich jemand mal nicht an die Regeln hält?*

M Die Älteren gehen zu demjenigen hin und sagen: „Verhalte dich bitte ruhig!" oder: „Setz dich hin!" oder: „Soll ich dir helfen, eine Arbeit zu finden?" Das klappt auch in Bezug auf die Ordnung und Sauberkeit, denn diese spielen für die Kinder eine ganz große Rolle. Sie wollen ja ihr Klassenzimmer sauber halten. Es ist ja ihr Klassenzimmer. Sie ermahnen die Kinder, die dafür noch nicht die richtige Einstellung haben. Sie sagen: „Du hast das Papier auf den Boden geworfen. Bitte heb das auf!" Das soziale Gefüge ist wirklich auffällig, ganz unabhängig vom Lehrer, enorm. Das entlastet wirklich. Ich muss nicht ständig die Kinder ermahnen. Das machen die schon gegenseitig. Auch in den Tischgruppen sitzen die Kinder gemischt, Zweit- und Erstklässler, Jungen und Mädchen. Es gibt Tischverantwortliche, die sich für Kinder verantwortlich fühlen, die das noch nicht so gut können.

C *Spielen die Kinder auch in der Pause „jahrgangsübergreifend"?*

M Ja. Da gibt es ein gutes Miteinander und wunderbare Freundschaften zwischen den verschiedenen Altersstufen. Das ist nicht nur im Unterricht so, sondern auch außerhalb der Klasse. Auch in der Nachmittagsbetreuung.

C *Was könnte man zu dem Können und Wissen der Kinder sagen? Gibt es Leistungsvergleiche oder Konkurrenzdenken?*

M Die Kinder können sich ja untereinander gar nicht richtig vergleichen, weil jeder auf einem anderen Stand ist. Jeder bemüht sich, die Lernerfolge jedes anderen Schülers anzuerkennen und sich mit ihm darüber zu freuen. Das stärkt das Selbstwertgefühl und gibt Kraft für den nächsten Lernschritt. Bei uns ist der Leistungsstand eines Kindes nicht bedrohlich für die anderen, eher anreizend, sich auch mit diesem Wissensgebiet zu befassen.
Sie sehen ja, mit welchen Materialien andere Kinder arbeiten, und beobachten sie oft ganz genau. Sie interessieren sich dann dafür, es auch zu versuchen. Sie gehen einfach hin und sagen: „Oh, das ist aber ein tolles Material. Das möchte ich auch mal probieren. Zeigst du mir das mal?" Das freut mich dann immer besonders.

C *Würdest du auch Nachteile erkennen, die durch die Jahrgangsmischung entstehen?*

M (Nach einer längeren Pause des Nachdenkens) Nachteile fallen mir keine ein. – Fallen mir wirklich keine ein. –
Es ist oftmals so, dass Eltern an den Elternabenden nachfragen, wie das funktioniert. „Lernen die Erstklässler denn nun das Gleiche wie die Zweitklässler?" Dann erkläre

ich ihnen, dass sie alle auf ihrem eigenen Niveau lernen. Jeder lernt das, was für ihn gerade wichtig ist. Es gibt keine Gleichmacherei. Die Drittklässler müssen sich jetzt nicht hinabbegeben auf das Niveau der Erstklässler, nur weil sie mit ihnen in einer Klasse sind. Sie müssen auch nicht warten, bis die anderen den Lernstoff ebenfalls verstanden haben. Das ist ja gerade das Schöne daran, dass sie fortschreiten können.
Gerade in Bezug auf hochbegabte Kinder ist es von Vorteil, weil diese Kinder ja schon sehr weit sind. Die können dann auch mit den Materialien weiterarbeiten, auch wenn der offizielle Lehrplan den Stoff erst Jahre später vorsieht.
Und für schwache Kinder ist es auch schön, weil sie auf ihrem Niveau arbeiten und so lange eine Sache wiederholen können, wie sie es brauchen, um einen Lerninhalt zu verstehen und in ihrem Gehirn zu speichern.

C *Gibt es Kinder, die mit der Jahrgangsmischung nicht zurechtkommen?*

M Nein. Die fühlen sich alle pudelwohl. – Ich habe noch keinen Drittklässler gehabt, der gesagt hätte: „Ich möchte nur mit Drittklässlern zusammen sein." – Ich glaube eher, dass die Kinder es großartig finden, weil sie ja heutzutage oft ohne Geschwister aufwachsen. Sie möchten aber mit Kindern zusammen sein. Gerade die Älteren wollen sich unglaublich gerne um Kleinere kümmern. Die Kleineren lassen sich auch gerne verwöhnen. Ich denke, der Vorteil besteht darin, dass es wie in einer Familie ist.

C *Wie gelingt es dir denn, den Überblick über die Lernfortschritte zu behalten?*

M Ich beobachte genau, was die Kinder machen, welche Materialien sie benutzen. Das schreibe ich mir dann auf. Bei meiner Unterrichtsvorbereitung kann ich dann nachschauen, welche Materialien oder welche Lernanreize ich einem Kind als Nächstes anbieten möchte.

C *Wird das dann noch mal verwendet?*

M Ja, wenn ich die Zeugnisse schreibe, kann ich darin nachschauen, was die Kinder geleistet haben. Ich kann dann genau dokumentieren, was die Kinder können. Auch bei den Eltern/Kind-Gesprächen kann ich den Eltern mitteilen, wann es sich mehr mit Mathematik oder mehr mit Deutsch beschäftigt hat oder wann das Interesse an einer Sache ganz zurückgegangen ist. Zu den offiziellen Zeugnisterminen bekommen die Eltern Einsicht in das Pensenheft. Dort ist genau festgehalten, welche Ziele das Kind erreicht hat.

C *Was bedeutet der Begriff Pensenheft?*

M Im Pensenheft sind die Ziele des Lehrplans aufgelistet. Dadurch kann man erkennen, ob das Kind die Ziele des Lehrplans für die jeweilige Klassenstufe erreicht hat oder ob es noch Defizite gibt, die es dann im nächsten Schuljahr bearbeiten kann. Oder auch, ob es die Ziele überschritten hat. Die Texte sind vorgegeben. Ich muss nur die entsprechende Stelle ankreuzen.

C *Wie förderst du die Schwachen?*

M Die schwachen Kinder erhalten gezielte Förderung. Dabei ist mir aufgefallen, dass sie sehr wenig selbstständig arbeiten können und oftmals eine Extrabetreuung brauchen. Man muss ihnen helfen, bei einer Arbeit zu bleiben.
Der Vorteil ist natürlich in einer jahrgangsgemischten Klasse, dass die anderen Kinder alleine arbeiten können, und dadurch kann man sich ganz gezielt auf diese Kinder konzentrieren.
Oft machen wir es dann auch so, dass die Kinder eine bestimmte Arbeit bekommen und dazu auch eine Zeitvorgabe. Ich bitte sie, zu mir zu kommen, wenn die Arbeit beendet ist. Manchmal muss man aber auch in ihrer Nähe bleiben.

C *Hast du auch Zeit für die leicht lernenden Kinder?*

M Ja. Diese brauchen weiterführende Aufgaben und die werden den Kindern zur Verfügung gestellt.

C *Innerhalb des Montessori-Materials oder auch noch darüber hinaus?*

M Sie bekommen auch noch zusätzliche Materialien, weil sie oft über das Montessori-Material hinaus lernen. Oder ich gebe ihnen besondere Aufträge, Anregungen oder Denkanstöße. Es gibt Kinder, die schon im 2. Schuljahr mit der Bruchrechnung zurechtkommen oder mit der schriftlichen Division. Sie wollen immer weiter und mehr und Schwierigeres kennen lernen und darauf muss ich vorbereitet sein. Dabei hilft mir natürlich auch, dass auf dem gleichen Flur eine Klasse mit Viert- bis Sechstklässlern ist, wo sie sich die schwierigeren Materialien ausleihen können.

C *Gibt es zusätzlich zur Freien Arbeit auch gebundenen Unterricht?*

M Ja, wir haben in den Fächern Kunst, Sport, Musik und Werken gebundenen Unterricht. Da berücksichtigen wir natürlich auch die Jahrgangsmischung. Wir achten darauf, was Erstklässler im Kunstunterricht leisten können und was Drittklässler leisten können. Sie sind zusammen, arbeiten am gleichen Thema, aber entsprechend ihrem Können. In Sport, Musik und Werken ist es genauso.

C *Ist es nicht nötig, sie in diesen Fächern doch wieder in Jahrgangsgruppen zu trennen?*

M Nein.

C *Auch nicht in Sport?*

M In Sport auch nicht. Bei den bestimmten Übungen bringt sich jeder Schüler nach seinen Fähigkeiten ein und alles wird anerkannt. Die Kinder trauen sich eine Menge zu, aber niemand wird mit einer geringeren Leistung herabgewürdigt.

C *Ist eine Trennung im Deutsch- oder Mathematikunterricht nötig?*

M Diese Fächer sind in die Freiarbeit integriert, weil es keinen Sinn macht, die Kinder getrennt zu unterrichten. Wir haben das an unserer Schule ausprobiert und haben dann gemerkt, dass die Kinder sogar innerhalb eines Jahrgangs ganz unterschiedlich weit waren. In der Freiarbeit haben sie individuell gearbeitet und im gemeinsamen Unterricht sollten sie dann plötzlich wieder gleichgeschaltet werden.
Die einen konnten im 1. Schuljahr schon lesen und die anderen noch nicht und auf einmal sollten sie alle lesen können. Das funktionierte nicht.
Darum machen wir auch keinen gebundenen Unterricht in diesen Fächern. Aber wir arbeiten gerne in Projekten und mit Schwerpunktthemen.

C *Wie reagieren die Seiteneinsteiger, wenn sie aus einer homogenen Klasse in eine jahrgangsgemischte kommen?*

M Für die Seiteneinsteiger ist es etwas völlig Fremdes. Sie kennen das nicht. Sie warten erst mal ab und schauen auf die Kleinen herab.
Aber die Seiteneinsteiger, die in diesem Jahr gekommen sind, finden es ganz prima, dass sie sich um kleinere Mitschüler kümmern können. Sie merken, dass sie das, was sie bisher gelernt haben, umsetzen können. Sie können Kindern zeigen, was sie schon gelernt haben. Dadurch steigert sich ihr Selbstbewusstsein.

C *Akzeptieren die Eltern diese Organisationsform?*

M Ja. Viele Eltern, die das kennen gelernt haben oder die hier hospitiert haben, sind ganz begeistert.
Andere Eltern sind zunächst skeptisch, merken aber, sobald die Kinder in der Schule sind und zu Hause von ihrem Paten erzählen und von größeren oder kleineren Freunden, dass es dem Kind gut geht, und dann sind die Eltern sehr bald beruhigt.

Christiane Gobbin-Claussen

2 Die Umstellung vorbereiten

Den Schulalltag neu organisieren

Wie geht man die Umstellung an? Wie schafft man die äußeren Voraussetzungen? Welche Rahmenbedingungen empfehlen sich aus langjähriger praktischer Erfahrung? Was muss sich in der Organisation des Schulalltages verändern, damit das neue Gruppensystem reibungslos funktioniert? Was ist an Ausstattung zweckmäßig oder gar ein unbedingtes Muss? Und was kostet das alles?

Glücklicherweise gibt es einige Schritte, die ohne Kosten zu realisieren sind und die ein Kollegium im Vorfeld, auch schon vor der offiziellen Umstellung angehen kann. Dazu gehört für mich vor allem die Veränderung äußerer Rahmenbedingungen wie z. B.:

- Klingel abstellen
- Klassenbezeichnungen (1a, 1b ...) in Klassennamen ändern
- den Klassen einen ständigen Raum garantieren
- für jedes Mitglied im Kollegium einen festen Platz im Lehrerzimmer als Sitzplatz und als Arbeitsplatz (für Vorbereitungen und Bereitstellungen, Zwischenlagerung der alltäglichen Materialien) ermöglichen
- differenzierte Lehrgangsmappen für jeden Jahrgang herstellen
- Projektkisten und Themenkisten zusammenstellen
- Lehrmittelräume umgestalten, z. B. zentralen Aufbewahrungsort für die Regale mit den Projektsammlungen schaffen

Klingel abstellen

An unserer Schule haben wir die Klingel vollständig außer Funktion setzen lassen. Selbst das Hofpausen-Ende signalisieren wir durch Handzeichen. Daran sind die Kinder längst gewöhnt. Ob man auf die Klingel auch rund um die Frühstücks- und Hofpause verzichten möchte, sei jedem selbst überlassen. Uns schaffte es das Maximum an Flexibilität.

Einen Schulmorgen zu gestalten, der durch den natürlich entstehenden „Pulsschlag" der Lern- und Erlebensphasen der Kinder rhythmisiert und nicht durch den starren 45-Minuten-Takt unterbrochen wird, gehört zum jahrgangs- und fächerübergreifenden, projekt- und handlungsorientierten Unterricht einfach dazu.

Hier stört die Klingel am Unterrichtsbeginn, genauso wie mitten in den Arbeitsblöcken: Selbst wenn ein Lehrerwechsel angesagt ist oder ein Jahrgang später hinzukommt, früher gehen muss oder zwischenzeitlich in einer anderen Jahrgangsgruppe unterrichtet wird, würde sie von den Kindern und den Kolleginnen nur als überflüssige Störquelle empfunden. Es macht auch keinen Sinn, wenn zwischendurch – zu keinem wirklich gelebten Rhythmus passend – eine Schelle erklingen würde.

Auch der Start am Morgen bedarf keines zentralen Startzeichens. Er hängt von vielen klasseninternen Bedingungen und Abläufen ab. Die Kinder beginnen den Schulmorgen doch sowieso, sobald sie den Klassenraum betreten. Lernen beginnt dann nicht erst um 8.00 Uhr mit dem Klingeln.

Klassennamen

Wenn jede Stammgruppe die Jahrgänge 1 bis 4 umfasst, ist es selbstverständlich, dass man die Klasse nicht mehr nach herkömmlichem Muster benennen kann.

Wir fanden es schön, den Klassen Tiernamen zu geben. Dies können natürlich genauso Pflanzennamen oder andere Begriffe sein. Das ist Geschmackssache. Wir haben festgestellt, dass sich die Kinder liebend gerne mit unseren Tiergruppen identifizieren. So bedeutet die Zugehörigkeit zur „Käferklasse“ oder zu den „Löwen“ schon ein Stück Heimat und soziale Gemeinschaft.

Auch Eltern unterstützen die Heimatgefühle ihrer Kinder gerne durch eine Erstausstattung, die zu dem Klassentier passt. Es hat darüber hinaus durchaus Bedeutung für die Kinder, ein „kleiner“ Käfer oder ein „großer“ Käfer zu sein, d. h. sie identifizieren sich selber gerne mit dem Klassentier. Es nimmt an vielen Stellen auch Einfluss auf die Gestaltung der Klasse und auf Lernmaterialien oder geht in Rituale ein.

Die Wiedererkennungs- und Identifizierungsvorteile sind dabei – vor allem für die jüngeren Jahrgänge – nicht zu unterschätzen.

Kontinuität des Klassenraumes

Eine Lehrerin, die vier Jahrgänge in einer Klasse unterrichtet, diesen Klassenraum für sich alltagstauglich hergerichtet, sich eingerichtet hat, die dem Raum außen wie innen ihren persönlichen, aber auch den Stempel des Klassentieres aufgedrückt hat, die die umfangreichen verschiedenen Lernmaterialien in ihren Raum einsortiert, ein Materiallager für den handlungsorientierten Unterricht, also den schnellen spontanen Zugriff aufgebaut und rund um ihr Pult eine Insel geschaffen hat, in der sie ad hoc für jeden Fall der Fälle das geeignete Lehrgangsmaterial für jeden Jahrgang griffbereit hat ... Eine solche Lehrerin kann und will nicht nach einem oder zwei Jahren in einen anderen Raum umziehen. Das ist völlig undenkbar.

Es würde auch für die Kinder einen zeitlich unverständlichen Ortwechsel bedeuten. Zu welchem Zeitpunkt sollte dieser auch sinnvoll erklärt werden können? Wenn einige Kinder zwei Jahre in dem Raum waren, sind andere schon drei Jahre darin oder gerade erst vor einem Jahr hinzugekommen. Hier würde man sich mit einer Begründung schwer tun.

Jede Klasse muss ohnehin so eingerichtet sein, dass alle vier Jahrgänge ihre Bestuhlung und passende Tische vorfinden. Auch der Weg durch das Gebäude zum Klassenraum kann bei der kompletten Jahrgangsbandbreite pro Klasse kein Argument mehr sein.

Diejenigen Schulen haben es leicht, deren Räume gleich gut zugänglich und in Größe, Lage und Ausstattung absolut vergleichbar sind. Hier wird es nicht schwer sein, die Räume an die Kolleginnen zu verteilen, um sie zu einer neuen, allmählich wachsen dürfenden, dauerhaften Lern-Heimat werden zu lassen.

Fester Platz im Lehrerzimmer

Unterrichtsvorbereitung findet auch im Lehrerzimmer statt. Und wo sollte dieser Platz sein, wenn nicht jede Kollegin zumindest ihren festen Platz an einem einigermaßen großzügig bemessenen Konferenztisch und ein nicht zu kleines Schrankfach hat? Man muss sich das so vorstellen:

Sie sammeln für ein Projekt, das gerade begonnen hat. Neben Ihrem Platz steht noch die große Kiste mit allen Materialien. Einige Kolleginnen helfen Ihnen beim Sammeln und haben einiges aus ihrem häuslichen Fundus mitgebracht. Das finden Sie bereits auf Ihrem Platz.

Für einige Kinder unterschiedlicher Jahrgänge haben Sie zusätzliches Material kopiert. Das möchten Sie in der Pause spiralbinden. Für das anstehende Projektdiktat (mit allen vier Jahrgängen) haben Sie schon für alle Differenzierungsbereiche die Text- bzw. Übungsformen zusammengeschnitten, um sie mit dem Kopierer fertig zu stellen. Für die Konferenz haben Sie einige Ideen gesammelt, die griffbereit liegen, um nicht vergessen zu werden.

Die Schablonen für die nächste Bastelarbeit sind zu groß und zu wertvoll, als sie in der Schultasche zu tragen oder im Klassenzimmer offen liegen zu lassen. Und der Kaffeebecher, den nur Sie benutzen, soll auch noch Platz finden ...

Das wohl sortierte Chaos und anfallsartige Aufräumaktionen sind zwar die Folge, aber es geht wirklich nicht ohne Raum zum A-u-s-b-r-e-i-t-e-n. Er ist unerlässlich, um die Übersicht zu behalten.

Das Gleiche gilt für den Platz des Kopierers. Schaffen Sie genügend Ablagefläche, damit nichts durcheinander gerät. Überblick ist hier die „halbe Arbeit"!

Unterrichtsmaterialien aufbewahren

Für die neue Art des Unterrichtens sollte das Kollegium sinnvolle, den schulischen Gegebenheiten angepasste Unterrichtsmaterialien erstellen. Es empfiehlt sich, diese dann an zentralen Stellen im Lehrerzimmer oder in einem möglichst benachbarten Lehrmittelraum übersichtlich und zugriffsfreundlich zur allgemeinen Verfügbarkeit bereitzuhalten. Wichtig ist es auch hier, ein nachvollziehbares Ordnungs- und Ablagesystem zu finden, das den Vorteil der Arbeitsersparnis durch gemeinsame Unterrichtsvorbereitung nicht durch endloses Suchen wieder ins Gegenteil verkehrt.

Gabriele Hesse

Gemeinsame Schulentwicklungsarbeit

Gewiss liegen auf dem Weg zu einer Umstellung manche Hürden – die aber bei genauer Betrachtung an Schrecken verlieren: Der Blick auf die Kompetenzen des Kindes (und nicht auf die Defizite) erfordert Offensein für Unterrichtsentwicklung, fordert die Lehrerinnen und Lehrer heraus, ihr Handwerkszeug zu nutzen und den Unterricht zu öffnen.

Ängste vor Neuem werden ernst genommen, wenn sie ausgesprochen werden – ein Austausch mit Kollegium und Elternschaft steht zwingend am Anfang einer Umstellung. Ich möchte aufgrund unserer Erfahrungen an der Stephan-Lochner-Schule in Köln die folgenden Schritte empfehlen:

1. Eltern	2. Kollegium
Informationsveranstaltungen Unterrichtsprojekte Expertenbefragung Schülerbefragung Podiumsdiskussionen Zusammenarbeit mit Kollegium und Schulaufsicht Literaturliste Hospitationen Elterngesprächskreis Schulkonferenz	Konferenzen mit Prozessbegleitung Bestandsaufnahme Analyse der Rahmenbedingungen und Organisation Teamarbeit Hospitationen in anderen Schulen Fortbildungen z. B. zum Thema Lernstandsdiagnose Entwicklung von Modellen zum Übergang Konzeptentwicklung Unterrichtsmodelle Elternarbeit Schulkonferenz Evaluation

Der Blick auf die Heterogenität jeder Lerngruppe regt an, die Differenz als Motor zu nutzen. Wenn wir also die Selbstständigkeit, Teamfähigkeit, Lernkompetenz und Sozialkompetenz zum Ziel gemeinsamen Handelns machen wollen, indem wir den Kindern individuelle Lernwege und Lernziele bei flexibler Verweildauer ermöglichen, funktioniert Schule als Gemeinschaft. Die Umsetzung reformpädagogischer Gedanken erfolgt

- auf der Ebene der Schulleitung im Konsens mit Kollegium und Eltern (inhaltlich und organisatorisch),
- über die Meinungsbildung und Erfahrungsaustausch, z. B. Hospitationen, Weiterbildungen,
- auf der Basis der Kompetenzen der Lehrerinnen und Lehrer,
- durch gute personelle Absicherung: Stundentafel/Klassenlehrerprinzip und Entlastungsangebote,
- durch Akzentuierung von Teambereitschaft,
- durch Förderung der Gesprächskultur,
- mit dem Angebot von Fixpunkten, Schaltstellen, Austausch, kollegiumsinternen Hospitationen,
- mit der Möglichkeit regelmäßiger kollegialer Fallbesprechung.

Diskussionsgrundlagen in der Lehrerkonferenz – neben der Argumentation für die Veränderung – sind:

Eine Bestandsaufnahme: Was leisten wir schon in Bezug auf den offenen Unterricht?

- Formen des offenen Unterrichts, die schon praktiziert werden: projektorientierter Unterricht

- offene Aufgabenstellung
- Lernstandsdiagnose
- Jahresplan – Wochenplan – Tagesplan
- Freie Arbeit
- Förderplan

Welche Vorteile hat ein neues Konzept?
- Absprachen und somit Transparenz
- Teamarbeit und gemeinsame Konzeptentwicklung
- gemeinsame Projekte
- gemeinsam entwickelte Schulkultur
- feste Teamsitzungen in der unterrichtsfreien Zeit

Welche Widerstände und Fragen seitens der Eltern sind zu erwarten?
- Lernen die Kinder genug?
- Wie sehen die Lernstandsberichte aus?
- Kann man so jedem Kind gerecht werden?
- Wie sieht die Bewertung aus?
- Behindern die Kinder sich gegenseitig in ihrem Lernen?
- Wie wird der Übergang in die weiterführende Schule sein?

Gibt es Alternativen?
- Organisation und Konzept eines „Förderbandes“ im Jahrgang
- andere Modelle

Wie kann der erste Schritt aussehen?
- große Kinder übernehmen Patenschaften für die kleinen
- Arbeitsgemeinschaften in Lerngruppen mit zwei Jahrgängen
- Aufteilung der Kinder für den Vertretungsunterricht in Partnerklassen
- klassenübergreifende Projekte: Schulzeitung, Kunst- und Sportaktionen
- Wochenabschlussfeier
- Absprachen zur Klassenraumgestaltung
- Absprachen zu Arbeitsmaterialien und Austausch
- Hospitationen, Besuche in Parallelklassen

Welche Kriterien gelten für die Gruppenzusammensetzung?
- Die Aufteilung erfolgt nach intensiver Beobachtung der Kinder – nicht nur nach Leistungskriterien.
- Es werden heterogene Gruppen gebildet – Heterogenität bezogen auf Geschlecht, Herkunft, Sprachkompetenz, Lern- und Sozialkompetenz.
- Wünsche der Kinder (ein Partner geht mit in die neue Klasse) werden berücksichtigt.

Wie wird der Übergang in eine neue Lerngruppe gestaltet?

- Kontaktstunden der Teamkollegen
- gemeinsame Projekte – Präsentationen und Dokumentationen
- gemeinsame Klassenfahrten
- Hospitationen in anderen Schulen
- gemeinsame Elternabende und Feiern
- Mitspracherecht der Kinder

Barbara Sengelhoff

Wichtige Schritte

Ständige Weiterentwicklung abgestimmter Unterrichtskonzepte, Professionalisierung kollegialer Kooperation sowie die Zusammenarbeit mit den Eltern und den vorschulischen Einrichtungen: Das sind wichtige Schritte auf dem Weg zum jahrgangsübergreifenden Unterricht.

Abgestimmte Unterrichtskonzepte

Kernbereich in der Vorbereitung auf jahrgangsübergreifendes Lernen ist der Unterricht. Begonnen haben wir mit der Weiterentwicklung eines abgestimmten Konzeptes zum Schriftspracherwerb. Abgestimmt meint ein für alle verbindliches Konzept, das gerade im Hinblick auf den Übergang zur jahrgangsübergreifenden Lerngruppe von Bedeutung ist. Wichtige Eckpunkte des Konzeptes Öffnung des Sprachunterrichts sind:

- *Die konsequente Erweiterung der mündlichen Sprachkompetenz durch den Aufbau einer Gesprächskultur:* Dazu sind vielfältige herausfordernde Gesprächssituationen notwendig. Die Verankerung fester Zeiten in der Tagesrhythmisierung (z. B. der Offene Anfang, Morgenkreis) bietet Raum für spontane Äußerungen über Erlebtes und das eigene Befinden. Sachbezogene Gespräche finden im Austausch über Tages- und Wochenpläne statt sowie in Planungs- und Reflexionsphasen. Dadurch erhalten die Kinder regelmäßig eine Rückmeldung.
- *Schriftspracherwerb mit einer Anlauttabelle:* Die Kinder haben von Beginn ihrer Schulzeit an täglich die Möglichkeit, mit ihren Vorkenntnissen und durch die Nutzung der Anlauttabelle vielfältige, anregende Schreib-

und Lesesituationen zu nutzen. Wichtig ist, dass die Schreibanlässe verschiedene Funktionen von Schrift beinhalten wie z. B. Notizzettel, Beschriftungen, Listen, Erinnerungen, Sachinformationen und eigene Geschichten. So wird eine hohe Schreibmotivation aufgebaut und eine breite Schreiberfahrung ermöglicht.

- *Lesen(lernen) mit Kinderliteratur:* Dieser Ansatz verknüpft das Schreibenlernen anhand der Anlauttabelle mit dem Aufbau von Lesemotivation durch die sofortige Begegnung mit richtigen Büchern. Sie laden ein zum Kommentieren, Weiterschreiben, Fantasieren, Dialogisieren, Nachspielen und Ausgestalten.
- *Ein aufbauendes Rechtschreibkonzept:* Mit der Klärung der Wortbedeutung sowie Untersuchung von Sprachstrukturen erarbeiten sich die Kinder Grundkenntnisse der spezifischen Merkmale der deutschen Sprache. Grundlegendes Arbeitsmittel der Kinder im Rahmen ihrer Arbeit zur rechtschriftlichen Sicherung ist der Grundwortschatzkasten, der neben den bedeutsamen individuellen Wörtern auch den Klassengrundwortschatz enthält.
- *Die Entwicklung einer Lese- und Schreibkultur:* Dies setzt für die Kinder bedeutsame Schreibanlässe voraus. Das ritualisierte Schreiben (z. B. im Morgenbuch mit einem wichtigen Satz) gehört täglich zum Unterricht. Wichtig ist, dass die Kinder ihre Schreibprodukte veröffentlichen oder vorlesen können. Die Erfahrung, dass Mitteilungen (Eintrag ins Klassenratsbuch, Lerntagebuch, Postkasten) sowie eigene Texte (Geschichte, Bericht, Arbeitsblatt) beachtet werden und Konsequenzen haben, fördert eine Schreibkultur.

  Folgender organisatorischer und inhaltlicher Rahmen ist zu empfehlen:
  - gemütliche Leseecken mit einem vielfältigen Bücherangebot,
  - organisatorisch feste, aber inhaltlich freie Lesezeiten, die ein Vertiefen und Stöbern auch möglich machen,
  - regelmäßiges Vorlesen z.B. während der Frühstückspause,
  - Lesestunden mit den Eltern und den Patenklassen zum Lesenüben selbst ausgewählter Texte,
  - umfangreiche und anregende Büchertische zu den Unterrichtsthemen, die mit Unterstützung der Stadtbibliothek zusammengestellt werden, und
  - die Einbindung des Computers zur Schreib- und Leseförderung.

Für den Mathematik-(Anfangs)unterricht, besonders für jahrgangsübergreifende Lerngruppen, ist ein aktiv-entdeckender Ansatz sinnvoll. Für die Unterrichtsplanung gelten folgende Leitfragen:

- Wie kann der Unterricht so geöffnet werden, dass die Eigenaktivitäten des Kindes geweckt und seine Vorerfahrungen genutzt werden?
- Wie kann prozedurales Wissen so gefördert werden, dass die Kinder ermutigt werden, ihren eigenen Lösungsansätzen nachzugehen und ihre Rechenwege zu reflektieren und zu beschreiben?
- Wie kann die Lehrkraft die veränderte Rolle von der Instruktion zur Initiation im Sinne einer Lenkung durch gezielte Anregungen, anregender Lernarrangements und individueller Beobachtung nutzen?

Die für den Deutsch- und Mathematikunterricht skizzierten Schwerpunkte gelten in ihren Grundprinzipien für jeden Lernbereich. In jahrgangsübergreifenden Lerngruppen ist die projektorientierte, fächerübergreifende Unterrichtsplanung grundlegend. Hier ist neben instruktiven Phasen die Förderung der Lernkompetenz durch selbstständiges Tun und Denken Schwerpunkt des Unterrichts. Die Aufgabe der Lehrerin, des Lehrers als Lernbegleitung liegt in der Gestaltung einer Lernumgebung, die sowohl die Neugier als auch das Interesse an neuen Inhalten weckt und der Frage nach dem „Wofür des Lernens" neuen Anstoß gibt.

Die Lehrkraft unterstützt den Aufbau einer eigenen Lernidentität. Sie gestaltet, ermutigt und ist im ständigen Dialog mit den Kindern. Sie ermöglicht den Kindern so:

- den eigenen Lernprozess zu strukturieren (unterschiedliche Materialien zu sichten, Ideen zu entwickeln, Fragen zu formulieren, Vorwissen festzuhalten, eigene Gedanken und Fragen in Beziehung zu denen anderer zu setzen bzw. gemeinsame Vorhaben zu entwickeln),
- zielgerichtet zu arbeiten (Arbeitspläne zu erstellen, Ziele zu formulieren, Aufgaben zu verteilen, bei auftretenden Problemen eigene kreative Lösungsstrategien zu entwickeln, Materialien bereitzustellen bzw. zu organisieren),
- regelmäßig Arbeits- und Gruppenprozesse zu reflektieren (Rückmeldung über den eigenen Arbeitsstand zu bekommen und Ideen zur Weiterarbeit zu erhalten, den eigenen Lernweg zu überprüfen und u. U. zu verändern, Kooperationsbereitschaft zu entwickeln und Durchsetzungsvermögen zu trainieren),
- das Gelernte zu dokumentieren (den eigenen oder gemeinsamen Lernweg festzuhalten, neue (Er-)Kenntnisse immer wieder zu sichten und zu ordnen) und
- die Arbeitsergebnisse zu präsentieren (unterschiedliche Dokumentations-/Präsentationsformen zu entwickeln z. B. Ausstellung, Plakat, Theaterstück, Quiz, Vortrag etc.).

Auch wenn im Anfangsunterricht dieser Anspruch nicht immer erfüllt werden kann, werden auch in den ersten Jahren wichtige Grundhaltungen aufgebaut, die die Lernidentität der Kinder prägen.

Kollegiale Kooperation

Die Erarbeitung von Unterrichtsprojekten unter den genannten Leitfragen kann nur in enger kollegialer Kooperation erfolgen und ist auch nur so leistbar. Kollegiale Kooperation als Voraussetzung für innovatives Handeln macht sich an den wöchentlichen Teamsitzungen und an der differenzierten Dokumentation der erarbeiteten und ausgewerteten Unterrichtsmaterialien fest.

Die Qualität dieser Kooperation wird entscheidend durch die Verlässlichkeit der Lehrkräfte, das gegenseitige Vertrauen, die Effektivität der Sitzungen und durch klare Strukturen sowie präzise Arbeitsabsprachen geprägt. Der Erfolg der Zusammenarbeit im Kollegium und die Wirksamkeit für die Unterrichtspraxis hängt entscheidend davon ab, dass der große Zeitaufwand der wöchentlichen Sitzungen zu einer entsprechenden Entlastung bei der häuslichen Vorbereitung führt. Ebenfalls muss ein Konsens über die Lernziele der entsprechenden Unterrichtseinheit bzw. des Projektes erreicht sein, um alle Materialien und Aufgaben hieraufhin kritisch zu prüfen.

Erfahrung in Teamstrukturen und in professioneller Kooperation unterstützt die Vorbereitung und Einführung jahrgangsgemischter Lerngruppen. Zur Sichtung der anstehenden Aufgaben ist eine von allen Lehrkräften gemeinsam zusammengetragene Bestandsaufnahme unerlässlich. Hier werden alle vorhandenen Bausteine zur Einführung der Jahrgangsmischung aufgenommen wie z. B. Erfahrungen mit Differenzierung und Individualisierung, Stand offener Unterrichtsformen, Praxis der bisherigen Wochenplanarbeit und Werkstattunterricht, Formen der Lernwegbegleitung und Dokumentation, Erfahrungen mit jahrgangsübergreifenden Lernangeboten und Ähnliches mehr. In Kleinteams oder Steuergruppen können dann wichtige Fragen zusammengetragen und Lösungsmöglichkeiten erarbeitet werden. Arbeitsbereiche für Steuergruppen sind die Klärung organisatorischer Fragen zur Stundenplangestaltung und zur Rhythmisierung des Vormittags, die Erstellung eines Bildungsplans und die Festlegung grundlegender Lerninhalte auf unterschiedlichen Entwicklungs-, Lern- und Leistungsstufen sowie die Form der Dokumentation der Lernentwicklung der Kinder mit abgestimmten Förderplänen.

Beispielhaft seien hier einige wichtige Aufgaben und Arbeitsfelder der Steuergruppen aufgeführt:

- Erarbeitung eines Vorschlags zur Grundstruktur des Vormittags
- Überlegungen zur Gestaltung des Stundenplans
- Berücksichtigung freier Lese- und Schreibzeiten im Wochenstundenplan
- Sichtung vorhandener Unterrichtsmaterialien nach Differenzierungsmöglichkeiten
- Erstellung eines Lehr- und Lernplans, der die Lerninhalte und Themen für einen Zyklus von mindestens drei Jahren aufführt.
- Festlegung von Fertigkeiten, die über einen Lehrgang angeeignet werden müssen, wie z. B. ein Ziffernschreibkurs und der Schreibschriftlehrgang.
- Absprachen zur organisatorischen Gestaltung der Wochenplanarbeit bzw. aller verbindlichen Arbeitsformen
- Festlegung anzuschaffender Arbeitsmittel für die Kinder
- Entwicklung von Verfahren zur Beobachtung der Kinder
- Überlegungen zur Erstellung von Förderplänen und Sichtung sinnvoller Fördermaßnahmen und -materialien
- Festlegung von Übergangskriterien in die nächste Lern- oder Jahrgangsgruppe

Christiane Mika

Teamarbeit inklusive

In vielen Grundschulen denken Lehrerinnen und Lehrer über die Auflösung von Jahrgangsklassen nach. Da kommt es nicht selten vor, dass man die pädagogischen Vorteile (z. B. die Förderung der „Schwachen") sieht und sogar die Umsetzung der Altersmischung in Gedanken durchspielt, aber schließlich dennoch davon Abstand nimmt. Die Bedingungen für erfolgreiche Arbeit in einem solch aufwendigen Konzept seien nicht vorhanden. Es fehle vor allem an Förderpersonal.

Es bleibt außer Zweifel: Eine Doppelbesetzung – wenigstens in einem Teil der Unterrichtsstunden – wäre in einer altersgemischten Klasse wünschenswert. Damit ist nicht gemeint, vorhandene Stunden für einen Abteilungsunterricht zu nutzen. Der Einsatz einer zweiten Person im jahrgangsübergreifenden Unterricht dient nicht dazu, die Klasse schließlich doch in Kernfächern nach Jahrgängen getrennt zu unterrichten. Er hat ganz andere Funktionen, die ich im folgenden Beitrag beleuchten möchte.

Der Wunsch nach mehr personeller Unterstützung für die Umstrukturierung von Unterricht und Schule ist verständlich. Reformpädagogisch orientierte Grundschulen werden überlegen, ob sie Doppelbesetzung im jahrgangsübergreifenden Unterricht dadurch erreichen könnten, dass sie den Einsatzplan des Personals umstrukturieren. Ein beträchtlicher Anteil von Grundschulen bildet Praktikanten oder Lehramtsanwärter aus. Einzelne freiwillige Examenskandidaten verbringen im Rahmen ihrer wissenschaftlichen Arbeit einige Zeit in der „Praxis". Andere Schulen haben darüber hinaus noch Sozialpädagogen im „Schulkindergarten"-Bereich oder Sonderpädagogen für die integrative Beschulung beschäftigt. In manchen Schulen ist die Hilfe z. B. durch so genannte Lesemütter fester Bestandteil und ein Qualitätsmerkmal. Auch Personal für ganztägige Erziehung steht inzwischen einem Teil der Grundschulen zur Verfügung.

Allerdings: Man könnte in etlichen Grundschulen weit kreativer mit den Potenzialen dieser meist sehr bereitwilligen Mitarbeiterinnen und Mitarbeiter umgehen. Da gibt es Schulen, an denen mit Hinweis auf irgendwelche Vorschriften nicht alle diese Mitarbeiter an der „Lehrer"-Konferenz teilnehmen können oder sollen. Andere Schulen übertragen diesen Kräften ohne Abstimmung mit dem Kollegium Aufgaben, die zu Überforderungen der Mitarbeiter führen und somit eher den Schulbetrieb stören. So wird von Praktikanten oder Lehramtsanwärtern teilweise verlangt, dass sie sich selbstständig am grünen Tisch auf eine einzelne Unterrichtsstunde vorbereiten und anschließend ins kalte Wasser des Schulalltags springen. Kaum einer versucht den Sinn solcher „Übungen" für die Kinder und für die Mitarbeiter der Schule zu hinterfragen. Wo es noch eine Unterwürfigkeit unter selbst definierte und zusammenfantasierte Vorschriften gibt, sollten Grundschulen diese ablegen.

Wo auf Nebenkriegschauplätzen (z. B. Wer darf hier was?) gekämpft wird, geht wertvolle Energie für die Förderung von Kindern und die Qualitätsentwicklung verloren. Oder anders: Es wäre gerade eine Aufgabe der Qualitätsentwicklung, über den für die Kinder sinnvollen Einsatz der vorhandenen Mitarbeiter der Schule nachzudenken. Dann eröffnen sich überraschend neue Quellen für Fördereinsätze. Man wird auch aufmerksam darauf, wo weitere Mitarbeiter gefunden werden könnten. So vermitteln inzwischen selbst Freiwilligen-Agenturen Ehrenamtliche für Schulen. Vieles mehr ist denkbar.

Es stellt sich allerdings die Frage, ob diese potenziellen Förderkräfte überhaupt Hilfen für den jahrgangsübergreifenden Unterricht sein können, zumal sie ja meist nicht dafür ausgebildet wurden. Gegenfrage: Wer wurde denn überhaupt für den jahrgangsübergreifenden Unterricht ausgebildet?

Gibt es in Deutschland ein Prozent Pädagogen, die in altersgemischten Klassen gearbeitet haben und heute noch im Schuldienst stehen? Ich zweifle.

Also haben wir in diesem Feld Pionierarbeit zu leisten, nicht nur im Unterricht, sondern auch unter den Mitarbeitern. Teamarbeit ist das Schlagwort – das allerdings vielfach falsch verstanden wird. Teamarbeit ist ein riesiges, teilweise brachliegendes Potenzial und eine der größten Herausforderungen in der Schulentwicklung, wie ich meine.

Wenn die Mitarbeiter einer Klasse effektiv zusammenarbeiten, entstehen enorme Synergieeffekte. Ist die Zusammenarbeit dagegen nur eine Kombination verschiedener, nicht miteinander vernetzter Aktivitäten von Einzelnen, so wächst bei den Kolleginnen und Kollegen eher der Wunsch, doch „lieber alles alleine zu machen".

Um dies zu verdeutlichen, möchte ich im Folgenden zwei gegensätzliche Positionen zum Arbeiten im Team unterscheiden. Diese Darstellung basiert auf meinen Erfahrungen als Schulleiter und Klassenlehrer in einer Brennpunkt-Grundschule, wo so genannte behinderte Kinder (vor allem Kinder mit Verhaltensauffälligkeiten sowie Lern- und Sprachproblemen) in jeder Klasse zusammen mit allen anderen Kindern unterrichtet werden. Und vor allem: In altersgemischten Klassen lernen hier die Kinder aller vier Jahrgänge gemeinsam.

Teams in der Praxis

Entsprechend der pointierten Gegenüberstellung von Inklusion und Integration versuche ich, auf Grundlage von jahrelangen Beobachtungen in der Praxis (vgl. STÄHLING 2004) zwei Pole von Teamarbeit voneinander abzugrenzen. Dabei unterscheide ich zwischen einer Teamarbeit, bei der die Mitarbeiter *gemeinsam* für alle Kinder da sind (Inklusion), und einer Teamarbeit, bei der sich einzelne nur für besondere Aufgaben zuständig fühlen (Integration). Indem ich das Inklusionskonzept auf die Teamarbeit übertrage, stellt sich viel deutlicher als zuvor die Frage, welche Faktoren einer Teamarbeit zu effektivem Arbeiten in der Klasse führen (s. Tab. S. 51).

Die Unterscheidung dieser beiden Teamkonzeptionen wirkt vielleicht etwas akademisch, ist aber lohnenswert für die kritische Bestandsaufnahme der eigenen Teamarbeit. Sie ermöglicht die trennscharfe Abgrenzung zweier Pole, die nur scheinbar nahe beieinander liegen, in der Praxis jedoch diametral entgegengesetzt wirken können. HINZ beschreibt überspitzt die Fehlentwicklung eines Integrationsmodells, bei der „ein Sonderlehrer für das Sonderkind ab und zu vorbeikommt und pädagogische Sonderangebote nach Sondercurricula mit Sondermethoden macht" (HINZ 2002, S. 355).

Team in der Praxis der Integration	Team in der Praxis der Inklusion
Personal für Kinder mit besonderem Bedarf: Die Schule bekommt den Mitarbeiter für klassenübergreifende Aufgaben, z. B. für Förderangebote in verschiedenen Klassen, für einzelne Kinder, für Betreuungsaufgaben u. a.	Personal für das System: Die Schulklasse bekommt den Mitarbeiter, der dadurch Teammitglied ist
Exklusive Zuständigkeit „anderer" Pädagogen für „andere" Kinder	Gemeinsames und individuelles Lernen für alle
Spezielle Angebote oder Förderungen für spezielle Kinder (z. B. Behinderte, Begabte, Ganztagskinder u. a.)	Einbeziehung und Unterstützung der Klassengemeinschaft (z. B. Paten) in die Förderung (z. B. der Schulanfänger)
Förderpläne und Angebote für bestimmte Kinder als Leistung von Experten	Gemeinsame Reflexion und Planung aller Beteiligten (Kinder, Mitarbeiter und im Idealfall auch Eltern)
Vertretung des ausgefallenen Personals kaum möglich Gefahr des Gerangels um Zuständigkeiten	Im Vertretungsfall kann ein anderer die Aufgaben, die im Team vereinbart wurden, übernehmen.
Mitarbeiter als Unterstützung für Kinder mit besonderem Bedarf (Betreuung, Förderung u. a.)	Mitarbeiter als Unterstützung für Klassenlehrer, Klasse und Schule
Kombination von unveränderter Schul-, Sonder- und Sozialpädagogik	Synthese von veränderter Schul-, Sonder- und Sozialpädagogik
Kontrolle durch besser bezahlte Experten	Kollegiales Problemlösen im Team
Supervision als freiwilliges Zusatzangebot für Einzelne	Supervision als fester Bestandteil des jeweiligen Teams, Systemberatung
individuumszentrierter Ansatz	systemischer Ansatz

Praxis der Integration und der Inklusion (vgl. Hinz 2002)

Es entsteht leicht eine additive Situation, in der die Klasse – zumal eine jahrgangsgemischte – mit ihren gesamten Förderpotenzialen aus dem Blick gerät.

Wenn wir in jahrgangsgemischten Klassen mit Teams nach dem Inklusionsmodell arbeiten, verliert die Kassenlehrerin nicht an Bedeutung. Im Gegenteil: Sie leitet das Team und achtet besonders darauf, dass sich jedes

Teammitglied mit seinen besonderen Stärken in den Unterricht einbringen kann. Sie ist jedoch von der Last des Einzelkämpfers befreit.

Gelingt die Teamarbeit, so wollen Lehrerinnen und Lehrer nicht mehr anders arbeiten, selbst wenn die Vergütung bei den Teammitgliedern unterschiedlich ist. Gerade der Unterricht mit seinen vielen Aufgaben wird durch Teamarbeit entlastet. Viele wünschen sich ein solches Team, daher sollten die Mitarbeiter von Grundschulen mit dem Notwendigen beginnen.

Arbeitsstruktur

Für Teams ist eine Arbeitsstruktur erforderlich. Dazu gehören regelmäßige Besprechungen. Die Sitzungen brauchen einen routinemäßigen Ablauf, der für rücksichtsvollen Umgang mit der wertvollen Zeit der Mitarbeiter sorgt. In unserer Schule gibt es in jeder Klasse Teams, die jede Woche ein bis zwei Stunden tagen. Alle haben ihren eigenen Stil entwickelt. Bewährt hat sich bei vielen folgender Teamsitzungsablauf:

1. Kurze Themensammlung, möglicherweise Festlegung eines Protokollführers, eines Sitzungsleiters, eines „Zeitwächters".
2. Kurze Befindlichkeitsrunde: Wie geht es mir im Moment – auch unabhängig vom Schulalltag.
3. Kurzer *positiver* Rückblick auf die letzte Woche: Was gefiel mir am Programm, an den Kindern, an uns Teammitgliedern und an mir selbst? (Negatives ist an dieser Stelle nicht erlaubt, das gehört in die Themensammlung!)
4. Ausführliche Besprechung der Themen aus der Sammlung zu Beginn.
5. Themen, die nicht besprochen werden konnten, kommen in den „Themenspeicher", der für das nächste Mal Themen sammelt. Falls etwas sehr Wichtiges nicht ausreichend geklärt werden konnte, wird eine Extra-Sitzung vereinbart oder u. U. die Aufgabe im Einvernehmen an eine Teilgruppe delegiert.
6. Kurze Abschluss-Blitzlicht-Runde: Was möchte ich noch loswerden? Was möchte ich nicht mit nach Hause nehmen?

Teams, die effektiv arbeiten sollen, können in der Regel nicht ohne regelmäßige Supervision (etwa alle sechs Wochen) auskommen. Sie dient der Psychohygiene der Gruppe und gibt den Teammitgliedern Zeit für ausführliche Auseinandersetzungen über die emotionale Befindlichkeit. Dort können Probleme zwischen Mitarbeitern geklärt werden, die normalerweise überall auftreten. Auch Beanspruchungen durch den Umgang mit „schwierigen Kindern" sind Thema. Die Leitung der Team-Supervision sollte ein

Außenstehender (z. B. Schulpsychologe oder Fortbildungsmoderator) übernehmen.

Ein wichtiger Punkt ist die Auswahl der Teammitglieder. Es ist weder sinnvoll noch möglich, dass sich die Teams selbst ihre Mitglieder suchen. Anzustreben ist allerdings eine zeitliche Stabilität über mehrere Jahre. Bei der Auswahl von Praktikanten, Honorarkräften und anderen freiwilligen Mitarbeitern ergibt sich oft die Möglichkeit, eine Auswahl zwischen verschiedenen Bewerbern zu treffen. Die Entscheidung liegt in diesen Fällen sinnvollerweise beim Team. Der Beschluss sollte einstimmig hergestellt werden, um die Wahrscheinlichkeit von unnötigen späteren emotionalen Schwierigkeiten zu reduzieren.

Zum Abschluss sei auf die Tatsache verwiesen, dass die Art der Zusammenarbeit der Erwachsenen ein Modell für die Kinder ist – ob wir es wollen oder nicht. Wie gehen die Erwachsenen damit um, wenn sie sich nicht einig sind, was zu tun ist? Wie klären sie Konflikte? Haben sie unterschiedliche Meinungen? Darf man miteinander streiten? Respektieren die Erwachsenen einen Mitarbeiter, der Schwächen zeigt? Wann und wo besprechen die Erwachsenen ihre Probleme? Das alles sind Fragen, die die Kinder äußerst spannend finden: Denn sie wollen wissen, wie man es besser macht! Immerhin verlangen die Erwachsenen von den Kindern, gut zusammenzuarbeiten und Konflikte friedlich zu lösen. Hier liegt eine große Chance für altersgemischte Klassen – Teams inklusive.

Reinhard Stähling

Literatur

HINZ, ANDREAS (2002): Von der Integration zur Inklusion – terminologisches Spiel oder konzeptionelle Weiterentwicklung? In: Zeitschrift für Heilpädagogik, 53. Jg./9, S. 354–361

STÄHLING, REINHARD (2004): Multiprofessionelle Teams in altersgemischten Klassen. Ein Konzept für integrativen Unterricht. In: Die Deutsche Schule, 96. Jg./1, S. 45–55

Gleich alle vier Jahrgänge zusammen?

Auf diese Frage kann ich keine eindeutige Antwort geben. Ende der 1980er Jahre haben wir an der Peter-Petersen-Schule Am Rosenmaar in Köln begonnen, über die Einführung von Stammgruppen mit jeweils vier Jahrgängen intensiver zu diskutieren. Zu diesem Zeitpunkt verfügten wir über eine jahrzehntelange Erfahrung mit der Zusammenfassung unserer Erst- und Zweit-Schuljahrskinder in einer so genannten Eingangsstufe sowie der Dritt- und Viertklässler in einer Grundstufe. Was uns damals bewog, die Schule noch einmal umzubauen, und wie wir uns auf diese auch für uns gravierende Umstellung vorbereitet haben, will ich hier darstellen.

Von 1 und 2 nach 3 und 4: unsere Probleme

Mit dem Übergang von der Eingangs- zur Grundstufe (nach dem zweiten Schulbesuchsjahr) hatten wir schon immer unsere Probleme: Durch den Wechsel der jeweils älteren Kinder nach zwei Jahren gingen Gruppen- und Arbeitsstrukturen in der Eingangsstufe teilweise erst einmal wieder verloren, und die nachrückenden Kinder waren nicht alle schon im zweiten Schuljahr in der Lage, eine verantwortliche Rolle in der Tischgruppe und im Klassenleben zu übernehmen. Die in die Grundstufe wechselnden Kinder mussten sich in eine neue Gruppe einleben, und einzelne Kinder waren einfach noch nicht reif, den Anforderungen der nächsten Stufe in vollem Umfang gerecht zu werden. Aber sollten sie deshalb noch ein ganzes Jahr länger in der Eingangsstufe verbringen?

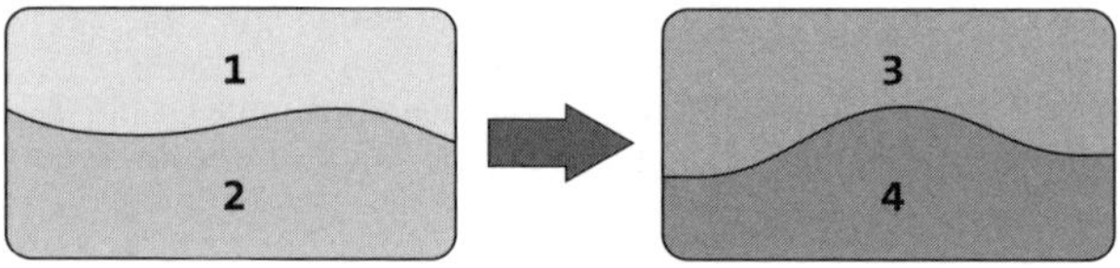

Die innerschulische Diskussion verstärkte sich noch einmal mit der Aufnahme „behinderter" Kinder. An den Bedürfnissen dieser Kinder kann man nicht vorbeischauen, das lassen vor allem so genannte E-Kinder, die Erziehungsschwierigen, einfach nicht zu. Was Kinder brauchen, ist einerseits ein fester Rahmen mit Regeln und Ritualen, mit gesicherten Beziehungen zu Kindern und Erwachsenen über einen längeren Zeitraum hinweg, andererseits die Möglichkeit – aber auch die Notwendigkeit –, die eigene Rolle in der Gruppe im Laufe der Jahre zu verändern.

Von 1 bis 4: die Vorteile

In Klassen, die alle vier Schuljahre umfassen, schienen uns dafür bessere Voraussetzungen gegeben zu sein. Vier Jahre in der gleichen Klasse, im gleichen Raum, beim gleichen Lehrerteam – das schafft ein stabiles Umfeld für eine individuelle Entwicklung mit dem Ziel, dass jedes Kind seine Höchstgrenze erreichen kann. Und die muss im Einzelfall weit über irgendeiner festgelegten Norm liegen dürfen – aber auch weit darunter. Anderseits verhindert die jährliche, eher geringfügige Veränderung der Gruppe (6 bis 7 Kinder wechseln zu weiterführenden Schulen, eine entsprechende Zahl von Erstklässlern kommt hinzu), dass Kinder auf eine bestimmte Rolle festgelegt werden oder bleiben. Innerhalb der „Altershierarchie" rücken sie jedes Jahr eine Stufe auf und werden dadurch angestoßen, nach und nach mehr Verantwortung für sich selbst und für die Gruppe zu übernehmen.

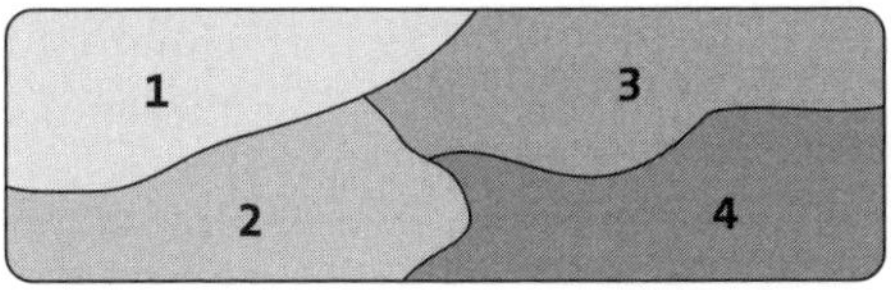

Auch alle anderen pädagogischen Vorteile, die die Flexible Schuleingangsphase bietet, kommen in einer umfassenderen Altersmischung noch stärker zum Tragen. Die Vielfalt der Fähigkeiten, Fertigkeiten und Erfahrungen wird noch größer und das Lernen voneinander damit noch fruchtbarer und ergiebiger. Der Druck, mit anderen Kindern in eine ungesunde Konkurrenz zu treten, nimmt weiter ab, weil es normal ist, verschieden zu sein. Der Anreiz, sich mit neuen Fragen und Themen zu befassen, nimmt zu dank der vielfältigen Anregungen, die durch die älteren Kinder oder auch durch das frei zugängliche Material ausgelöst werden. Dabei zeigt sich rasch, dass die Zugehörigkeit zu einer bestimmten Altersgruppe meist wenig darüber aussagt, was man zu einem Thema beitragen kann.

Die Umstellung vorbereiten

Um die Bildung von Vier-Schuljahres-Stammgruppen vorzubereiten, legten wir bereits ein Jahr vorher jeweils eine Eingangs- und Grundstufenklasse räumlich nebeneinander. Wir gaben den Kindern dann so oft wie möglich Gelegenheit, sich gegenseitig zu sehen und kennen zu lernen. Dafür boten sich gemeinsame Feiern und Ausflüge an, vor allem aber offene Türen zu Freiarbeitszeiten oder bei gemeinsamen Projekten. Die Lehrerinnen der beiden Stammgruppen gewöhnten sich dabei auch schon einmal daran, nach der Umstellung ein Team zu bilden, mit einer gemeinsamen Verantwortung für beide Stammgruppen. Erwünschter Nebeneffekt war dabei, dass in diesen Teams automatisch eingangs- und grundstufenerfahrene Kolleginnen zusammenkamen und sich also gegenseitig beraten und helfen konnten.

Ein Jahr vor der allgemeinen Umstellung richteten wir ein „Vorlauf-Team“ ein: Eine Eingangs- und eine Grundstufenklasse wurden gemischt, dabei kamen zwei parallele Stammgruppen mit den Jahrgängen 1 bis 4 heraus. Dieses Probeteam wurde für ein Jahr mit einem geringfügig höheren Stundendeputat bedacht. Dafür sollte es dem Kollegium in gewissen Abständen Bericht über seine Erfahrungen erstatten. Außerdem waren diese Klassen offen für Hospitationen durch die anderen Kolleginnen. Mit solchen „Vorläufen“ haben wir übrigens auch bei anderen pädagogischen Veränderungen an unserer Schule gute Erfahrungen gemacht. Die besonders Mutigen werden nicht unnötig gebremst, und die eher Vorsichtigen haben Gelegenheit, sich das Ganze in der Praxis aus der Nähe zu betrachten. Mit Beginn des Schuljahrs 1989/90 stellten wir dann auch die anderen 14 Stammgruppen auf vier Jahrgänge um. Diese Entscheidung ist bis heute unumstritten geblieben.

Walter Heilmann

Reaktionen 1

Die Kinder ...

- reagierten kurzfristig betroffen auf die Erkenntnis, ihren Lehrer möglicherweise verlassen zu müssen. Bei einigen gab es zu Hause Tränen. Ein Kind, das große Trauer zeigte, verblieb beim bekannten Lehrer, ohne dass deswegen ein anderes Kind hätte gehen müssen.
- waren Argumenten gegenüber sehr aufgeschlossen und einsichtig.
- stellten sich auf den neuen Lehrer positiv ein.
- besuchten ihren künftigen Klassenraum.
- pflegten nach der Trennung nur kurzfristig Kontakt mit ihrem bisherigen Lehrer. Ein „Hallo!“ beim morgendlichen Begrüßen, ein Winken quer über den Schulhof, ein Herbeigelaufenkommen und kurzes Anlehnen oder Umarmen – und schon waren sie wieder fort.
- lebten sich in ihren neuen Gruppen schnell ein und fanden neue Freunde. Kinder sind eben flexibel, wunderbar anpassungsfähig und stark.

... und die Lehrpersonen

Die Umstellung war für uns anfangs spürbar. Zunächst war die Vorbereitung auf den Unterricht umfangreicher und anstrengender und die Durchführung erforderte mehr Konzentration und Aufmerksamkeit. Erst als der Körper sich den neuen Rhythmen angepasst und sie verinnerlicht hatte, diese automatischer abliefen und die Entscheidungen lenkend unterstützten, spürten wir, wie alles leichter von der Hand zu gehen begann, wie es „flutschte". Nun fühlten wir uns in einer jahrgangsgemischten Gruppe genauso sicher wie vorher in der homogenen.

Es freute uns, wie die Kinder aufeinander zugingen, sich gegenseitig beeinflussten, anregten und unterstützten. Es freute uns, dass schwächere Schüler gestärkt und beruhigt wurden, dass starke Schüler von ihrer Kraft abzugeben lernten, dass eine lebendige, vielseitige und harmonische Arbeitsatmosphäre uns umgab und trug.

Christiane Gobbin-Claussen

Reaktionen 2

Kinder der Kardinal-von-Galen-Schule Beckum zum jahrgangsübergreifenden Unterricht

„Ich bin gerne mit jüngeren und älteren Freunden zusammen."

„Wenn ich den Erstklässlern etwas erkläre, verstehe ich es auch besser."

„Die Größeren trösten mich."

„Ich kann ein Vorbild für die Jüngeren sein."

„Ich finde es gut, weil die Kinder dann lernen, miteinander zu lernen und miteinander umzugehen."

„Man lernt zu warten und sich zurückzuhalten."

Herzlichen Dank an die Rektorin Frau Christel Hille

3 Die Lernumgebung gestalten

Raumgestaltung und offenes Lernen

Jahrgangsübergreifender Unterricht ist auf das Engste verbunden mit offenen Lernformen, die in besonderem Maße die unterschiedlichen Entwicklungsphasen der Kinder eines Lernverbandes berücksichtigen. Dieser Beitrag versucht, den Zusammenhang zwischen dem Arbeiten in jahrgangsgemischten Lerngruppen und der Klassenraumarchitektur darzulegen sowie konkrete Gestaltungsvorschläge zu machen.

Raumcharakter

Zunächst nenne ich einige Aspekte, die „Räume zum Leben erwecken und sie zu einer erfreulichen, praktischen Umgebung machen" (WILHIDE/COPESTICK 1999, S. 11). Schon im ersten Augenblick, in dem Kinder einen Klassenraum betreten, gewinnen sie einen intuitiven Eindruck ihrer Lernumgebung, der im positiven Falle stimulierend oder unter schlechten Bedingungen abschreckend wirken kann. Sie nehmen unbewusst wahr, ob der Raum ihnen freundlich gesinnt ist oder abweisend wirkt. Die Bedeutung einer freundlichen Lernumgebung für Wohlbefinden, Atmosphäre und damit letztlich auch Lernerfolg kann kaum hoch genug eingeschätzt werden:

- Die *Farbgestaltung* bestimmt den Raum in besonderer Weise. Wände sollten nicht nur als Flächen gesehen, sondern als Gestaltungsobjekte genutzt werden. Die Abstimmung der Wandfarben auf Boden, Decke und Einrichtungsgegenstände schafft ein stimmiges Bild. Eine Kombination von kräftigen Farben an einer und ruhigeren Farben an den übrigen Wänden vermeidet Eintönigkeit, ohne unruhig zu wirken. Es ist Mut gefragt, sich von der Standard-Farbgestaltung zu lösen.
- Ein weiterer Faktor ist die *Raumgröße*. Mit Hilfe von Raumteilern (z. B. Regalen) lassen sich große Räume auf kindgemäße Dimensionen bringen und in funktionelle Einheiten untergliedern.
- Dies beeinflusst die *Akustik* eines Raumes positiv. Große Räume mit kahlen Wänden reflektieren den Schall und vergrößern den Lärm.
- *Ordnung und Sauberkeit* dienen dem Lernen. Dies trägt zur Übersicht bei

und drückt Respekt gegenüber dem Raum und seinen Benutzern aus. LE CORBUSIER dazu: „Bringt euren Kinder bei, daß das Haus nur wohnlich ist, [...] wenn die Fußböden und Wände sauber sind" (LE CORBUSIER nach CONRAN 1999, S. 11).

- Ein Raum braucht *freie Bereiche*. Wenn er mit Material überfrachtet ist, können Kinder sich weniger konzentrieren. Daher ist es wenig sinnvoll, Wände flächendeckend mit Bildern zu tapezieren und jede verfügbare Ecke voll zu stellen.
- Es ist lohnend, sich die *Details* eines Raumes zu vergegenwärtigen. Ein Spiegel, der so hoch hängt, dass ein Kind sich darin nicht sehen kann, signalisiert ihm: Dieser Raum wurde nicht für mich gemacht. Ein Handtuch neben dem Waschbecken ist sympathischer als ein Papiertuchhalter mit dem Charme einer öffentlichen Toilette.

Raumelemente

Gemeinschaftlich kommunizieren

Das zentrale Forum für gemeinsame Gespräche, für das Vorstellen von Ergebnissen, das Treffen von Absprachen und das Organisieren ist der Sitzkreis. Er ist das Zentrum, in dem die Klasse nach individueller Arbeit wieder zusammenfindet. Nach meinem Dafürhalten ist der Sitzkreis der wichtigste Funktionsbereich eines Lernraumes.

Deshalb sollte dieser Bereich fest installiert sein. Das kennzeichnet den Stellenwert des Sitzkreises im Raum und vermeidet den organisatorischen Aufwand des Auf- und Abbauens. Eine einfache Variante ist das Zusammenstellen von Bänken oder Kisten. Aufwändig und teuer, aber langlebig, stabil und schön ist eine besondere Anfertigung vom Schreiner.

Der Sitzkreis lässt sich sowohl in einer Ecke als auch frei im Raum installieren. In der Ecke vermittelt er Geborgenheit, seine Stabilität wird erhöht. In der Mitte gelegen, ist die Sicht auf die Tafel meist besser. Ein Teppich in der Mitte des Kreises strahlt Wärme aus und lädt dazu ein, die freie Fläche auch in individuellen Arbeitsphasen zu nutzen. Ein kleiner Tisch ist hilfreich für die Lehrperson, da sie aktuell benötigte Arbeitsmittel und Demonstrationsobjekte besser ablegen kann.

Individuell arbeiten

Die Arbeitsplatzgestaltung eines Raumes muss individuelle Arbeitsformen unterstützen. Das bedeutet vor allem, dass Kinder alleine, mit dem Partner oder auch in einer Gruppe tätig werden können. Ein Teil der Tische sollte an der Wand stehen, sodass die Konzentration der Kinder nicht durch unnötige visuelle Reize gestört wird. Nebeneinander stehende Wandtische – durch Regale abgeteilt, verstärken den Charakter eines eigenen Bereichs. Tischlampen auf den Wandarbeitsplätzen sind ergonomischer und noch dazu für Kinder attraktiver.

Für den jahrgangsübergreifenden Unterricht ist die Notwendigkeit unterschiedlicher Möbelgrößen sowohl bei den Einzel- als auch bei den Gruppenplätzen zu berücksichtigen. Die Sitzergonomie kann verbessert werden, indem neben konventionellen Stühlen z. B. Sitzbälle zur Verfügung stehen.

Da dem Lesen in der Grundschule eine besonders große Bedeutung zukommt, sollten ein Lesesofa oder ein Lesebett sowie ein spezielles Bücherregal nicht fehlen.

Präsentieren

Kindern sollte die Möglichkeit gegeben werden, so oft wie möglich die Ergebnisse ihrer Arbeit vorzuführen. Diesem Zweck dienen u. a. individuelle Präsentationsflächen. An einem großen Teil der Wandflächen sollten Pinnwände angebracht sein. Die vorhandenen Pinnwandflächen lassen sich mit verhältnismäßig geringem Aufwand mit Linien in etwa ein Quadratmeter große Teilflächen untergliedern, von denen jedes Kind eine eigene Fläche erhält. Es empfiehlt sich, Reserveflächen einzukalkulieren, da sich die Klassengröße ändern kann. Die Schülerinnen und Schüler verwalten ihre Präsentationsfläche eigenständig, d. h. sie entscheiden selbst, welche ihrer Arbeiten auf- und welche abgehängt werden.

Seitentafeln sind meines Erachtens weniger wichtig und können abgehängt werden. Wenn die übrigen Wandflächen oberhalb der Präsentationswände frei bleiben, ergibt sich ein stimmiger, aufgeräumter Gesamteindruck ohne Reizüberflutung.

Lernangebote

Selbstverständlich muss das mediale Angebot keinesfalls ausschließlich aus eigens dafür konzipiertem didaktischem Material der pädagogischen Verlage bestehen. Vielleicht noch wichtiger sind Werkzeuge wie Stifte, Kleber, Tacker, Locher, Säge, Zange und Alltagsmaterial wie Blätter, Karton, Stoffreste.

Wichtig für die Raumgestaltung ist die Präsentation und Lagerung der Medien im Vordergrund. Es ist sinnvoll, vorhandenes Material thematisch zu gruppieren. So kann in einem Regal alles zum Bereich Schreiben angeboten werden – etwa Papier, Druckkästen, eine Schreibmaschine usw. Weitere Themengebiete können sein: Basteln, Werken, Technik, Zahlen, Spiele etc. Das Angebot sollte ausreichend groß, aber auch nicht erdrückend sein.

Es ist ratsam, Material in klarer Struktur und Ordnung anzubieten, damit Kinder mit der Verwaltung nicht überfordert sind. Sie können von Kindern nicht mehr Ordnung einfordern, als Sie selbst vorgeben.

Aus den Überlegungen folgt, dass in einem Lernraum, in dem offen gearbeitet werden soll, ausreichend Regale vorhanden sein müssen. Die unteren Fächer sind prädestiniert für alles, was für die Schülerhand gedacht ist, wogegen die oberen Böden Stauraum für andere Dinge sind. Wenn Regale Rück- oder Seitenwände haben, können sie außerdem als Raumteiler dienen, der den Klassenraum in funktionelle Teileinheiten untergliedert.

Gegenstände verwalten und verstauen

Neben den individuellen Präsentationsflächen müssen Kinder die Möglichkeit haben, Persönliches wie Hefte, Anlauttabelle, Turnbeutel etc. verstauen zu können. Daher sollte jedes Kind über eine eigene Kiste verfügen. Sie müssen nicht unbedingt so gelagert werden, dass sie den Kindern direkt ins Auge springen. Gut sichtbare Lagerplätze sind den Arbeitsmitteln vorzubehalten.

Ein Vorschlag zur Arbeitsökonomie: Jedes Kind erhält ein Symbol, das sich auf allen „seinen" Gegenständen, seiner Präsentationsfläche, seiner Kiste, seinem Jackenhaken etc. wiederfindet. Wenn der jahrgangsübergreifende Unterricht so organisiert ist, dass alljährlich neue Kinder in die Klasse kommen, erben die neuen Kinder lediglich ein Symbol, sodass man sich das ständige Aktualisieren der Namen ersparen kann. Die Symbole können von der verwendeten Anlauttabelle übernommen werden. Das unterstützt – ein Nebeneffekt – das Kennenlernen der Tabelle.

Computer

Computer können offene Arbeitsformen hervorragend unterstützen. Ihre Zentralisierung in einer so genannten Computerecke hat den Vorteil, dass sie besser verwaltet und u. U. sogar einfacher vernetzt werden können.

Hierbei sind insbesondere Gesichtspunkte der Arbeitsergonomie zu beachten. Die Tiefe normaler Schultische ist nicht ausreichend, um Tastatur und Monitor sachgemäß unterzubringen. Zwei hintereinander gestellte Tische ergeben dagegen eine ausreichend große Fläche. Auf dem hinteren steht der Monitor und auf dem vorderen befindet sich die Tastatur. So ist ein ausreichender Abstand zum Bildschirm gewährleistet. Wenn möglich, sollten Bildschirme so ausgerichtet sein, dass das Licht der Fenster senkrecht zur Blickrichtung einfällt. (Vertiefende Informationen zum gesundheitsgerechten Arbeiten mit Rechnern stellen die Verbände der Unfallversicherer zur Verfügung.)

Ein Tipp: Ein Rechner, der unter dem Tisch steht, ist ständig der Gefahr von Fußtritten ausgesetzt und außerdem weniger komfortabel zu bedienen als einer, der gut erreichbar neben dem Monitor platziert wird.

Lehrerplatz

Auch eine sinnvolle Lage des Arbeitsplatzes der Lehrerin oder des Lehrers kann die Arbeit in der Klasse erleichtern und unnötige Wege vermeiden.

Wer in der Klasse häufiger am Rechner arbeitet, sollte sein Pult in der Nähe der Computer aufstellen. Man muss entscheiden, ob der Lehrertisch eher separat oder zentral mit Übersicht über die Klasse positioniert werden soll.

Beispiel

Die Fotos zeigen ein Beispiel, wie die oben dargelegten Aspekte berücksichtigt werden können. In vier Klassen unserer Schule sind die Räume ähnlich gestaltet. Die Raumgestaltung muss zum individuellen Stil und zur Persönlichkeit der Lehrkraft passen. Nur wer sich mit seinen Entscheidungen wohl fühlt, kann authentisch agieren.

Das Forum – oder der Sitzkreis – befindet sich in diesem Beispiel zentral im Raum. Die Bänke sind an drei Seiten umgeben von Regalen. Eine Seite bleibt zur Tafel hin geöffnet. Auch hier übernehmen die Regale eine Doppelfunktion. Sie dienen als Stauraum und schaffen, vergleichbar mit einem Amphitheater, einen Raum, der zur Kommunikation einlädt. Die niedrigen Regale seitlich des Forums sind nicht so gut einsehbar wie alle anderen und beherbergen daher die Kisten der Kinder.

Die Regalreihe gegenüber der Tafel ist im Gegensatz zu den seitlichen Regalen hoch (ca. 1,80 m). Dadurch wird der Raum in zwei Unterbereiche ge-

teilt. Dass die Lehrkraft nunmehr nicht alle Kinder gleichzeitig beobachten kann, ist kein Nachteil, sondern gewünscht. Kinder sollen das Gefühl haben, auch unbeobachtet und eigenverantwortlich arbeiten zu können.

Die Tische der rechten Seite sind so angeordnet, das sie unter den Fenstern stehen. Über den Tischreihen an der linken Seite, neben Tafel und Schrank befinden sich die Präsentationsflächen. Dort sind sie von den Kindern gut erreichbar. Auch die Computertische sind als normale Arbeitsplätze zu gebrauchen.

Thomas Auras

Literatur

CONRAN, TERENCE (1999): Design. Köln: DuMont
WILHIDE, ELISABETH/JOANNA COPESTICK (1999): Moderner Wohnstil. München: Christian

Alltagslösungen

Was unterstützt die neue Alltagsform? Wie sollte die Lernumgebung aussehen? Was kann oder sollte ich in meinem Klassenraum umgestalten? Wie kann ich den Kindern die Orientierung in der Vielfalt der Lernmaterialien erleichtern? Mit welchen Mitteln schaffe und bewahre ich für mich selber den Überblick?

Bevor ich einige praktische Alltagslösungen vorstelle und einen Schulvormittag beschreibe, möchte ich darstellen, welche Anschaffungen für die Unterrichtsgestaltung in jahrgangsgemischten Gruppen empfehlenswert sind:

- Kopierer mit Sortierfunktion und automatischem Vorlageneinzug für die Erstellung von Mappen
- Ausweitung des Kopienkontingentes
- Spiralbindegerät, Laminiergerät von guter Qualität
- Lehr- und Lernmaterialien als Ergänzung des Vorhandenen
- Kunststoffbehälter und -container in unterschiedlichen Größen, mit und ohne Deckel zur Aufbewahrung der Lehr- und Lernmaterialien für den Projektunterricht
- große Regale für die Unterbringung der Projektkisten und das dazugehörige Anschauungsmaterial (Lehrmittelraum in Lehrerzimmernähe)
- große Tische für jedes Klassenzimmer

- halbhohe Regale rund um das Pult
- halbhohe Regale für die Flure für Schultaschen
- Eigentumsfächer etc. für jedes Kind (Schränke oder Rollcontainer o. Ä.)
- Pinnwand

Unterrichtsmaterialien erstellen

Für jahrgangsübergreifendes Unterrichten kommt dem Kopierer im Lehrerzimmer eine immense Bedeutung zu. Sie benötigen – besonders für die Erstellung der individuellen Lehrgangsmappen – ein hohes Kopienkontingent. Dies haben wir u. a. dadurch ermöglicht, dass wir auf die Anschaffung von Fibeln und Deutschbüchern verzichtet haben. Sollten Sie die Anschaffung eines neuen Kopierers ins Auge fassen, sollten Sie Wert darauf legen, dass er eine Sortierfunktion besitzt und die Möglichkeit des Vergrößerns und Verkleinerns sowie das automatische Kopieren ganzer Mappen zulässt.

Das Binden der Mappen lässt sich problemlos mit einem Spiralbindegerät bewerkstelligen. Hierbei sollten Sie jedoch auf die Anschaffung eines hochwertigen Gerätes achten. Bei den billigeren ist meist bereits das passgenaue Lochen von mehr als 10 Blättern problematisch. Zur Herstellung von stabilen, wieder zu beschriftenden Arbeitsblättern, Karten und Präsentationsmedien eignet sich sehr gut ein Laminiergerät. Dies hilft wiederum, Kopierkosten zu sparen.

Lehr- und Lernmaterialien

Das Lehrgangsmaterial, das es zu erstellen galt, als wir den Unterricht in unserer Schule auf jahrgangsgemischte Gruppen umstellten, sollte nicht nur als Übung und Vertiefung des aktuellen Lernstoffes im Bereich Sprache und Mathematik dienen. Es sollte auch dazu beitragen, dass die Kinder in der „Pflichtarbeitszeit“ oder auch im „Lehrgang“ gemäß ihren individuellen Voraussetzungen und ihrer individuellen Leistungsfähigkeit möglichst selbstständig an den Inhalten ihres jahrgangsspezifischen „Fahrplans“ arbeiten und fortschreiten konnten. Außerdem sollte dessen Integration in den Jahrgangsfahrplan den Kindern einsichtig machen, welche Lerninhalte aufeinander folgen, also was sie in den kommenden Schuljahren lernen werden.

Heutzutage muss nicht mehr alles selber vorbereitet und zusammengestellt werden. Die inzwischen auf dem Markt befindlichen Unterrichtsmaterialien für die Kulturtechniken, zum Beispiel offene Fibelwerke (ohne festgelegte Reihenfolge der Buchstaben) und Projekte sind recht brauchbar und erschwinglich. Diese Anschaffungen lohnen sich im Hinblick auf die Arbeit, die eine Umstellung macht. Trotzdem kann es notwendig sein, Materialien auf die Besonderheiten der eigenen Schule und deren Schüler umzuformen oder „auf Maß zuzuschneidern". Einige Materialien, die uns und die Kinder in unserem Alltag und beim Lernen unterstützen, werden über die übliche Anschaffungsliste zum neuen Schuljahr durch die Eltern bereitgestellt. Hier empfehlen sich z. B.:

- eine Faltmappe aus Pappe (DIN-A4-Format) für den Transport von Elternbriefen und Mitteilungen, die nicht eingeheftet werden,
- ein Ordner (DIN-A4-Format, 7 cm Rückenbreite) für das Archivieren von Mappen, die beendet worden sind,
- zwei Folienstifte (wasserlöslich, Strichbreite F, in zwei verschiedenen Farben) zur Bearbeitung von Lernmaterial in Folientaschen oder von laminiertem Arbeitsmaterial,
- Prospekthüllen, verbunden mit der Bitte, in jeden aktuellen Schnellhefter eine der Hüllen einzuheften. Dies ist aus verschiedenen Gründen nützlich: Darin werden ausgeschnittene Teile aufbewahrt, wenn sie noch nicht alle aufgeklebt werden konnten. Hier kann die Anlauttabelle – das wichtigste Werkzeug des Jahrgangs 1 – ihren festen, griffbereiten Aufbewahrungsort finden. So können Puzzle- oder Dominoteile vor Verlust bewahrt und Maßbänder, Geometrieflächen sowie Zehnerstreifen vorübergehend auf den Einsatz warten.

Gestaltung des Raumes

Der große Tisch

Eines der wichtigsten Möbel bei der Gestaltung des Raumes ist der „große Tisch". Er hat eine zentrale kommunikative Bedeutung. Für jeden Klassenraum haben wir zwei quadratische Tische (etwa 1,40 x 1,40 m groß) angeschafft. Diese bilden zusammengeschoben und mit Sitzbänken umgeben den Versammlungsort der Klasse.

Dort finden Besprechungen jeder Art statt. Dort wird gefeiert, gesungen gefrühstückt, vorgelesen. Hier werden Probleme erörtert, diskutiert und gelöst. Hier tagt auch der Klassenrat. Auf ihm wird eine schöne „Mitte" zum jeweiligen Projekt passend gestaltet, es werden Unterrichtsmaterialien, Werkstätten, Lern-Parcours aufgebaut und vieles mehr. In Kleingruppen werden dort im Abteilungsunterricht Lernschritte gemeinsam vollzogen und Kinder gefördert, die im Moment die besondere Aufmerksamkeit der

Lehrerin benötigen. Nicht zuletzt wird an ihm auch unterrichtet (Tafelnähe), erklärt und veranschaulicht. Außerdem dient er als Arbeitsplatz für Diktate in Kleingruppen und für Mathetests. Darüber hinaus bietet er Platz für Kinder, denen es einmal nicht möglich ist, in ihrer Tischgruppe Ruhe zu finden und zu arbeiten.

Pult

Ebenso wichtig wie der Arbeitsplatz der Kinder ist der Arbeitsplatz der Lehrerin im Klassenraum. Rund um ihr Pult benötigt sie ausreichend Ablageflächen, um neben der sortierten Bereitstellung der Materialien für den Unterricht auch den Überblick über die aktuellen „büroorganisatorischen" Belange von mehreren Jahrgängen zu gewährleisten. Am Pult befinden sich außerdem die üblichen „Werkzeuge": Liederordner, Überraschungskiste, ein großes Loseblatt-Sortierregal für unterschiedlichste Lineaturblätter, farbige Papiere, Briefpapier etc., Ordner mit Tests, Fortschrittslisten und -tabellen, Container mit Buchstabenblättern und Lesematerialien für den Jahrgang 1, Lernmaterialien, die nicht für den selbsttätigen Einsatz der Kinder geeignet sind, Präsentationsmaterialien für die lehrerzentrierten Unterrichtsphasen und eine Vielzahl von Organisationsrequisiten. Das Pult-Revier ist der Bereich der Lehrerin. Es ist den Kindern leicht einsichtig zu machen, dass sie hier ohne ausdrückliche Erlaubnis nichts berühren und nichts wegnehmen dürfen.

Viel Platz zum Lernen

Man braucht im Klassenraum jeden nur möglichen Platz und Bewegungsfreiheit. Eine sinnvolle Möglichkeit zur Entlastung ist die Auslagerung der ca. 25 Schultaschen. Außerdem bilden herumstehende Taschen eine vermeidbare Unfallquelle. Die Kinder unserer Schule wissen, was sie am Morgen aus ihrer Tasche benötigen. Bis sie sich daran gewöhnt haben, hilft die „Schulmorgen-Checkliste" – für den Jahrgang 1 zusätzlich bebildert –, die im Flur und in der Klasse aushängt. Mit den benötigten Utensilien kommen sie in den Raum und legen sie auf vereinbarte Art und Weise auf ihrem Arbeitsplatz ab.

Die Schultische an unserer Schule haben 60 cm Tiefe (statt der üblichen 50 cm). Sollten Sie in nächster Zukunft über die Anschaffung neuer Schulmöbel nachdenken, empfiehlt es sich, sich auch an dieser Stelle für ausreichenden Platz zum Abstellen und Arbeiten zu entscheiden. Um nicht alle Arbeitsmaterialien und -werkzeuge in der Schultasche transportieren zu müssen, ist es außerdem sinnvoll – und auch an den meisten Schulen schon üblich –, dass jedes Kind ein großzügig bemessenes Eigentumsfach hat. Sofern es kein Fach unter den Tischen gibt, werden dort u. a. auch die Dinge abgelegt, an denen das Kind am anderen Schultag weiterarbeiten möchte.

Meine Schulmorgen-Checkliste

Das habe ich nach dem Ankommen erledigt:

Ich habe …
- meinen Tornister ins Regal gestellt,
- meine Jacke aufgehängt,
- meine Schuhe ausgezogen und sie ordentlich ins Schuhregal gestellt,
- meine Pantoffeln angezogen,
- meine rote, blaue und grüne Mappe, meine Hefte und mein Etui aus der Schultasche genommen und
- auf meinem Arbeitsplatz in der Klasse ordentlich aufgebaut.

Pinnwand und weitere Übersichten

In jeder unserer Klassen hängt an zentraler Stelle eine Pinnwand, die so genannte Orga-Wand. Sie ist nicht nur wichtig für die Klassenlehrerin, sondern besonders für die Fälle, in denen diese nicht in der Klasse ist, auch im Fachunterricht oder anderen Abwesenheitsfällen. An dieser Wand müssen vereinbarungsgemäß bis spätestens drei Wochen nach Beginn des neuen Schuljahres alle wichtigen organisatorischen Daten der Klasse angebracht sein:

- der neue Stundenplan,
- die Klassenliste mit Notfalltelefonnummern (verdeckt, in Folientasche) und Jahrgangszugehörigkeit,
- die Telefonkette,

- die Übersicht über die Milchbestellung,
- die Vertretungspläne,
- Hortkinder, Betreuungskinder oder Ganztagskinder,
- Hausaufgabenregelung.

Somit ist gewährleistet, dass in der komplexen Struktur der altergemischten Gruppen jede Vertretungskraft in jeder Klasse die gleichen Daten vorfindet und nichts falsch laufen kann.

Weitere Übersichtspläne:
- die Klassendienste,
- die Geburtstagsliste (z. B. in Form eines Kalenders zum Umblättern mit Spiralbindung, sodass das nächste Geburtstagskind immer zuoberst hängt),
- die aktuellen Lesekinder der Woche, sodass die Kinder und auch andere Lehrerinnen wissen, welches Kind am Ende der Vorwoche für die neue Woche eingeteilt wurde.

Gabriele Hesse

Materialien sammeln und herstellen

Zum Grundbestand in jedem Klassenraum gehören offene Materialien, die von Eltern und Kindern gesammelt werden. Diese Materialien sind kostenlos, vielfältig in fast allen Fächern verwendbar und haben einen hohen Aufforderungscharakter für kreative Gestaltungsaufgaben.

- In Kisten und Kästen (z. B. Schuhkartons) sammeln wir:
  Steine, Kastanien, Eicheln, Zapfen von Nadelbäumen, Knöpfe, Woll- und Stoffreste, Kataloge (zum Ausschneiden von Bildern und Buchstaben), Pappe (Rückseiten von Schreib- und Zeichenblöcken), Papprollen und buntes Papier mit freien Rückseiten (z. B. Hand-, Reklamezettel).
- Zur konkreten Erstellung von Lernspielen sammeln wir jeweils aktuell:
  Plastikdosen für Übungsdosen (Dosendiktate), leere Filmdosen, Schraubdeckel und Bierdeckel.

Weitere geeignete Materialien sind:

- Prüfstücke von Schülerbüchern aller Fächer gehören ebenfalls zu unserer Sammlung. Natürlich gibt es auch verschiedene Wörterbücher und Kinderlexika mit unterschiedlichem Schwierigkeitsgrad.

- In der Leseecke stehen Kinderbücher, Beilagen für Kinder aus Zeitungen und Zeitschriften sowie kostenlose Broschüren wie z. B. „Medizini“ aus der Apotheke.
- Zum Welttag des Buches (jährlich am 23. April) wächst unsere Bücherei regelmäßig durch kostenlose Exemplare vom jeweiligen Jahresbuch der Stiftung Lesen „Ich schenke dir eine Geschichte“ aus der Buchhandlung.
- In der Leseecke sammeln wir auch die klasseneigenen (individuellen oder gemeinsamen) Geschichtenbücher unserer Kinder als Texte für Leserinnen und Leser.
- Besonders intensiv genutzt werden zum Erarbeiten und Üben in allen Fächern Arbeitskarteien mit offenen kindorientierten motivierenden Aufgabenstellungen.

Unsere Arbeitsmittelwerkstatt

Zahlreiche Arbeitsmittel erstellen wir mit den Schülerinnen und Schülern gemeinsam. Solche produkt- und handlungsorientierten Arbeiten sind obendrein motivierend und lerneffizient. Die Identifikation mit den eigenen Übungsmitteln und Lernspielen ist dauerhaft und intensiv.

Besonders begehrt sind kontinuierlich wachsende Materialien wie z. B. unsere Lernwörterkiste, die Gedicht- und Spielekartei sowie die Bastelkartei.

Wir erstellen auch:

- Übungsdosen für Dosendiktate,
- Brettspiele als Lernzielkontrolle sowie zur Übung und Festigung konkreter Themen. Solche Spiele können z. B. zu Zootieren, Verkehrsmitteln, Waldtieren erstellt werden.
- Ein besonders einfach herstellbares multifunktionales Übungsmittel ist das 3-Felder-Lernen. Es wird zum Üben von Lernwörtern in Deutsch oder auch in Englisch sowie zur Festigung von Begriffen im Fachunterricht genutzt (z. B. Fachbegriffe zum verkehrssicheren Fahrrad vor dem „Fahrrad-Führerschein“).
- Klappkarten für den Anfangsunterricht werden von den Paten für die Schulanfänger hergestellt ebenso wie Rechenketten (20 Holzperlen in zwei Farben in fünf Reihen) und Abschreibkarten.

Gisela Süselbeck

4 Riten und Rituale einführen

Den Alltag neu (er)leben

Wie macht man gemeinsamen Unterricht mit vier Jahrgängen? Wie wird der Tagesablauf für die Kinder und für mich überschaubar? Wie schaffe ich es, den Wissensstand von so vielen verschiedenen Kindern zu berücksichtigen und zu registrieren, mir so viele verschiedene Lernstände zu merken? Wie kommen denn die Kleinen zu Wort? Trauen sich die Einer in einer Gruppe mit so vielen älteren Kindern? Langweilen sich denn die Großen nicht schrecklich? Rutscht mir nicht ein stilles Kind total durch die Lappen? Und wie funktioniert das mit den Hausaufgaben?

Die fünf Rs

Das A und O unserer Praxis des jahrgangsübergreifenden Unterrichtens sind die **fünf Rs**: **R**equisiten, **R**hythmus, **R**egelungen, **R**ituale, **R**egelmäßigkeit.

Der wichtigste Tipp, den ich an dieser Stelle immer wieder geben möchte, lautet: Führen Sie so viele Rituale wie möglich ein. Geben sie Ihrem Schulvormittag und Klassenalltag einen festen, sinnvollen, einsichtigen Rhythmus, der den Kindern nach und nach in Fleisch und Blut übergeht und möglichst in allen Klassen gleich ist.

Wenn die disziplinarischen Voraussetzungen wirklich bei allen Kindern gegeben wären, könnte meine Klasse einen Vormittag völlig ohne Lehrerin durchlaufen, ohne dass ein Kind fragen müsste: „Und was soll ich jetzt machen?"

Vereinbaren Sie ganz klare Regeln, so wie Sie es immer schon gehandhabt haben. Kinder orientieren sich spielend und gerne um. Es gibt nur wenig wirklich unverständliche Änderungen für Kinder. Wenn sie für *Sie* einleuchtend sind, dann sind sie auch für die Kinder akzeptabel. Deshalb: besprechen Sie mit den Kindern, welche Regelungen nötig sind und weshalb. Und sorgen Sie für verlässliche Regelmäßigkeit. Kinder lieben Wiederholungen und Bekanntes. Das schafft für alle Beteiligten Sicherheit auf den neuen Wegen. So werden auch Sie die fünf Rs als Hilfsmittel verstehen, die Ihnen die Umgewöhnung erleichtern und sowohl Ihnen als auch den Kindern den festen Rahmen geben, der pädagogische Vielfalt und gezielte Förderung möglich macht.

Der Tagesplan

Schon vor der großen allmorgendlichen Besprechung am großen Tisch sollte der Tagesplan an der Tafel angebracht sein. Zwar sind die größeren Jahrgänge längst in der Lage, die Einteilung des Tages dem Übersichtsstundenplan, der an verschiedenen Stellen im Raum aushängt, zu entnehmen. Die Jüngeren aber benötigen eine anschaulichere Darstellung dessen, was sie an dem Morgen erwartet.

Dazu habe ich ca. 15 x 6 cm große Karten mit den Unterrichtsphasen beschriftet und ein passendes – aus anderen Lernzusammenhängen bekanntes – Piktogramm, Symbol oder Bild hinzugefügt. Jede Karte habe ich laminiert und mit einem Magneten auf der Rückseite versehen. Dieses praktische Requisit schafft mit einem minimalen Zeitaufwand Transparenz und Orientierung. Es hilft so, den üblichen Fragen nach dem nächsten Schritt zuvorzukommen.

Unterrichtsphasen

- offener Beginn (Uhr mit bunten Mustern von 8.00 bis 8.20 Uhr)
- Lehrgang (Symbole, die auch auf Arbeitsmappen verwendet werden)
- Projekt (Forscher mit Lupe)
- Mathematik (Zahlen etc.)
- Kunst (Piktogramme von Klebstoff, Schere, Farbkasten ...)
- Pause (Symbole: Ball/essendes Kind/lesendes Kind)
- Sport
- Musik
- Religionsprojekt (Friedenstaube)
- Buchstabentag (rote Karte, a b c)
- Kurs (hier gibt es vier verschiedene Karten in den vier Farben der Jahrgänge für Jahrgangsunterricht)
- Steinzeit (Konfliktbesprechungen „Stein des Anstoßes“, der Redner hält in seiner Hand den Redestein)
- Freie Arbeit (Abbildung der Regale mit allen Lernspielen)
- Morgenkreis/Nachrichten (Bild des großen Tisches)
- Schreibzeit/Geschichtenwerkstatt
- Ordnung (Bild einer Schultasche und Schulklasse, die im „Chaos versinken“, wenn mal wieder aufgeräumt werden muss)

Das Datum

Damit die Lehrerin und die Eltern zu Hause nachvollziehen können, was ein Kind an einem Schulmorgen geleistet hat, wird jedes Arbeitsblatt neben dem Namen des Kindes ganz selbstverständlich mit dem aktuellen Datum versehen. Dazu ist es nötig, dies zentral und deutlich in der Klasse sichtbar zu machen und dafür zu sorgen, dass es zuverlässig auf den neuesten Stand gebracht wird. Damit nicht ich mich um diese Aufgabe kümmern muss, habe ich von einem handwerklich geschickten Vater ein „Datumshaus" anfertigen lassen, das bei den Kindern eine große Motivation zur Pflege auslöst. Es hängt neben der großen Schiebetafel, an der der Tagesplan angebracht wird.

Was haben meine Schülerinnen und Schüler heute gemacht?

Eine zentrale Bedeutung im Lernalltag kommt dem Arbeitsnachweis zu. Da alle Kinder mit verschiedenen Materialien und an unterschiedlichen Lerninhalten arbeiten, mussten wir uns ein System überlegen, wie diese Leistungen nachzuhalten sein könnten. Dafür, dass keine Arbeit unbemerkt bleibt, sorgen vor allem die Kinder. Ich habe verschiedene Vereinbarungen zum Nachweis von durchgeführter Arbeit getroffen und mit den Kindern besprochen, sodass die reibungslose Handhabung letztendlich nur eine Frage der Gewöhnung und des Trainings war.

Jeder Jahrgang kennt sein „Soll". Zum Beispiel entnehmen die Kinder des Jahrganges eins einer Übersicht, wie viele „Arbeitseinheiten" sie für das Kapitel Löwe (z. B. Löwe für L) bearbeiten müssen, bevor sie den nächsten Buchstaben in Angriff nehmen dürfen.

Jede Art von Leistung im Bereich der „Lehrgangs-Pflicht" – also auch Folien, Lernpuzzles, Stöpselkarten, Lesedominos etc. – wird als Teilleistung bei der Erfüllung des Fahrplanes anerkannt. Nur muss auch diese irgendwo dokumentiert werden. Dazu habe ich die „Lehrgangsliste" entwickelt, wo Arbeiten eingetragen werden, die man nicht abheften kann. Jedes Kind hat eine solche Liste in seiner roten (Deutsch) oder blauen (Mathematik) Mappe. Dort trägt das Kind das Datum und die Art des Arbeitsmittels (z. B. *Klammerkarte „Maus" Nr. 6* oder *Folienmappe Seite 3* ...) in eine Tabelle ein. Mit der Folien- oder Klammerkarte etc. und dieser Liste kommt das Kind zu mir. In einer Spalte der Tabelle bestätige ich mit meiner Signatur, dass die Arbeit zur Zufriedenheit geleistet worden ist. Dann kann das Kind das Material wieder auseinander bauen oder den Folienstift abwischen und an den Lagerplatz zurücklegen.

Selbstverständlich sind die Kleineren mit diesem Verfahren noch überfordert. Wenn sie es bei den Größeren erleben, wollen sie aber durchaus mithalten und bitten sie dann um Unterstützung. In der Regel ist es aber so, dass ich ihnen Lernspiele zuweise und auch die Kontrolle und Dokumentation in Form meiner eigenen Listenführung übernehme.

Damit Kinder mit diesen „attraktiveren" Medien nicht mogeln, müssen sie die Aufgaben oder Wörter aller Stöpsel-, Gummi- oder Klammerkarten etc. hinterher noch ins Heft übertragen. Solche oder ähnliche organisatorische Arbeitsanweisungen hängen im Klassenraum gut sichtbar an den entsprechenden Materiallagern expressis verbis und zusätzlich in Bildersprache aus, damit sich die Kinder auch dadurch daran gewöhnen, Anweisungen selber zu verstehen und Arbeitsanleitungen nachzuvollziehen.

Vor Unterrichtsbeginn

Die Kinder kommen an. Gemäß der Schulmorgen-Checkliste wird der Arbeitsplatz vorbereitet. Es finden schon Besprechungen statt und vieles mehr. Ist es gar ein Tag mit „offenen Beginn" – was etwa zwei- bis dreimal die Woche vorkommt –, darf die Phase des „Ankommens" offiziell sogar auf etwa 20 Minuten ausgedehnt werden.

Alle Kinder stellen sich auf ihre ganz persönliche Art auf den Unterrichtsvormittag ein. Manche erzählen einander oder mir etwas Wichtiges, andere tauschen Sticker oder leeren ihre Mappen in den Sammelordner aus. Es wird auch gespült, gespielt, gebastelt, gemalt oder mit einer Aufgabe fortgefahren, die gestern nicht fertig geworden ist. Vielleicht hat auch der Streitschlichter oder der Klassenrat eine Aufgabe zu lösen. Anträge ins Klassenratsbuch können geschrieben oder Fehlkinder und Anekdoten in das Klassentagebuch eingetragen werden. In diesen Phasen geschieht sogar durchaus auch schon intensives Beschäftigen mit den aktuellen Themen des Projektunterrichts.

Und so kann ein Schulvormittag aussehen

Schon in der ersten Stunde sind alle vier Jahrgänge anwesend. An solchen – eher seltenen – Tagen starten wir mit dem offenen Beginn.

Dann rufe ich alle Kinder an den großen Versammlungstisch. Das geht so: Ich stelle mich an das Kopfende und beginne laut und langsam in die Hände zu klatschen. Ganz allmählich klatsche ich schneller. Kinder, die das Zeichen schon mitbekommen und ihre Tätigkeit beendet haben, kommen dazu und klatschen in meinem Rhythmus mit. Es dauert keine zwei Minuten, dann klatschen wir ganz schnell, und spätestens dann kommen auch die Letzten zu ihrer Bank.

Aufgrund des offenen Beginns entfällt heute die Morgenrunde, in der die Kinder üblicherweise kurz Gelegenheit bekommen sollen, etwas loszuwerden, das ihnen unter den Nägeln brennt. Nach der Begrüßung verkünde ich Besonderheiten für den Tag, die „Nachrichten", falls welche anfallen. Jetzt wird besprochen, wie der Unterrichtstag aussehen wird. Ich gehe mit den Kindern den Stundenplan durch und teile ihnen meine Planungen und Zeiteinteilung mit. An dieser Stelle bringen auch die Kinder Vorschläge ein oder erinnern mich an etwas, was heute noch Zeit bekommen sollte.

Buchstabe der Woche

Das ist für die Einer das „ie". Das bedeutet, dass alle Erstklässler – auch die, die in ihrem Lehrgang schon längst weiter sind – diesen Buchstaben (noch einmal) gründlich erforschen, untersuchen und bearbeiten sollen. Am Buchstabentag lernen die Erstklässler den Buchstaben der Woche kennen, und zwar nach einem festen Ritual: Mit Hilfe verschiedener Abc-Bücher und Buchstabenbilder sowie einer Vielzahl von anderen zur Verfügung stehenden Medien erobern sie sich den neuen Buchstaben. Wenn Sie dies mit den ersten zehn gemeinsam getan haben, vollziehen die Kinder in dieser kleinen Runde dies schon nahezu selbstständig – und hoch motiviert dazu.

Diese Buchstabenkombination ist für mich heute aber von allgemeinem Interesse, da sie auch den Größeren immer wieder Rechtschreibprobleme bereitet. Also widme ich ihm in der Runde Zeit: Reihum werden nun Wörter genannt, gesammelt, erklärt und an die Tafel geschrieben. Das Ergebnis kann für bestimmte Kinder später als Abschreib- oder Einsetzübung verwendet werden.

Ich schließe diese Phase mit dem „Buchstaben-Rap" ab:

> „L wie Lampe, M wie Maus/H wie Hose, komm in unser Haus."/ etc.

Lehrgangszeit

Ich erwarte an reiner Arbeitszeit je etwa 20 Minuten an den individuellen Lehrgangsmappen in Mathematik und in Deutsch. In dieser Zeit kommen die Kinder zu mir, wenn sie nichts mehr zu tun haben, wenn sie Fragen haben, die sie untereinander nicht beantworten können, und wenn sie fertig sind und mir ihre Ergebnisse vorlegen wollen. In dieser Zeit bitte ich auch schon einmal einige Kinder an den großen Tisch, um mit ihnen einen Lerninhalt des Jahrgangs zu besprechen, wobei das nicht immer bedeutet, dass dazu alle Kinder eines Jahrgangs kommen, sondern einfach die, die hier noch Bedarf haben.

Im Lehrgang arbeiten z. B. die Einer jetzt an ihren Buchstaben. Wer sein Lehrgangspensum beendet hat, kann an der wöchentlichen Bastel- oder an der Kunstaufgabe von gestern weiterarbeiten, welche meistens mit einem aktuellen Hauptprojekt aus dem Zweijahres-Plan, einem Wahl-Zwischenprojekt oder jahreszeitlichen Themen zu tun hat. Hier greife ich auch gerne Vorschläge der Kinder auf, wenn sie mit eigenen Ideen oder aber auch begründeten abweichenden Plänen zu mir kommen.

Projektzeit

Nach dem Abräumen des Tisches lasse ich die Kinder meistens noch einmal an den großen Tisch kommen, damit ich erklären kann, wie es jetzt weitergeht. Heute fahren wir in der Projektzeit mit unserer Frühlings- und Osterwerkstatt fort. Die Dreier und Vierer beschäftigen sich mit Zwiebelpflanzen und deren Aufbau bzw. mit dem Unterschied zwischen Kaninchen, Hasen und „Osterhasen". Dazu wird gezeichnet, in Büchern gewühlt, zusammengeklebt, gelesen, geforscht. Die Einer und Zweier schreiben Blumennamen auf und verbinden sie mit den richtigen Abbildungen oder ordnen sie nach dem Abc. Ein Frühlingsgedicht kann in das Gedichteheft übertragen und verziert werden. Es finden sich Mandalas, Osterrätsel, Schreib- und Sachaufgaben in ausreichender Vielfalt, sodass jedes Kind sein Leistungs- und Interessenniveau findet. Manchmal helfe ich dabei. Ich gebe häufig eine gewisse Richtung oder Sortierung vor, um zu vermeiden, dass jemand unter Niveau arbeitet. Diese Kinder kennt man. Häufig ist es aber so, dass sich Jüngere unbedingt schon eine Aufgabe der Größeren nehmen wollen, weil sie sie besonders interessiert. Es erstaunt dann doch manchmal, mit wie viel Ansporn und Einsatz dann ein gutes Ergebnis zustande gebracht wird.

Für zehn Minuten treffen wir dann wieder am Versammlungstisch zusammen, um Ergebnisse und Erkenntnisse vorzustellen oder eine selbst verfasste Geschichte vorzulesen und Tipps von den anderen zu holen. Statt der vierzehntägigen Schreibwerkstatt mit der Seniorenschreibgruppe unseres Dorfes steht heute noch unser Projektdiktat auf dem Programm. Es findet am großen Tisch statt und alle schreiben heute mit.

Nach dem Diktat haben alle eine kleine Entspannungszeit verdient. Es wird gesungen, gemalt, gelesen oder einfach ausgeruht. Um 11.30 Uhr ist für den ersten Jahrgang Unterrichtschluss. Die Schwimmer der 2. Klasse haben nach der Pause noch Schwimmen, die Drittklässler Sport und die Viertklässler Englisch.

Unterricht neu (er)leben

Die Umstellung auf die neue Alltagsroutine vollzieht sich erstaunlich schnell. Schon durch die veränderten äußeren Gegebenheiten, die besonderen Requisiten und organisatorische Regelungen entstehen zwangsläufig neue Alltags- und Unterrichtsabläufe. Es ist gar nicht schwer! Auch ich habe anfangs Zweifel gehabt, ob ich so viel Neues bewältigen kann.

Gabriele Hesse

Patensystem

Das Patensystem lässt sich besonders wirkungsvoll einsetzen. Es stellt der Lehrerin und dem Lehrer eine Schar von Hilfslehrern zur Seite, die bei vielfältigen organisatorischen und fachlichen Aufgaben stark entlasten können. Die Paten sind Kinder des höheren Jahrgangs, die den Schulneulingen von Anfang an helfen, sich in der Schule zurechtzufinden und sich zu Hause zu fühlen.

Ich habe immer große Klassen zwischen 28 und 32 Kindern unterrichtet, oft eine Jahrgangsmischung mit drei Jahrgängen. Das Patensystem habe ich stets bis zum Ende des 4. Schuljahres durchgeführt, weil es mich entlastet hat und mir Zeit gab, einzelne Schüler individuell zu fördern.

Die Wahl der Paten

In meiner Klasse suchen sich die Kleinen am ersten Schultag den Paten aus, denn sie haben Ängste und sollen sich geborgen und beschützt fühlen. Meist wählen sie Kinder aus, die sie schon aus dem Kindergarten kennen. Dieses Patensystem funktioniert nur, wenn die Paten sich mögen. Am Anfang ist es Zufall, ob dies klappt. Wenn die Lehrerin merkt, dass es Schwierigkeiten zwischen den Paten gibt, muss sie dies ansprechen und fragen, wer bereit zum Wechseln ist. Manchmal gibt es Patenkinder, die den Paten ganz vereinnahmen wollen. Dann wurde im Kreisgespräch darüber gesprochen, dass der Pate seinen Freiraum braucht, dass er auch mit anderen Partnern lernen und spielen darf.

Nach den Herbstferien ist ein guter Termin, um die Paten neu wählen zu lassen. Jetzt kennen sich die Kinder besser und wissen, ob sie sich wirklich mögen. Sie wählen sofort zwei Namen, denn es kann durchaus sein, dass der Gewünschte einen anderen vorzieht, denn beide Partner müssen mit der Patenschaft einverstanden sein. Die Kinder lernen, dass Liebe und Zuwendung nicht selbstverständlich oder erzwingbar sind. Ich lasse mir immer für diese Wahl so viel Zeit, bis alle zufrieden sind. Die Kinder lernen schon früh, Kompromisse einzugehen. Manchmal entdecken sie an der Zweitwahl Vorzüge, die sie vorher nie gesehen haben, oder sie werden von einem Kind gewählt, das sie vorher nicht beachtet haben.

Danach kann die Wahl halbjährlich oder jährlich erfolgen. Die meisten Kinder lieben es, Pate zu sein, doch gibt es auch Fälle, dass Kinder dies ablehnen. Dann soll man ihren Wunsch akzeptieren.

Der Pate in Lehrfunktion

Die Großen empfinden es als Ehre, gewählt zu werden, und umsorgen die Kleinen liebevoll. Von der ersten Stunde an ist der Pate Tischnachbar. Er hilft, Blätter einzuheften, Arbeitsmaterial zu suchen, am Anfang auch Schuhe zuzubinden. Er erklärt die Klassenregeln und weist darauf hin, wann geschwiegen und wann zugehört werden soll. Wenn Arbeitsanweisungen nicht verstanden werden, wiederholt er sie in seiner kindlichen Sprache. Der Pate guckt die Arbeiten seines Patenkindes nach, manchmal auch die Hausaufgaben. Dabei lernt er, genauer hinzusehen und Fehler zu finden, die er bei seinen eigenen Aufgaben oft übersieht. Bei Werkstätten ist er der Experte.

Die Großen werden von Anfang an in die Vorbereitung der Einschulung mit einbezogen: Sie malen die Namenskärtchen und schreiben den Schulneulingen Begrüßungsbriefe, die sie ihnen in den ersten Tagen vorlesen. Wenn der Pate vorliest, hat auch er einen Gewinn. Er übt Lesen, ohne es zu merken, und steigert seine Lesegeschwindigkeit. Damit der Schulneuling ihn versteht, muss er sinnbetont lesen. Das ist eine Notwendigkeit, die der Lehrer nicht fordern muss. Ich achte besonders darauf, dass leistungsschwache Leser viele Gelegenheiten finden zum Vorlesen, damit sie, ohne sich dessen bewusst zu sein, die nötige Übung haben.

Im Unterricht kann man nicht alle selbst geschriebenen Geschichten vorlesen. Doch der Pate hat einen Zuhörer für jede seiner Geschichten. Dadurch steigert er sein Selbstwertgefühl: „Das kann ich schon." Sein Patenkind bewundert ihn und wird begierig, selbst schreiben und lesen zu lernen. Wie stolz ist der Pate, wenn später sein Patenkind das erste Wort liest. Wenn der Pate schreibt, sieht das Patenkind, wie gut und wie schnell das gelingt. Mit Sorgfalt schreibt der Pate dem Schulneuling einen neuen Buchstaben vor. Dabei korrigiert er auch seine eigene Schrift. Später schreibt er Wörter vor. Da er Vorbild sein will, bemüht er sich, richtig zu schreiben. So verbessert er auch seine Rechtschreibung.

Der Pate kann die Rechenaufgaben des Schulneulings nachrechnen und steigert so auch seine eigene Rechengeschwindigkeit und seine eigenen Grundlagen.

In der Freiarbeit interessiert sich der Kleine für die Arbeit des Großen. Während seiner Arbeit darf der Pate nicht gestört werden. Wenn das Patenkind Hilfe braucht, muss es warten oder ein arbeitsfreies Kind fragen. So lernt das Patenkind, die Arbeit des Paten zu achten. Wenn der Pate seine Arbeit beendet hat, muss er seine Arbeit sachlich richtig erklären, sie versprachlichen und so erklären, dass er verstanden wird. Er wird sich dabei seiner eigenen Arbeit bewusster.

Tim erklärt dem Erstklässler Achim das Markenspiel.

Der Pate erklärt dem Schulneuling z. B. das Additionsbrett oder den Spindelkasten. Wenn dieses Unterrichtsmaterial zu einfach ist, dann kann er die Arbeit an einem schwierigeren Material zeigen. Oft entdeckt der Pate die besondere Fähigkeit seines Patenkindes, wenn es gut rechnen, malen, turnen oder schreiben kann. Manchmal arbeitet er mit ihm über Klassenniveau.

So war das auch mit Tim und Achim. Tim zeigte dem Erstklässler Achim die Arbeit mit dem Markenspiel, einem Arbeitsmaterial, das für das Ende 2. Schuljahres geeignet ist. Bisher hatte ich Achim dieses Material noch nicht angeboten, da ich glaubte, dass dieses Material noch nichts für einen Erstklässler war. Aber der Pate kannte sein Patenkind besser. Wie stolz waren beide aufeinander, als die Arbeit gelang!

Der Pate als Partner

Nicht immer ist der Pate in Lehrfunktion. In den weiteren Schuljahren können beide arbeitsteilig und gleichwertig arbeiten, besonders, wenn die Schuljahre nahe beieinander liegen. Bei Projekten kann eine Partnerschaft entstehen. Gerne schreiben sie freie Geschichten zusammen. Es ist erstaunlich, auf welche untschiedlichen Arbeitsformen sie sich einigen können. Der eine erzählt die Geschichte, weil er viele Ideen hat, der andere schreibt sie auf, weil er dies besser kann. Oder sie schreiben die Geschichte abwechselnd auf. Oder sie überlegen gemeinsam und jeder schreibt die Geschichte auf.

Bei vielen Werkstattangeboten ist partnerschaftliches Arbeiten vorgesehen. Es ist beabsichtigt, dass die Partner ihre Arbeit gemeinsam planen, sich über ihre Arbeit austauschen, zu einem gemeinsamen Ergebnis kommen und es aufschreiben. Bei unserem Schneckenprojekt zum Beispiel konnten sie viele Experimente gemeinsam machen. Durch das gemeinsame Beobachten und den Austausch darüber wurden ihnen Sachverhalte viel klarer. Die Kontrolle der Arbeit geschieht nicht mehr durch den Lehrer, sondern durch den Partner mit Hilfe von Kontrollblättern. Nicht der Lehrer diktiert Diktate, sondern durch Partnerdiktate üben sie erfolgreich miteinander.

Manchmal entwickelt sich das Kind aus dem unteren Jahrgang als leistungsstärker. Das wird akzeptiert, weil die jahrgangsübergreifende Klasse als eine Einheit verstanden und Leistung für alle erbracht wird, z. B. bei der Erstellung eines gemeinsamen Buches, eines Theaterstückes, eines Hörspiels, einer gemeinsamen Lesung oder einer Feier. Auch die große emotionale Bindung untereinander lässt Neid und Konkurrenz nicht aufkommen. Besondere Leistungen werden bewundert. Der Pate wird akzeptiert mit seinen Stärken und Schwächen.

Aus der Patenschaft kann sich eine Partnerschaft und Freundschaft entwickeln.

Der Pate als Freund

Oft entsteht eine so enge Bindung zwischen den Paten, dass sie sich nach Hause einladen und das Wochenende zusammen verbringen. Da spielt das Alter oder der Jahrgang keine Rolle. Auch interkulturelle Schranken können dabei überwunden werden. Eine interkulturelle Patenschaft, die sich zu einer Freundschaft entwickelt, ist eine Bereicherung für beide Teile. Manchmal geht die Freundschaft sogar über die Grundschulzeit hinaus.

Durch die Jahrgangsmischung ist Harmonie in den Klassen entstanden. Gegenseitige Achtung sowie Miteinander- und Voneinanderlernen machen unsere Kinder stark. Durch das liebevolle Umsorgen und Miteinander durch das Patensystem haben Aggressionen in unserer Schule abgenommen. Auch das ist eine Entlastung für die Lehrer.

Ingrid Kansy

Helfersystem für Fortgeschrittene

Während meines Referendariats hatte ich das große Glück, in einer Neusser Grundschule arbeiten zu dürfen, die bereits seit einigen Jahren den jahrgangsübergreifenden Unterricht zum Hauptbestandteil ihres Schulprofils gemacht hatte.

Die Praxis

Nach meinen Erfahrungen wird die Umsetzung eines jahrgangsübergreifenden Unterrichts in Fächern wie Musik, Sachunterricht oder Kunst weithin als unproblematischer angesehen, da hier die Unterrichtsinhalte weniger lehrgangsbezogen angelegt und somit anforderungsbezogen gut differenzierbar sind. In den Fächern Mathematik und Deutsch hingegen tut man sich oft schwer, offenere und auf der Eigenverantwortung jeden Kindes basierende Unterrichtskonzepte zu realisieren. Häufig verbleibt man in jahrgangshomogenem Lehrgangsunterricht oder im Fall von bereits jahrgangsübergreifenden Klassen in „Abteilungsunterricht". Begründet wird dies nicht selten mit Zeitdruck (Lehrpläne müssen erfüllt werden), dem Lehrgangscharakter dieser Fächer und mit der Schwierigkeit, innerhalb dieser Lernbereiche ausreichend zu differenzieren.

Mein besonderes Anliegen ist es zu zeigen, dass es jedoch gerade in diesen Fächern möglich und sehr produktiv sein kann, sich die Alters- und Leistungsunterschiede einer jahrgangsheterogenen Lerngruppe zunutze zu machen.

Der grundlegende Gedanke für das Konzept jahrgangsübergreifender Schreibkonferenzen ist, die älteren Kinder einer Lerngruppe gleichsam als kindorientierte Multiplikatoren einer Methode einzusetzen. Kindorientiert bedeutet in diesem Fall, dass Kinder aufgrund ihrer sprachlichen Nähe zueinander in besonderer Weise die Fähigkeit besitzen, Wissen und Lerninhalte untereinander verständlich und greifbar zu vermitteln. Auf diese Weise wird in einer realen Situation eine Form der gegenseitigen Hilfe arrangiert, die in besonderer Weise auf die Entwicklung von Kooperations- und Teamfähigkeit sowie Verantwortungsbewusstsein abzielt. Ein Helfen, was von herrschenden Alters- und Leistungsunterschieden profitiert, ja sogar durch diese bedingt ist und somit über Hilfestellung hinaus auf Wissensvermittlung und Lernhilfe angelegt ist, ist eben ein Helfersystem für Fortgeschrittene. Auch der Beitrag zu einer Steigerung von Toleranzfähigkeit und Lernmotivation ist dabei nicht zu unterschätzen.

Die Kinder des 4. Schuljahres lernen bereits in der Klasse 3 die Textüberarbeitungsmethode der Schreibkonferenz kennen. Diese wurde im Verlauf weiterer Unterrichtsreihen und Trainingsspiralen weiter gefestigt und ausgebaut. Um diese Schreibkonferenzen auch kriterienorientiert gestalten zu können, bediente ich mich zusätzlich der so genannten Schreibhandwerker. Hier werden Textüberarbeitungskriterien wie z. B. Satzanfänge, Gebrauch des Adjektivs, Textstruktur (Einleitung, Hauptteil, Schluss) oder Rechtschreibung in Form von personifizierten und bildlich dargestellten Handwerkern als konkrete Überarbeitungsanlässe zu Hilfe genommen. Die größeren Kinder fungieren dann als Methodentrainer für die jüngeren und vermitteln in den jahrgangsgemischten Kleingruppen (Schreibkonferenzen) diese Form der Textüberarbeitung durch die gemeinsame Arbeit in der Methode. Gleichzeitig festigen und erweitern sie in dieser Lehrfunktion ihre eigene Methoden- und Teamkompetenz. Die Kleingruppen sollte man so bilden, dass sie aus drei bis maximal fünf Kindern bestehen, von denen etwa die Hälfte die Methode schon kennen und somit als Trainer tätig sein können.

Die allgemeine Vorstellung der Methode, die erste Einweisung und Einteilung geschieht zunächst im Plenum durch die Lehrerin. Der genaue Ablauf kann hier auch schon besprochen werden, wird aber vor allem in den einzelnen Kleingruppen durch die Multiplikatorkinder immer wieder erläutert und durch Arbeiten in der Methode an sich eingeübt. Sollten die Kinder in solchen Helferfunktionen noch nicht geübt sein, ist es wichtig, den allgemeinen Umgangston innerhalb der Schreibkonferenzen zu thematisieren. Dabei sollte hervorgehoben werden, dass es vor allem darum geht, produktive Hilfestellung zu leisten, Tipps zu geben und die persönliche Bindung eines jeden Autorenkindes zu seinem Text zu berücksichtigen. Dafür können auch mögliche „Satzschablonen“ besprochen werden, die in solchen Fällen sinnvoll sind, z. B.: „Hier könntest du etwas verbessern, indem du ...“ Zu Beginn der Arbeit mit dieser Methode können die Trainer bei der

Textüberarbeitung noch helfen, um die grundsätzliche Arbeitsweise zu verdeutlichen. In einem späteren Stadium sollten die Kinder dies eigenständig bewerkstelligen können und die altersgemischten Konferenzen lediglich als Diskussionsforum und Pool für Überarbeitungstipps nutzen.

Um eine solche eigenständige Arbeit zu sichern, ist es besonders in dieser Anfangsphase notwendig, einzelne Phasen sorgfältig prozessbezogen zu reflektieren: Wie wurde in den einzelnen Gruppen gearbeitet? Wo entstanden Schwierigkeiten? Was war hilfreich? Natürlich darf auch die Präsentation der überarbeiteten Texte nicht ins Hintertreffen geraten.

Die grundlegende Textproduktion erfolgte in einem Fall übrigens im Rahmen einer umfangreich angelegten Unterrichtsreihe zum Thema „Wald". Die Kinder hatten während eines einführenden Waldspaziergangs Blätter gesammelt und sie getrocknet. Daraus wurden in einer Collage merkwürdige Waldwesen geklebt, zu denen im Folgenden passende Abenteuergeschichten verfasst wurden. Ein Schreibanlass, der von allen Kindern dieser Lerngruppe umgesetzt werden konnte und in dem die Kinder ihrem individuellen Lernstand entsprechend selbstgesteuert differenziert haben (Textumfang, Formulierung, Adressatenbezug etc.). Das gilt übrigens auch für die Schreibkonferenzen.

Diagnostik

Obwohl die Kinder in den Schreibkonferenzen eigenverantwortlich arbeiten sollen und obwohl sie hier in einer Lehrfunktion tätig sind, sollte klar sein, dass sie in dieser Beziehung niemals völlig sich selbst überlassen sein dürfen. Auch in solch hohem Maß der Selbststeuerung im Unterricht können sie niemals eine Lehrkraft ersetzen. Zwar arbeiten sie als Helfer und Lerner im fortgeschrittenen Stil, bedürfen dabei aber stets der Begleitung und Beobachtung.

Das bedeutet für die Lehrerin, mehr als in jedem lehrergesteuerten Unterrichtskonzept, den individuellen Lernprozess jeden Kindes im Blick zu behalten. Für die Methode der Schreibkonferenz heißt das, neben den einzelnen Zwischen- und Endreflexionen, seien sie nun prozess- oder produktbezogen, auch die Arbeit in den einzelnen Kleingruppen zu beobachten und gegebenenfalls zu dokumentieren. Dazu kann man als stummer Beobachter an der Konferenz teilnehmen. Es besteht aber auch die Möglichkeit der Beobachtung von außen oder der exemplarischen Durchführung einer Schreibkonferenz in einem so genannten Aquarium. Hier hält eine Gruppe ihre Konferenz innerhalb des Klassenstuhlkreises ab, während der Rest der Lerngruppe von außen beobachtet und im Anschluss ein Metagespräch durchführt. Diese Methode hilft vor allem in der Einführungsphase der Schreibkonferenzen, während die zuvor erwähnten Beobachtungsstrategien für die Lehrerin gut dazu geeignet sind, später Notizen zu den individuellen Lernentwicklungen der Kinder zu machen. Zu beobachten ist dabei das Verhalten in der Arbeitsgruppe (Kommunikation, Kooperation, Toleranz, Verantwortung etc.), der Umgang mit dem eigenen Text (kritische Distanz?) und die Abgabe von eigenen bzw. Weiterverwertung fremder Überarbeitungstipps.

Was die Bewertung des vom Kind erstellten Textes, dessen Überarbeitung und Endfassung betrifft, so kann dies abgestuft nach besprochenen Überarbeitungstechniken und -kriterien geschehen. Dabei sind die ersten überarbeiteten Texte sicherlich anders zu betrachten, als wenn die Methode der Textüberarbeitung bereits beherrscht wird. Das gilt vor allem für Texte, bei denen ältere Kinder in der Anfangsphase bei der Überarbeitung behilflich waren. Generell sollte ein vorgeschriebener Text mit einem Stift einer anderen Farbe überarbeitet werden. So lassen sich spätere Korrekturen gut erkennen und nachvollziehen. Bei den ersten Textüberarbeitungen habe ich grundsätzlich beide Texte eingesammelt, Urfassung und ins Reine geschriebene Endfassung, um den Prozess und das Endprodukt besser im Blick zu haben. Das erfordert nur geringfügig mehr Arbeit, eröffnet aber wichtige Zugänge zu den ganz individuell beim Kind abgelaufenen Arbeits-, Lern- und Erkenntnisprozessen. Gegebenenfalls können individuelle Überarbeitungsschwerpunkte an die Kinder weitergegeben werden (z. B. mit Hilfe der Schreibhandwerker). Einige Kinder haben vielleicht Entwicklungsbedarf bezüglich abwechslungsreicher Satzanfänge, während andere bereits an Textstruktur oder Adressatenbezug arbeiten. Durch die Schreibhandwerker könnte dies z. B. individuell initiiert und als Hilfestellung oder Überarbeitungshinweis zum Text notiert werden. Auch kann die Überarbeitung einen Teil der Gesamtbewertung ausmachen. In späteren Stadien kann die Einsicht in die vorgeschriebenen Texte je nach Bedarf lediglich in bestimmten Fällen geschehen oder auch ganz wegfallen.

Meine persönlichen Erfahrungen mit dieser Art des Unterrichtskonzeptes ergaben, dass die Kinder in solchen Unterrichtsphasen sehr ernsthaft, motiviert und sehr stark miteinander kooperierend arbeiteten. Es entstanden Lernsituationen zwischen den Kindern, wie sie zwischen Lehrkraft und Kind niemals hätten stattfinden können, hochgradig produktiv, sehr aufschlussreich und nicht selten amüsant bezüglich der von den Kindern gewählten Vermittlungsstrategien. In der gesamten Lerngruppe sind solche altersgemischten Arbeitsmethoden stets förderlich für das Sozialgefüge der Klasse gewesen. Außerdem hat jedes einzelne Kind die Möglichkeit, sich zusätzlich zum Kerninhalt des Unterrichts seinen „persönlichen Lerninhalt" herauszugreifen und für sich zu vertiefen. Das kann sowohl eine Teilfertigkeit der Textüberarbeitung sein oder eben auch eine soziale, kooperative Komponente innerhalb der Gruppenarbeit. Die Lehrerin arbeitet hier mehr denn je in der Funktion der Lernbegleitung, sie arrangiert und initiiert solche produktiven Lernsituationen, beobachtet und dokumentiert Entwicklungsprozesse und gibt persönliche, individuell auf das jeweilige Kind abgestimmte Hilfestellungen.

Meike Holling

Literatur

Spitta, Gudrun (1992): Schreibkonferenzen in Klasse 3 und 4. Frankfurt a. M.: Cornelsen Scriptor

Cwik, Gabriele/Risters, Willi (2004): Lernen lernen von Anfang an I und II. Berlin: Cornelsen Scriptor

Klassenrat und Kinderparlament

Kindermitbestimmung – das sollte ein „Muss" in Schulen mit jahrgangsübergreifenden Lerngruppen sein. Eine Schule, die sich entschlossen hat, in jahrgangsübergreifenden Lerngruppen zu unterrichten, hat damit nicht nur eine Entscheidung für eine veränderte Organisationsform getroffen, sondern sie hat in erster Linie ein deutliches Votum für eine kindorientierte Pädagogik abgegeben. Sie hat sich insbesondere dafür entschieden,

- Kinder an ihrem Lernen und an der Gestaltung ihrer Lernumwelt teilhaben zu lassen,
- Andersartigkeit und Unterschiedlichkeit zu akzeptieren und zu bewahren,
- Kooperationsfähigkeit, Teamfähigkeit, Verantwortungsbewusstsein, Toleranzfähigkeit etc. in einer Gruppe mit einer breiteren Altersspanne zu entwickeln,
- langfristige und gemeinschaftliche Anliegen zu betonen, an denen Kinder unterschiedlichen Alters und unterschiedlicher Interessen mitarbeiten können.

Schulen mit jahrgangsübergreifenden Lerngruppen entwickeln deshalb auch die Qualität der Mitbestimmung von Kindern in der Klasse und in der

Schulgemeinde gezielt weiter. Vom ersten Schultag an sollen die Schülerinnen und Schüler erfahren,

- dass sie mitreden und mitentscheiden können;
- dass es sich lohnt, aktiv zu werden und Ideen zu haben;
- dass man für die Umsetzung von Ideen manchmal einen langen Atem braucht und es oft anstrengend ist;
- dass Misserfolge dazu gehören und man dann neue Wege suchen muss.

Diese Erfahrungen beziehen sich selbstverständlich auf alles, was schulisches Lernen ausmacht. Die Methoden der Kindermitbestimmung sollten die Lehrpersonen gemeinsam mit den Kindern entwickeln. Sie sollen

- kindgerechte Beteiligungsformen sein: abwechslungsreich, handlungsorientiert, viele Sinne ansprechend;
- verlässliche Abläufe und Kontinuität beinhalten: feste Zeiten, vereinbarte Gesprächsregeln, Regeln für Entscheidungsfindungen etc.;
- „echte“ Handlungsspielräume eröffnen: Entscheidungen mit Wirkung für alle Beteiligten, Veränderungen der Lernumwelt. Dazu gehört auch die Verfügung über einen kleinen Etat.

In der Schulpraxis haben sich vielfältige methodische Formen bewährt (vgl. Portmann o. J.):

- Klassenbriefkasten, Wandzeitung (Ich finde gut, Ich finde nicht gut, Ich schlage vor), Klassenratsbuch o. Ä. zum Sammeln von Problemen und Vorschlägen der Kinder;
- Klassenrat, Wochenabschlusskreis oder tägliche Morgenkreise zum Planen, Besprechen und Bewerten von Themen der Kinder;
- Gesprächsstein, Zeit- und Ruhewächter, Gesprächsleitung o. Ä. zum Strukturieren der Gesprächssituationen;
- Protokolle, „Klassenbücher“, Wandzeitungen o. Ä. zum Festhalten der Ergebnisse.

Hierdurch lernen die Kinder,

- Verantwortung für das gemeinsame Handeln in der Schule zu übernehmen;
- eigene Ideen und Meinungen zu entwickeln, anderen vorzustellen und sie zu begründen;
- über Strittiges zu diskutieren, die Ideen und Meinungen anderer zu akzeptieren und Wege der Einigung zu entwickeln;
- sich auf gemeinsame Vorhaben zu einigen, sie zu planen und Mehrheitsbeschlüsse zu achten.

Damit verbunden sind Lernziele, z. B. im sprachlichen Bereich, wie

- anderen zuhören und andere zu Ende sprechen lassen,
- auf Gesprächsbeiträge eingehen, gezielt nachfragen und sie weiterführen,
- Sachverhalte mitteilen und erklären oder Informationen erfragen und weitergeben,
- Gesprächsregeln entwickeln, Gespräche leiten und zusammenfassen.

Der *Klassenrat*, der möglichst regelmäßig – in der Regel wöchentlich – tagt, ist eine Gesprächsrunde aller Kinder einer Klasse und ihrer Lehrerin, in der gleichberechtigt über das gemeinsame Lernen und das Zusammenleben beraten wird. Die Kinder sind hier diejenigen, die bestimmen, welche Themen besprochen werden. Diese Themen werden zuvor im Klassenbriefkasten, im Klassenratsbuch o. Ä. gesammelt oder sie werden zu Beginn festgelegt.

Die Gesprächsleitung übernehmen am besten reihum jeweils zwei Kinder, die sich die Aufgabe teilen. Die Vorgehensweise, die Gesprächsregeln etc. werden gemeinsam von den Kindern erarbeitet; die Lehrerin gibt Hilfestellungen, berät und hält sich weitgehend im Hintergrund.

Die Beschlüsse des Klassenrats werden schriftlich festgehalten, und ihre Einhaltung wird im Klassenrat nachgehalten. Nicht zuletzt werden im Klassenrat die Anregungen aus dem Kinderparlament aufgegriffen, diskutiert und den Abgeordneten für die nächste Sitzung Hinweise mitgegeben.

In jahrgangsübergreifenden Klassen ist der Klassenrat zugleich ein Forum, in dem die „Neuen" zum einen schnell die bisher erarbeiteten Regeln und Rituale der Klasse kennen lernen, zum anderen mit ihren Bedürfnissen und Interessen zu Wort kommen. Sie sind hier gleichberechtigt, es gibt keine „Kleinen" und „Großen"; der Klassenrat ist in diesem Sinne auch ein alle Kinder einer Klasse verbindendes Gremium.

Das *Kinderparlament* einer Schule sollte regelmäßig zusammentreten. Jeweils ein Mädchen und ein Junge werden von jeder Klasse als Abgeordnete entsandt, die Schulleitung lädt jeweils ein, die Sitzungen finden alle vier bis sechs Wochen statt und sind im Halbjahresplan aufgeführt.

Für die Entwicklung von demokratischer Handlungsfähigkeit ist es wichtig, geeignete Formen der Beteiligung von den Kindern selbst finden und auch weiterentwickeln zu lassen. Deshalb liegt die Entscheidung über die Vorgehensweise und die Themen grundsätzlich bei den Abgeordneten des Kinderparlamentes. Die Schulleitung versteht sich als Beraterin, als Begleiterin, die die notwendigen Rahmenbedingungen schafft, wichtige Themen in die anderen Gremien der Schule trägt und wieder an die Kinder zurückmeldet.

Die Sprecherin bzw. der Sprecher des Kinderparlamentes – von den Abgeordneten aus ihrer Mitte gewählt – übernimmt die Gesprächsleitung und wird hierbei von der Schulleitung unterstützt. Daneben hat sie oder er als Vertretung aller Kinder der Schule auch weitere Aufgaben im Schulleben (Begrüßung der Schulanfänger, Verabschiedung der Viertklässler etc.).

Rituale, die sich im Kinderparlament bewährt haben, sind die aktuelle Runde zu Beginn, bei der die Kinder anstehende Themen, Probleme oder Vorschläge reihum nennen. In der Regel ergibt sich daraus ein aktuelles Thema, das allen auf den Nägeln brennt. Das wird zunächst diskutiert und dann werden Vereinbarungen für die Lösung sowie für die Weiterarbeit getroffen. Daraus ergeben sich häufig längerfristige Themen, an denen das Kinderparlament über mehrere Sitzungen arbeitet. Daneben informiert die Schulleitung über aktuelle Entwicklungen in der Schule, auf die die Kinder der Schule Einfluss nehmen können, und sie schlägt selbst auch Arbeitsthemen vor.

Längerfristige Arbeitsschwerpunkte eines Kinderparlamentes können z. B. sein:

- Regeln für das Miteinander in der Schule (auch z. B. bei Patenschaften) entwickeln,
- Vereinbarungen zum Umgang bei Verstößen gegen diese Regeln treffen,
- Umgang mit Konflikten und Auseinandersetzungen vereinbaren,
- Gestaltung der Pause und des Schulhofes vorschlagen,
- Gestaltung von gemeinschaftlichen Gebäudeteilen (Flur, Pausenhallen etc.) vorschlagen.

Schulen, die Kindermitbestimmung zu einem leitenden Gesichtspunkt ihres alltäglichen Handelns machen, bieten Kindern zugleich auch die Möglichkeit, dass sie in ihrem Schulalltag Demokratie erleben. Demokratiefähig werden Kinder dann, wenn sie demokratische Handlungsweisen erfahren und erproben können, wenn sie erleben, dass sie mitbestimmen können, wie sich ihr Zusammenleben und -lernen in der Schule gestaltet.

Ulrike Kropp

Literatur

PORTMANN, ROSEMARIE (o. J.): Kinder mischen mit! Wiesbaden: Universum Verlagsanstalt

In Ordnungen hineinwachsen

Regeln, Rituale und feste Abläufe sind verlässliche Ordnungen im Leben der Kinder. Sie strukturieren und erleichtern den schulischen Ablauf und das Miteinander – was in jahrgangsübergreifenden Lerngruppen besonders wichtig ist. Sie entlasten die Lehrpersonen und geben Kindern in der Vielfalt der Eindrücke Orientierung und Sicherheit während des Schulvormittags – eine Ordnung, die das Kind frei macht für seine Arbeit. Dies betrifft nicht nur die Verlässlichkeit täglicher Vorgänge und die räumliche „Präsenz" von Gegenständen, sondern auch die positive Zuwendung immer wiederkehrender (gleicher) Personen.

Kinder wachsen von Anfang an in dieses System hinein, wobei der Prozess in jahrgangsgemischten Klassen durch das schon bestehende System enorm erleichtert wird. Die „Neuen" müssen nicht mehr belehrt werden, denn sie müssen nur genau hinsehen und nachahmen.

Regeln und die dazugehörigen Konsequenzen müssen eindeutig und von den Kindern verlässlich einzuhalten sein, wenn das Freie Arbeiten und das Miteinander erfolgreich gelingen soll. Viele Regeln können mit den Kindern abgesprochen und ihr Sinn erklärt werden, damit sie Einsicht in ihre Notwendigkeit gewinnen.

Ankommen und Beginn

Kinder können schon vor dem offiziellen Beginn in die Klasse kommen. Sie hängen ihre Jacken auf und wechseln ihre Schuhe im Flur mit „Innenschuhen", die in einem Säckchen am Flurhaken hängen. Dann betritt das Kind seine Klasse, wo es sich mit anderen austauschen, Wichtiges der Lehrperson mitteilen, an den Regalen entlanggehen und erste Überlegungen für seine Arbeit anstellen kann. Allmählich bildet sich eine Vorstellung für sein Arbeiten an diesem Vormittag, und es wählt entsprechend:

- mit wem es arbeiten will (Sozialform),
- wo es arbeiten will (Arbeitsplatz),
- wie es arbeiten will (Arbeitsform) und
- wie schnell und wie lange es arbeiten will – oder kann (Arbeitsdauer, Arbeitsrhythmus).

Die Kinder können sich in der Klasse aufhalten. Sie holen sich Materialien (so umsichtig, damit nichts herunterfällt oder beschädigt wird – was übrigens auch für das Wegräumen gilt), besprechen sich mit Arbeitspartnern oder der Lehrperson, suchen den geeigneten Arbeitsplatz und beginnen mit ihrer Arbeit. Die Lehrperson sagt vorher an, wem sie heute ein neues Material zeigt, weiterhilft oder nimmt Vorschläge und Wünsche der Kinder für die Arbeit an. So wird ein langsames Ankommen gewährleistet.

Arbeiten

Das Arbeiten der Kinder gestaltet sich in einer offenen Lernsituation wie der Freien Arbeit vielfältig, und eine zufällige Momentaufnahme bietet ein buntes Bild Lernender in einer geschäftigen Arbeitsatmosphäre, das so aussehen könnte:

Zwei Drittklässler experimentieren: Sie filtern mehrmals auf einem dafür vorgesehenen Experimentiertisch schmutziges Wasser und schreiben jeweils die Ergebnisse auf. – Zwei Zweitklässler sitzen in der Leseecke und lesen sich gegenseitig vor. – Drei Kinder (zwei Drittklässler und ein Zweitklässler) rechnen mit großen Zahlen innerhalb eines „Bankspiels", das die verschiedenen Rollen festlegt (die in einem bestimmten Rhythmus getauscht werden): Rechner, Schreiber, Wechsler. Ein Erstklässler steht daneben und schaut zu. Er möchte morgen mitmachen! – Zwei Zweitklässler besprechen ihre Geschichte vom Vortag, geben sich Tipps zur Verbesserung und überarbeiten die Texte. – Die Lehrerin erklärt zwei Zweitklässlern und einem Drittklässler das Material zur „Satzzerlegung". – Ein Erstklässler stellt eine Ampel auf, da er die Hilfe der Lehrerin braucht. – Drei Erstklässler arbeiten alleine an Übungsaufgaben aus dem Mathematikunterricht (Gebundener Unterricht). – Ein Drittklässler steht daneben und gibt Tipps. – Ein Drittklässler und ein Zweitklässler legen (auf dem Flur) das Europa-Puzzle. – Ein Drittklässler übt mit einem Erstklässler die bisher gelernten Buchstaben und lässt diese zur Überprüfung in der Luft „schreiben". – Zwei Erstklässler bereiten ein selbst ausgedachtes Puppenspiel vor, das sie in der Pause der Klasse vorspielen wollen. Sie sitzen mit den Handpuppen voreinander und üben einen Dialog. – In einer Ecke des Klassenraums sitzt eine Mutter und legt mit einem Erstklässler Ziffern aus Knete. – Ein anderer Erstklässler legt den Kopf auf den Tisch, sein Pate steht auf, geht zu ihm und spricht leise auf ihn ein. – Ein Kind geht nach vorn, klingelt leise, die Experimentierkinder seien zu laut. – Zwei Kinder aus einer anderen Klasse kommen herein und bitten den „Pflanzenexperten", ihnen draußen auf dem Flur bei der Pflanzenbestimmung zu helfen … – Und jeder Tag ist anders …

Klingel

Das Umhergehen in der Klasse, das Hantieren mit Materialien, das Sprechen mit Arbeitspartnern – all dies verursacht Geräusche. Die Kinder wissen, dass ihr Lernen nur erfolgreich sein kann, wenn sie sich in Ruhe konzentrieren können. Sie müssen lernen, beim Holen der Materialien dies vorsichtig und umsichtig zu tun – was natürlich auch für das Wegräumen gilt, es darf nur geflüstert oder leise gesprochen werden. In vielen Schulen dient das Klingeln mit einer Glocke oder einem anderen akustischen Zeichen dazu, die Aufmerksamkeit der Kinder zu erreichen. Ein leiser Ton sollte genügen, um den erhöhten Geräuschpegel wieder zu „beruhigen" oder der Lehrperson oder einem Kind die Möglichkeit zu geben, sich Gehör für eine kurze Ansage zu verschaffen. Es empfiehlt sich, einen leisen Ton zu erzeugen und diesen gegebenenfalls noch zwei Mal zu wiederholen, bis jedes Kind aufmerksam geworden ist. Ein kräftiges Klingeln oder ein lautes In-die-Klasse-Rufen hätte zwar einen „schnelleren" Effekt, wäre aber kontraproduktiv zum gewünschten Arbeitsgeräusch. Wichtig ist es, abzuwarten, bis alle Kinder ihre Aufmerksamkeit auf den Sprecher gerichtet haben. Dieser sollte auch erst dann sprechen, wenn alle zuhören.

Helfen

Es gibt beim offenen Lernen häufig Situationen, in denen Kinder Hilfe benötigen. Hier müssen sie lernen, wie man sich bei anderen Kindern Hilfe holt und vor allem, *wie* man hilft. Kinder neigen dazu, wenn sie es nicht anders erfahren haben, „Helfen" mit „Vorsagen" zu verwechseln. Hierbei aber wird das Problem nur scheinbar gelöst: Der Helfende hat zwar die Genugtuung, geholfen zu haben, ein Problem zu lösen. Aber er hat nicht wirklich geholfen, denn der Fragende hat zwar im Moment ein Ergebnis, aber er hat – wie übrigens auch der Gefragte – keinerlei Lernzugewinn und ist immer wieder auf Hilfe angewiesen.

Um sinnvoll helfen zu können, müssen Kinder lernen, Tipps zu geben, damit der Fragende an der Stelle, an der er steht, weiterdenken oder weiterarbeiten und seine Lösungen selbst finden kann. Auch der Helfende hat den Gewinn, sich durch das Hineindenken in die Fragestellung nochmals mit dem Problem auseinander zu setzen und durch das Erklären nicht nur Übung und Festigung des Gelernten zu erfahren, sondern eine höhere Stufe des Könnens zu erreichen.

In jahrgangsgemischten Lerngruppen erfährt der Fragende die Hilfe nicht als Diskriminierung in der Konkurrenz Altersgleicher, sondern als etwas Selbstverständliches, was er bereits aus der eigenen Geschwisterkonstellation kennt: Der Größere ist ja schon weiter und kann manches daher schon besser.

In diesem Zusammenhang soll auf eine mögliche Patenschaft hingewiesen werden, die ältere Kinder für jüngere Kinder übernehmen. Die Hilfe und Unterstützung bezieht sich hier auch über die Arbeit hinaus auf andere Situationen im schulischen Leben wie Hofpause u. Ä.

Weitere Hilfestellungen kommen von den „Experten" in der Klasse. Auch sie wissen auf „ihrem Gebiet" eine Menge und können hier jederzeit im oben beschriebenen Sinne um Hilfe angesprochen werden.

Während der Arbeit der Kinder bleibt die Lehrperson für Fragen und Erklärungen verfügbar. Sie ist die Expertin für die Verbesserung von Unterricht und für Hilfen in besonderen Lernsituationen. Ist sie gefragt, können Kinder bereitgestellte „Ampeln" an ihren Platz holen und dort aufstellen. Die Lehrperson wird bei ihrer Arbeit mit einem anderen Kind oder einer Kindergruppe nicht gestört, sieht aber, dass ihre Hilfe gefragt ist. Sie kann ohne Störung später Hilfe geben.

Kontrolle und Rückmeldung

Kinder brauchen Rückmeldung und Würdigung ihrer Arbeit. Aber nicht jede Arbeit muss kontrolliert, nicht jedes Ergebnis bewertet werden. Die Materialien sollten so angelegt sein, dass die Kinder ihre Arbeitsergebnisse möglichst selbst kontrollieren und korrigieren können. Dies entlastet nicht nur die Lehrperson, sondern fördert bei den Kindern auch die Kritikfähigkeit gegenüber der eigenen Arbeit und ihre Eigenverantwortung. Sie lernen sich selbst einzuschätzen. Auch lernschwächere Kinder erleben auf diese Weise Erfolge und können ihr Selbstbewusstsein stärken und Mut zum Weiterlernen entwickeln.

Es sollte zudem die Möglichkeit (z. B. in der Esspause oder zum Schluss der Freiarbeit) bestehen, die Arbeitsergebnisse vor der Klasse vorzustellen: Kinder lesen ihre Geschichte vor, sie führen das Ergebnis ihres kleinen Experiments vor, sie stellen ein Rätsel, sie zeigen ihre fertigen Rechenreihen, beschreiben ihr Kunstbild, hängen ihr Gedicht an eine Pinnwand.

Bestimmte Arbeiten der Kinder können in einem dafür bereitgestellten Behältnis gesammelt werden, wenn sie der besonderen Kontrolle zur Ermittlung der Leistungsfähigkeit und des Leistungsstandes des Kindes dienen sollen. Ansonsten heften die Kinder ihre Blätter-Arbeiten in einen eigenen Ordner, der ebenfalls einen Platz im Regal hat. So hat die Lehrperson stets aktuelle Grundlagen zum Erstellen von individuellen Förderkonzepten und eine Grundlage für Zeugnisse oder Elterngespräche.

Manchmal bedarf es noch zusätzlich einer kurzen persönlichen Rückmeldung der Lehrperson oder auch eines (anderen) älteren Kindes. Ein bewusster (dosierter) Umgang mit Lob und Bestätigung ist unerlässlich in einem Prozess der Persönlichkeitsentwicklung eines Grundschulkindes. Lob, Anerkennung und Bestätigung und damit einhergehende Erfolgserlebnisse wirken wie Zauberformeln und mobilisieren ungeheure Energien.

Beenden

Das Beenden der Freiarbeit sollte fünf bis zehn Minuten vorher durch ein leises Klingeln angekündigt oder angesagt werden, damit die Kinder sich darauf einstellen können, Angefangenes zu beenden, aber auch Neues nicht mehr anzufangen. Die Materialien müssen an den eigenen Ort zurückgebracht und dort wieder so aufgestellt werden, dass das nächste Kind sie vollständig und ordentlich vorfinden kann. Wer seine Arbeit noch nicht beendet hatte, legt an das zurückgebrachte Material einen Zettel mit seinem Namen. Das heißt: Ich arbeite daran weiter.

Nach den gewährten fünf bis zehn Minuten sollte, um den Kindern auch hier ein Zeitgefühl zu vermitteln, die Lehrperson langsam bis zehn zählen. Bei zehn ist der Frühstückstisch gedeckt und die Kinder stehen hinter ihrem Stuhl. Zur eigenen Übersicht kreuzen sie ihre fertig gestellten Arbeiten in einem Plan ab, der in der Klasse aushängt oder jedem Kind vorliegt.

Ämter

Zum Selbstständigwerden gehört auch die Mitverantwortung für die Belange der Gemeinschaft und des Klassenraumes. Eine Ämter-Ordnung sorgt für das regelmäßige Säubern und In-Ordnung-Halten der Materialien und des Klassenraumes, bei der jedes Kind in regelmäßigen Abständen beteiligt sein soll. Wenn die Hofpause beginnt, bleiben die Ämterkinder in der Klasse und erledigen die Arbeit. Dann gehen auch sie in die Spielpause.

Kummerkastengespräche

Wie ein Briefkasten hängt in der Klasse ein Kummerkasten für Beschwerden oder auch Lobendes der Kinder über Kinder, Lehrpersonen oder auch Eltern. Sie wissen, dass diese Nachrichten zu einem ganz bestimmten Zeitpunkt in der Woche ihren Platz innerhalb eines gemeinsamen Klassengesprächs bekommen werden.

Im regelmäßig wöchentlich durchgeführten Klassengespräch werden die aktuellen Kümmernisse der Kinder aus dem Kummerkasten vorgelesen, gemeinsam besprochen und Lösungen gefunden. Hierbei lernen die Kinder Gesprächsregeln kennen und erleben und erfahren viele Möglichkeiten, wie Konflikte konstruktiv gelöst werden können – aber auch wie wohltuend positive Rückmeldungen (die Erstklässler können schon richtig leise arbeiten) auf alle wirken.

Grenzen

Natürlich gibt es in offenen Lernsituationen auch ganz viel Offenheit für Individuelles, für Störungen und Unvollkommenes. Nicht jedes Kind verfügt schon über die psychische Verfassung oder bringt die Voraussetzungen mit, die für eine solche Arbeitsweise notwendig wären: Regeln einhalten können, Bindungsfähigkeit an eine Sache oder Aufgabe entwickeln, Einsicht in die Arbeit und Verlässlichkeit bei der Arbeit zeigen. Antriebsarmut, Unlust, Bequemlichkeit, Hyperaktivität, Unruhe, Unselbstständigkeit, wenig Konzentration, Durchhaltevermögen und Anstrengungsbereitschaft – hier ist Geduld, pädagogische Fantasie und Engagement der Lehrperson gefordert, um diesen individuellen Verhaltensweisen zu begegnen. Dies kostet viel Mühe, und oft gelingen nur kleine – aber wichtige – Schritte in diesem Prozess. Manchmal ist für diese Kinder eine Eingrenzung der freien Wahlmöglichkeiten hilfreich, z. B.

- ein mit dem Kind gemeinsam erstellter Tagesplan, der dann auf den Tisch geheftet wird,
- Einzelarbeit oder Arbeit mit einem älteren Mitschüler,
- vorübergehender Wechsel in eine andere Klasse,
- gemeinsam mit dem Kind eine Vereinbarung (mit Konsequenzen) formulieren, aufschreiben und von beiden unterschreiben lassen. Dies schafft eine Verbindlichkeit und hilft dem Kind, kleinere Schritte zu bewältigen. Lob und Bestätigung können auch hier Wunder wirken.

Zunehmend kann je nach Verhaltensfortschritt der Freiraum wieder vergrößert werden.

Ingrid Nicklaus

5 Den Unterrichtstag planen

Kern- und Kursunterricht

Die Chancen, die in der Heterogenität von Lerngruppen stecken, kommen nur zum Tragen, wenn man zulässt, dass sie sich auch entfalten können. Der Unterricht muss Zeit- und Spielraum freilassen, damit Kinder ihre Interessen entfalten, sich eigene Ziele setzen und eigene Wege gehen können. Dem tragen inzwischen wohl auch die meisten Grundschulen Rechnung durch Freiarbeitsphasen, Projektunterricht, offene Unterrichtsformen, durch Einsatz von Lernprogrammen, Werkstätten und Arbeitsmitteln (wichtig: mit Selbstkontrollmöglichkeiten).

Es macht keinen Sinn, wenn an die Stelle von Jahrgangsklassen eine Art Abteilungsunterricht tritt, in dem jedes Kind letztendlich doch eng am schuljahrsbezogenen Stoffplan geführt wird. Andererseits ist es hilfreich und erleichtert auch die Übersicht, wenn die Kinder phasenweise in lernniveaubezogenen Gruppen zusammengefasst werden. Kennzeichnend für unsere Arbeit an der Peter-Petersen-Schule in Köln ist deshalb das Zusammenspiel von Kern- und Kursunterricht.

Kernunterricht

So nennen wir den Unterricht in der altersgemischten Stammgruppe. Er umfasst alle Lernbereiche, vor allem den Sachunterricht mit seinen Themen und Projekten, das Üben und Anwenden der Kulturtechniken und die musischen Bereiche. Wir strukturieren ihn durch ein intensives Klassenleben mit seinem Tages-, Wochen- und Jahresrhythmus. Anstelle eines 45-Minuten-Rasters arbeiten wir mit einem rhythmisierten, sich täglich wiederholenden Ablauf, der den Kindern ein Stück Verlässlichkeit gibt. Andererseits lässt er aber auch tagesaktuelle Veränderungen und Verschiebungen zu, wenn das Thema, das Projekt oder auch einfach die Tagesform der Gruppe das nötig machen.

Die Kinder lernen nicht den ganzen Tag in der altersgemischten Gruppe zusammen. Es gibt Phasen, in denen wir Kinder etwa gleichen Lernstands zusammenfassen, in der Regel Kinder des gleichen Schulbesuchsjahrs. Das kann innerhalb der Stammgruppe geschehen: Dazu holt die Lehrerin sich ihre sechs bis sieben Schulanfänger für 15 bis 20 Minuten an einen großen Tisch oder zum Bodenkreis und führt einen neuen Buchstaben ein, während die anderen an ihren Wochenplänen arbeiten. Das findet aber auch regelmäßig (täglich) in Kursen statt.

Kurse

Hierfür fassen wir die Kinder aus mehreren Stammgruppen zusammen. Sie erlernen in den Kursen Grundfertigkeiten, Techniken etc., die für ein erfolgreiches Arbeiten an den Themen und Projekten des Kernunterrichts Voraussetzung sind. Dazu gehört neben dem Lesen, Schreiben und Rechnen auch das Nutzen von Büchern, Nachschlagewerken, Karten und Schaubildern, Medien aller Art, neuerdings auch des Internets, dann auch der sachgerechte Umgang mit Werkzeugen und Versuchsgeräten.

Die Ziele der Mathematik- und Sprachkurse sind richtliniengemäß an den vier Schuljahren orientiert, mit individuellen Abweichungen nach oben und unten bis hin zu der Möglichkeit, Kurse zu wiederholen oder zu überspringen. So kann ein Kind im dritten Schulbesuchsjahr z. B. am Mathe-Kurs des 4. Schuljahrs teilnehmen, in Sprache aber im dritten Kurs bleiben. Oder ein Kind im zweiten Schulbesuchsjahr nimmt noch einmal am Lesekurs des 1. Schuljahrs teil, macht aber Mathematik im zweiten weiter mit. Kurse können auch im laufenden Schuljahr gewechselt werden.

Die Entscheidung, ob ein Kind ein fünftes Grundschuljahr braucht, schieben wir bis fast zum Ende der Grundschulzeit auf. Aber selbst wenn ein Kind dann „zurückbleiben“ muss, verliert es nicht seinen gewohnten Rahmen, weil es (im Gegensatz zu Sitzenbleibern in Jahrgangsklassen) in seiner Gruppe bleibt, im gleichen Raum, bei den gleichen Lehrern … und seine soziale Stellung wird sich in aller Regel im fünften Schulbesuchsjahr noch einmal verbessern, weil es nun unbestritten zu den Älteren, Erfahreneren gehört.

Stundenraster

Schulorganisatorisch gibt es, abhängig von den örtlichen Bedingungen (Ganztag, Gemeinsamer Unterricht), viele Möglichkeiten, ein Stundenraster für Kurs- und Kernunterricht zu gestalten. Das einfachste Beispiel sieht so aus: Die Erstklässler beginnen um 8 Uhr mit dem Kurs, die Zweitklässler kommen ab 9 Uhr zum Kern dazu und schließen ab 12 Uhr, wenn die Kleinen unterrichtsfrei haben, noch ihre Kurse an. Oder in den Kursstunden werden in einem Klassenraum die Erstklässler und in dem anderen Zweitklässler aus zwei benachbarten Stammgruppen zusammen unterrichtet. Auf die Frage, wie denn jedes Kind zu seinem Recht kommt, gibt es noch eine zweite, auf den ersten Blick nicht besonders originelle Antwort ...

Wochenarbeitspläne

Wir arbeiten mit stark differenzierten Wochenarbeitsplänen, differenziert bis hin zum einzelnen Kind (und das gilt durchaus nicht nur für behinderte Kinder). Bei uns hat diese Arbeit eine besonders hohe Bedeutung für das individuelle Lernen. Sie findet in der Schule statt. Der Schwerpunkt liegt im sprachlichen und mathematischen Bereich. Vorwiegend geht es um Üben und Anwenden des bereits Gelernten. Der Inhalt orientiert sich an jahrgangsstufenspezifischen Anforderungen (gemäß den Richtlinien), mit jeder möglichen Abweichung nach „oben" und „unten". Ziel ist, jedes Kind an seine Leistungsgrenze heranzuführen, und die kann weit über, aber auch weit unter irgendeiner Norm liegen. Die Zusammenstellung der Wochenarbeitspläne für die einzelnen Kinder sowie die Auswertung und Kontrolle ist Aufgabe der Klassenlehrerinnen, nicht dagegen die Auswahl und Bereitstellung der Materialien, aus denen die Wochenarbeitspläne zusammengesetzt werden.

Teamarbeit

Unabdingbare Voraussetzung für ein erfolgreiches Zusammenspiel von Kurs- und Kernunterricht ist eine gute Abstimmung zwischen den beteiligten Lehrerinnen und Lehrern. Für jeweils zwei unserer Stammgruppen ist ein Team verantwortlich. Es erstellt seine Stundenpläne selbstständig und ist gemeinsam verantwortlich für Planung, Durchführung und Reflexion des Unterrichts, den Austausch über pädagogische Maßnahmen, Förderpläne und Lernentwicklungsberichte, Elternberatung sowie Elternarbeit ganz allgemein. Die Teams tagen jeden Donnerstagnachmittag (ca. drei bis fünf Zeit-Stunden). Innerhalb der Teams wird möglichst arbeitsteilig gearbeitet. So ist zum Beispiel für jeden Kurs nur eine Lehrerin verantwortlich. Das setzt bei allen Kolleginnen die Bereitschaft voraus, etwas abgeben, aber auch etwas von anderen annehmen und übernehmen zu können. Die Vorbereitungsarbeit der Teams und der Kurslehrer wird durch die Fachteams unterstützt, die sich etwa alle sechs Wochen treffen (ebenfalls donnerstags, dann anstelle der klassenbezogenen Teams).

Fachteam Deutsch
An diesem Beispiel wird deutlich, zu welcher Entlastung es für das ganze Kollegium führen kann:

- Jahresplan und Wochenpläne erstellen
- Material sichten, auswählen und bereitstellen
- Kolleginnen und Eltern informieren
- Fortbildungen besuchen und für das Kollegium organisieren
- Fachliteratur auswerten, sich mit neuen didaktischen und methodischen Ansätzen auseinander setzen
- Lektüren auswählen
- Kriterien für Leistungsbewertung festlegen
- innerschulische Evaluation planen und durchführen

Fachteams gibt es zu allen Lernbereichen. Von den Fachteams zusammengetragenes Material, Kopiervorlagen und alles, was sich auf Papier drucken lässt, sammeln und ordnen wir in einem zentralen Lehrerarbeitsraum. Dort finden wir dann alles, was wir zum Zusammenstellen der individuellen Wochenarbeitspläne brauchen – neben einer wachsenden Sammlung an Projekt-Materialien für den Sachunterricht. So gewährleisten wir durch die (Vor-)Arbeit der Fachteams die notwendige Durchgängigkeit des fachlichen Anspruchs. Darüber hinaus sorgt eine ausgeklügelte Kommunikationsstruktur (der wir in unserem Schulprogramm aus gutem Grund ein eigenes Kapitel gewidmet haben) dafür, dass trotz großer Autonomie der Teams die durchgängigen Schulprinzipien gewahrt bleiben.

Weitere Informationen erhalten Sie über die Homepage der Peter-Petersen-Schule: pps.kbs-koeln.de und über ppsamrosenmaar@t-online.de.

Walter Heilmann

Den Stundenplan flexibel gestalten

Neben der besseren und engeren pädagogischen Betreuung ist es auch aus organisatorischen, stundenplantechnischen Gründen, der höheren Flexibilität im Tagesplan und vor allem für störfreie Arbeitsphasen von Vorteil, wenn die Klassenlehrerin ein Maximum an Unterrichtsstunden in ihrer Klasse verbringt. An unserer Schule haben wir selbst den Religionsunterricht – in Absprache und mit Einverständnis der entsprechenden örtlichen Schulseelsorger – so gestaltet, dass er als drei- bis viertägige Kompaktphase „Religionsprojekt“ alle vier bis sechs Wochen, dafür aber im Wochenstundenumfang wie der Projektunterricht, der in dieser Woche dann nicht stattfindet, installiert ist. So konnten auch hierdurch die Fachlehrerstunden weiter verringert werden. Nur der Sportunterricht wird von Fachkolleginnen bestritten.

Wie kann ein Klassenstundenplan aussehen?

Haben die Klassenleiterinnen an einer Schule eine volle Stelle, ist dieser Anspruch auch ohne weiteres so umzusetzen. In solchen Fällen können die Kinder einen Stundenplan erhalten, der fast nur die mit X gekennzeichneten Klassenlehrerstunden, ohne Angaben über das jeweilige Unterrichtsfach oder den Stundeninhalt, ausweist. Erst im Tagesplan wird dann der geplante Rhythmus für den Tag bekannt gegeben (s. Tab. S. 99).

Schwieriger und unter Einbußen der Flexibilität des Klassenstundenplanes gestaltet es sich, wenn eine Kollegin mit einer halben Stelle eine Klasse führt. Hier bietet es sich an, den Mathematikunterricht – weil er sich am einfachsten und logischsten von den Inhalten der anderen Lernbereiche trennen lässt – einer Fachkollegin zu überantworten. Durch diese starrere Vorgabe unterliegt der Rhythmus im Stunden- und Tagesplan der Klasse natürlich stärkeren Einschränkungen.

Doppelbesetzungen statt Förderunterricht

Sofern die Personaldecke es hergibt, sollte man in manchen Stunden Doppelbesetzungen einrichten. Dann hat die Klassenlehrerin mehrere Möglichkeiten, diese Personalkapazität zum Nutzen ihrer Schülerinnen und Schüler einzusetzen. Entweder kann sie mit einer Kleingruppe und einem bestimmten Lehrauftrag in einen anderen Raum ausweichen und separaten Förderunterricht gestalten oder beide Kolleginnen teilen sich innerhalb des Großgruppengeschehens verschieden strukturierte Aufgabenbereiche

Stundenplan

für Klasse  gültig ab: *02.02.04*

Montag				Dienstag				Mittwoch				Donnerstag				Freitag			
1	**2**	**3**	**4**	**1**	**2**	**3**	**4**	**1**	**2**	**3**	**4**	**1**	**2**	**3**	**4**	**1**	**2**	**3**	**4**
X	X	X	X		Spo	Eng		X	X	X	X				Eng	X	X	X	X
	X	X	X	**Kurs**	Spo	**Kurs**	**Kurs**	X	X	X	X	X	X	X	X	X	X	X	X
X	X	X	X	X	X	X	X	X	X	X	X	Spo	Spo	Spo	Spo	X	X	X	X
X	X	X	X	Spo	**Kurs**	**Kurs**	**Kurs**	Spo	**Kurs**	**Kurs**	**Kurs**	X	X	X	X	Wo sch	ch l	en u	ab- ss
Chor	AG	AG	AG			Spo	**Kurs Jg. 4**	X	X	X	X	X	X	X	X			Eng	Spo
	AG	AG	AG				**Kurs Jg. 4**							**Kurs**	**Kurs**				Spo

(bei den Jüngeren die Hausaufgaben durchsehen und Fehler besprechen, ein Diktat diktieren, akustische Diskriminierung eines neuen Buchstabens, Abteilungsunterricht „Zeichensetzung“ etc.) oder beide betreuen und begleiten verschiedene Kinder bzw. Kleingruppen intensiver in ihrem Lehrgang oder bei der Auseinandersetzung mit einem Projektthema. Auch hier ist ein Höchstmaß an Flexibilität gewollt, sodass man in jeder Situation ad hoc reagieren kann, um auf momentane Erfordernisse mit unmittelbaren und situationsgerechten Lösungen einzugehen.

Wenn die personelle Versorgung einer Schule nicht ganz so günstig aussieht, macht es auch Sinn, die Doppelbesetzung im Stundenplan nicht einer einzigen Klasse, sondern die zusätzliche Lehrerstunde beispielsweise einem Flurteam von zwei Klassen zuzuweisen. In diesem Fall kann je nach Bedarf der eine oder andere Jahrgang bzw. die eine oder andere Lernstandsgruppe (gleicher Level, gleicher Lernzeitpunkt im Jahresfahrplan) mehrerer Klassen zusammengefasst sowie betreut werden, und zwar nicht wie eine andere Art Kurs, sondern flexibel von Woche zu Woche neu dem aktuellen Bedarf angepasst. Dies erfordert jedoch ein hohes Maß an Absprache und bedarf einer durchdachten Organisationsstruktur.

Aus diesen stundenplantechnischen Möglichkeiten und Umsetzungen ergibt sich zwangsläufig, dass sich ein Förderunterricht im bisher üblichen Sinne erübrigt.

Fächer und Lernbereiche

Den Unterricht in einer jahrgangsübergreifenden Klasse führen wir sowohl mit der gesamten Lerngruppe als auch mit einem Teil der Stammgruppe durch. Die unterschiedliche Anwesenheit der vier Jahrgänge ergibt sich aus deren unterschiedlichem Stundensoll. Die Stunden, in denen alle vier Jahrgänge anwesend sind, werden mit den folgenden Bestandteilen als so genannter Kernunterricht im Gesamtstundenplan vorgesehen:

- offener Beginn
- Lehrgang – Mathematik und Deutsch
- Projekt
- Religionsprojekt
- Kunst
- Musik
- Klassensport
- Wochenabschlussstunde

Wie viele und welche Klassenlehrerstunden im Klassenstundenplan für den Projektunterricht oder die Lehrgangsstunden eingeteilt oder festgelegt werden, entscheidet alleine die Klassenlehrerin – gegebenenfalls auch von Woche zu Woche verschieden, je nach Anlass. Beim Prinzip des fächerübergreifenden ganzheitlichen Lernens muss es nicht mehr um eine vorbestimmte Anzahl von so und so vielen Stunden Sachunterricht oder so und so vielen Stunden Deutsch etc. gehen. Im projektorientierten Arbeiten werden über die Erarbeitung des sachunterrichtlichen Themas hinaus möglichst viele andere Lernbereiche wie Deutsch, Kunst, Musik, Soziales Lernen, sofern sinnvoll auch Mathematik usw. angesprochen sowie arbeitstechnisch integriert. Wer will da bewerten oder herausisolieren, welcher der beteiligten Arbeitsschwerpunkte oder welche der Methoden die Kinder nun in welchem Bereich weitergebracht hat. Alle Herangehensweisen und zum Thema passenden Leistungen und Fähigkeiten sind erwünscht. Sie werden in den Gesamtunterricht des Tages nach Möglichkeit integriert.

Für ausreichenden Unterricht in den Basisfähigkeiten der Kulturtechniken Mathematik und Deutsch sorgen die Lehrgangsstunden. Ob ein Kind in der Tagesphase „Lehrgang" nun als Erstes Mathematik macht oder Deutsch, entscheidet manchmal – in Absprache mit der Lehrerin – auch das Kind selber. Der Hinweis „Wechsel" in dieser Phase zeigt bei uns an, dass nun der entsprechend andere Bereich begonnen werden muss.

In der Wochenabschlussstunde werden unerledigte Arbeiten der Woche beendet, z. B. gut gelungene Bilder im künstlerischen Bereich präsentiert oder eine Autorenlesung gehalten, aber auch eine gemeinsame Rückschau auf die Woche. Wenn es sein muss, besprechen wir Beschwerden und Konflikte oder schmieden Pläne für die neue Woche.

Die Stunden, in denen nur ein Teil der Stammgruppe anwesend ist, teilen sich auf in:

- Kursstunden
- Jahrgangsstunden
- Jahrgangssport
- Englisch
- AG oder Chor o. Ä. (optional)

Kursstunden

Das sind an unserer Schule die Stunden, in denen wir in der Regel zwei oder drei Jahrgänge – inzwischen in den seltensten Fällen nur ein Jahrgang – gemeinsam unterrichten. In diesen Stunden erarbeiten wir die für die Jahrgänge typischen Lernziele gemeinsam mit der Lehrerin. Auch innerhalb der Kursstunden kann wiederum Abteilungsunterricht stattfinden. Das bedeutet, dass die Kursgruppe im Laufe der Schulstunde durchaus noch einmal unterteilt werden kann, sodass in den fünfundvierzig Minuten unterschiedliche Lernphasen und Schwerpunkte möglich sind. Es liegt in der Hand der Lehrerin, welche Akzente sie setzt. Solche Stunden unterliegen nie einem einheitlichen Rhythmus, sondern werden immer den aktuellen Gegebenheiten und Anforderungen angepasst.

Jahrgangsunterricht oder Jahrgangsstunden

Das sind solche Stunden, die z. B. im gemeinsamen Unterrichten aller Viertklässler aller Stammgruppen der Schule bestehen. Hier werden sie zu Jahrgangsklassen zusammengefasst. Auch Englisch 3 oder Englisch 4 unterrichten wir in Jahrgangsklassen. Der Sportunterricht wird sowohl klassenintern – mit einer Wochenstunde – als auch in jahrgangsreinen Gruppen gegeben. Schwimmen findet nur innerhalb eines Jahrgangs statt.

Und wenn die Klassenlehrerin plötzlich ausfällt?

Auch für diesen Fall haben wir uns ein System geschaffen, damit – bei aller Komplexität – der reibungslose Ablauf des Schulmorgens in allen Klassen funktioniert: Jede Klassenlehrerin hat jeden ihrer Schülerinnen und Schüler einer der anderen Stammgruppen der Schule zugeordnet. Die Übersicht darüber besteht in Form einer Tabelle, die im Klassenzimmer aushängt. Auch ein Erstklässler, der nur seinen eigenen Namen lesen kann, erkennt durch die Zuordnung zu einem anderen Klassentier, wo sein „Ersatz-Zuhause“ ist. Wenn die Lehrerin z. B. erkrankt ist, reicht es dann aus, dass jemand die Klasse informiert: „Ihr werdet bis zur Pause aufgeteilt!“

In jeder der Gruppen sind alle Jahrgänge gemischt. Die Vierer haben – besonders zu Beginn des Schuljahres – die Aufgabe, dafür zu sorgen, dass alle sechs bis sieben Kinder seiner Kleingruppe sich auch auf den Weg zur Ersatzklasse machen. Die aufnehmende Lehrkraft wiederum hat eine entsprechende Übersichtstabelle, auf der vermerkt ist, mit welchen Kindern aus welcher der anderen Klassen sie in einem Vertretungsfall zu rechnen, sprich auf Anwesenheit zu überprüfen hat. Die Kinder wissen, dass sie ihre Lehrgangsmaterialien Deutsch/Mathematik und ihr Etui mitnehmen müssen. An Projektbesprechungen in der Ersatzgruppe können sie sich beteiligen, arbeiten die anderen aber auch an ihrem Lehrgang, sind Stamm- und Gastkinder gleichermaßen sinnvoll beschäftigt.

Inhaltlich bietet der Vertretungsfall im jahrgangsübergreifenden Unterricht dadurch endlich Möglichkeiten, die über bloßes Beaufsichtigen hinausgehen. Alle Vertretungsübersichten befinden sich ebenfalls an der „Orga-Wand".

Gabriele Hesse

Unterricht organisieren

Die Zeit der „Freien Arbeit" erstreckte sich über den gesamten Schulvormittag von 8.00 Uhr bis 12.30 Uhr von Montag bis Freitag. Ich teilte meine Klasse in kleine, konstante oder wechselnde Gruppen ein, sodass jedes Kind einmal am Tag eine Gruppenlektion erhielt, wobei es gezielt gefördert wurde, neue Materialien eingeführt, Anregungen erteilt, neue Arbeitsformen eingeführt, Hausaufgaben besprochen oder etwas geübt wurde. Die Dauer dieser Gruppenarbeit betrug 15 bis 45 Minuten, die Gruppenstärke ca. sieben bis acht Kinder. Während dieser Zeit arbeiteten die anderen Kinder im gleichen Raum lehrerunabhängig. Der Assistent (wir arbeiteten damals mit Assistenten aus dem freiwilligen sozialen Jahr) kümmerte sich um lernschwache Kinder. In Zeiten zwischen einer und der nächsten Gruppenarbeit konnte ich mich Kindern individuell zuwenden.

Zum Kunst- und zum Musikunterricht verließ die Hälfte der Klasse den Raum, was mir ein gezieltes Arbeiten mit der verbleibenden Hälfte ermöglichte. Der Sportunterricht erfolgte in homogenen Gruppen bei je einem Lehrer der drei Klassen, die ebenfalls jahrgangsgemischt geführt wurden. Während dieser Zeit arbeiteten die anderen Kinder selbstständig unter der Betreuung des Assistenten und der Nachbarlehrer war zur Unterstützung bei geöffneter Verbindungstür ansprechbar. Im Religionsunterricht wurden alle drei Jahrgänge gemeinsam angesprochen. Unterrichtsgänge erfolgten im Klassenverband. Bei Wanderungen war eine Zusammenarbeit der drei Lehrerinnen und Lehrer notwendig, um abgestufte Schwierigkeitsgrade anbieten zu können, wobei das körperliche Leistungsvermögen eine größere Rolle spielte als die Zugehörigkeit zu einer Altersstufe.

Für alle Beteiligten erwies sich diese Gestaltung des Schulvormittags als angenehm und bereichernd.

Christiane Gobbin-Claussen

6 Unterrichtsthemen arrangieren

Lehrgang und Projektarbeit

Der Start nach den Sommerferien

Am Montag habe ich nur die Jahrgänge 2 bis 4 in der Klasse. Der neue Jahrgang 1, der zwei Monate zuvor schon einmal für zwei Schulstunden in der neuen Klasse schnuppern durfte, trifft erst am Dienstag in der dritten Stunde zur Einschulungsfeier ein. Heute sitze ich also mit meinen ca. 18 „Alten Hasen" am großen Tisch. Es gibt viel von den Ferien zu erzählen. Heute muss aber auch viel geräumt und vorbereitet werden. Alle Großen haben schon ihr neues Material, das die Eltern nach der Anschaffungsliste in den Ferien ergänzt haben, dabei. Das muss heute einsortiert werden, damit morgen alle Zeit für die Erstklässler haben. Außerdem wird heute erledigt:

- Tische und Stühle passend zuordnen,
- Plätze für die Neuen über alle Gruppentische verteilen,
- neue Eigentumsfächer für die Einer beschriften,
- Schülermaterialien beschriften und einräumen,
- neue Stundenpläne kennen lernen,
- Lehrgangsstand feststellen,
- neue Lehrgangsmaterialien ausgeben wo nötig,
- Willkommensgeschenk für die Erstklässler basteln,
- Einschulungslied, -sketch, oder -tanz für die Einschulungsfeier üben,
- Lehrgang,
- Sommererlebnisgeschichte oder -bild.

Am Dienstagmorgen arbeite ich zunächst am Lehrgang. Dann treffe ich die letzten Vorbereitungen für den Empfang der Einer, die Klasse wird noch einmal gründlich aufgeräumt, geschmückt und der große Tisch festlich gestaltet. Mit den Großen bespreche ich nun, was in der ersten gemeinsamen Schulstunde auf dem Programm steht und worauf sie im Umgang mit den Kleinen achten sollen.

Die Schulstunde steht unter dem Motto: „Ich bin ich – Du bist du – Gemeinsam sind wir besser dran." Die Inhalte sind: Kennenlernspiele; „Zeig mir, was du alles kannst"; Orientierung im Klassenraum. Ein erstes Projekt in dieser Woche kann sein: „Die Wir-Werkstatt: Wir ‚Käfer' und unsere Stärken".

Unterrichtsthemen ergeben sich häufig ganz natürlich aus der aktuellen Lebenswirklichkeit. Aus den Themen Unterricht zu bauen, der für die Kinder bedeutsam ist und in dem sie Lernzuwachs erzielen, ist unsere Aufgabe. Die Hauptsäulen des Unterrichts in altersgemischten Lerngruppen, so wie wir ihn an unserer Schule verwirklichen, sind der Lehrgang und die Projektarbeit.

Lehrgang – wie wir ihn verstehen

Mit Lehrgang – auch im Tagesplan begrifflich so abgegrenzt – meinen wir die Erarbeitung der Kulturtechniken Sprache/Deutsch und Mathematik. Auch die meisten Kursstunden verwenden wir für die Vermittlung dieser Basisfähigkeiten.

Für jeden Jahrgang wird eine Art „Fahrplan" erstellt. Der Jahrgangsfahrplan umfasst das Arbeitspensum für das ganze Schuljahr und beschreibt schon einige Lernmaterialien und -medien in ihrer zeitlichen Abfolge. Er ist nur eine grobe Übersicht über das, was der entsprechende Jahrgang laut Lehrplan im Schuljahr lernen soll und in welcher Reihenfolge dies regulär bei uns erfolgt. Diese Pläne händigen wir z. B. auch in den Klassenpflegschaften als „Stoffverteilungsplan" zur Orientierung an die Eltern aus. Es würde nämlich über die Möglichkeiten eines Klassenpflegschaftsabends hinausgehen, wollte die Lehrerin für vier Jahrgänge alle Unterrichtspläne mündlich vorstellen (s. Abb. S. 106).

Aus dieser Auflistung von aufeinander aufbauenden Lernschritten entwickelten wir für jeden Jahrgang die Fortschrittslisten, in denen wir eintragen, welches Kind zu welchem Zeitpunkt an welcher Stelle im Lehrgang steht. Darüber hinaus halten wir hier auch fest, mit welchem Material das Kind gearbeitet hat. Diese Übersichten geben uns die Sicherheit, die wir brauchen, um Auskunft über die Leistungsfähigkeit jedes Kindes geben zu können.

Um für alle Qualitätsstufen das geeignete Arbeitsmaterial vorrätig zu haben, legten wir für die gesamte Erarbeitung der Kulturtechniken mit allen Bereichen und Zwischenschritten in den Fächern Deutsch und Mathematik für jeden Jahrgang je drei Ordner mit Kopiervorlagen an, und zwar:

- einen Basisordner mit bewährtem Material für den Grundkurs,
- einen Stützkurs mit vielfältigen Fördermaterialien für Kinder mit speziellen Lerndefiziten,
- einen Erweiterungskurs mit weiterführenden Lernangeboten für leistungsstärkere Kinder.

Jahrgangsfahrplan 2

Sprache

- Wiederholung der schwierigen Buchstabenkombinationen und Überprüfung der Druckschrift
- Das Abc: Orientierung in der Reihenfolge der Buchstaben, Nachschlagen üben, Arbeiten in der A–Z Mappe und mit dem Wörterbuch
- Vereinfachte Ausgangsschrift (Schreibschriftmappe)
- Füllerführerschein
- Lehrgangsmappen: Rechtschreibtraining, Wortarten, Einzahl/Mehrzahl, Ableitungen
- Rechtschreibkurs, Übungsdiktate
- Satzbauregeln, Schreiben kleiner Texte
- Schreibwerkstatt: kreatives Schreiben zu den Projekten
- Lesekreis: sinnentnehmendes Lesen aus Arbeitsanweisungen und Fachbüchern, Lese-Mal-Blätter Literatur/Lyrik kennen lernen

Projekt

- sachunterrichtliche Erarbeitung des Lerngegenstandes: praktisch, im Gespräch, an Arbeitsmaterialien in unterschiedlichen Sozialformen, an außerschulischen Lernorten, mit außerschulischen Fachleuten
- Lesen und Schreiben zum Thema (auch Literatur, Gedichte ...)
- Geschichtenheft-Projektheft zum Thema gestalten (mit Bildern, Texten ...)

Kunst/Musik

- zum Projektthema kreativ vielfältig gestalten, singen, musizieren
- Handwerksmaterialien kennen lernen, studieren, einsetzen

Religionsprojekt

- religiöses oder ethisches Thema passend zum Sachunterrichtsprojekt oder zur aktuellen Zeit im Kirchenjahr bearbeiten:
  - Gespräch
  - Lernen an Arbeitsblättern: Lesen, Schreiben, Malen, Basteln

Mathematik

- Mathematikbuch
- individueller Laufplan
- Lernen mit unterschiedlichsten Anschauungs- und Arbeitsmaterialien

Für den schnellen Zugriff haben wir für jeden Ordner eine Übersicht angefertigt, aus der hervorgeht, welches Teillernziel des jeweiligen Fahrplans mit welchem Material in den verschiedenen Qualitätsstufen erarbeitet werden kann. Diese Ordner stehen nun für den schnellen Zugriff im Lehrer-

zimmer. Damit nichts verloren geht, empfiehlt es sich, von allen Kopiervorlagen noch einmal Sicherungskopien anzulegen.
Die Arbeit daran fand während der wöchentlichen Vorbereitungskonferenzen statt. Wir haben sie so aufgeteilt, dass sich eine Gruppe den Bereich Sprache und eine andere Gruppe das Fach Mathematik vornahm. Zunächst haben wir zusammengetragen, was jeder zu den einzelnen Jahrgängen und Lerninhalten an Bewährtem und Empfehlenswertem in seiner Klasse einsetzte. Hierbei handelte es sich sowohl um käufliche als auch um selbst erstellte oder neu zusammengestellte Arbeitsmappen. Daraus entstand schon in der ersten Arbeitssitzung ein grober Basiskurs.
Jeder kannte nun auch noch Differenzierungsmöglichkeiten oder stützende Materialien, mit denen er gute Erfahrungen gemacht und vielleicht auch schon einen Kurs zusammengestellt hatte. So entstand in relativ kurzer Zeit aus den gesammelten und zusammengetragenen Erfahrungen der Kolleginnen ein umfassender und hoch differenzierter Gesamtlehrgang. Selbstverständlich gibt es auch jetzt noch spontane Rückmeldungen über die Brauchbarkeit der Materialien oder Ergänzungsideen, die ständig in das einmal angelegte „Unterrichtswerk" fließen.

Innerhalb eines Jahrgangs ist der Basisordner der „rote Faden". Während die Kinder daran arbeiten, nehmen wir aufgrund von Beobachtungen oder Rückmeldungen durch die Kinder Änderungen und Ergänzungen vor. In dem Wissen, welche Differenzierungsmöglichkeiten zur Verfügung stehen, können Materialien weggelassen oder durch geeignetere ersetzt werden. So verhindern wir starres Abarbeiten eines festgelegten Kurses und ermöglichen die Vermittlung von Fähigkeiten und Kenntnissen, die den individuellen Lernmöglichkeiten und Erfahrungen der Kinder angepasst sind.

Über die Differenzierungsbandbreite innerhalb eines Jahrgangs hinaus sorgt der fließende Zugriff auf die Materialien des vorhergehenden und des danach kommenden Jahrgangs für weitere Flexibilität und Freiheit. So können wir die Kinder ganz individuell stets da fördern, wo Defizite in Erscheinung treten oder wo sich die Gefahr der Unterforderung zeigt. Außerdem können Kinder problemlos etwas wiederholen oder schneller voranschreiten, ohne dass dadurch andere in ihrem Lerntempo beeinträchtigt werden.

Durch die Arbeit, die wir in die Jahrgangsordner investiert haben, haben wir unsere tägliche Vorbereitungsarbeit auf ein akzeptables Maß reduzieren können. Zudem gibt uns neben der veränderten Lernumgebung und den neuen Unterrichtsritualen auch dieses gemeinsame schulinterne Unterrichtswerk ein gutes Stück Sicherheit, für die Kinder dieser Schule die optimalen Lernbedingungen geschaffen zu haben. Im Alltag erinnern wir uns deshalb auch immer wieder untereinander an die nötige Gelassenheit, wenn eine von uns – besonders in der Anfangszeit – doch einmal Sorge und Zweifel überkommt. Denn das gehört dazu!

Lehrgangsunterricht praktisch

Zu Beginn des neuen Schuljahres und nach längeren Arbeitsunterbrechungen ist es sowohl für Kinder als auch für die Lehrerin sinnvoll, den Lernstand jedes Kindes zu betrachten. Dies geschieht dann innerhalb des Morgenkreises am großen Tisch. Die Ergebnisse, Absprachen und Vereinbarungen werden in eine Übersichtsliste eingetragen. Diese Liste ist nicht nur für die Klassenlehrerin wichtig. Sie am Pult griffbereit auszulegen ist auch nützlich, wenn einmal Vertretungsunterricht ist. So kann auch eine Kollegin schnell erkennen, woran ein Kind aktuell arbeitet und womit es als Nächstes – sollte es gerade an dem Tag fertig werden und es droht „Arbeitslosigkeit" –, versorgt werden muss.
Dies hört sich vielleicht vordergründig so an, als wären während einer solchen Besprechung viele Kinder zum Abwarten „verdonnert", während sich die Lehrerin mit einem Kind beschäftigt. Das ist nicht so! Die Vorteile: Erstens erinnert sich mit jedem weiteren Kind ein Schüler besser und schneller, woran er zuletzt gearbeitet hat. Das spart Zeit. Zum Zweiten bekommen die Jüngeren schon genau mit, womit sich die Großen beschäftigen, bekommen somit eine Ahnung, worauf alles hinausläuft. Auch die Großen hören aufmerksam zu, weil sie mitbekommen wollen, woran ihr kleiner Tischnachbar gerade arbeitet, um ihm bei Fragen helfen zu können. Und zuletzt kommt es sogar vor, dass Schülerinnen und Schüler bei dieser gemeinsamen Planungssitzung von selber Vorschläge dazu machen, von welchem Folgematerial sie sich einen größeren Anreiz und Lernerfolg versprechen würden. Die Kinder lernen, aktiv ihren Arbeitsprozess mitzusteuern und Verantwortung dafür zu übernehmen. Gemeinsam vereinbarte Lernschritte erhöhen zudem die Motivation, sich mit der neuen Materie auseinander zu setzen. Klar strukturierte, das heißt verbindliche Regelungen und Arbeitszeiten sowie transparente Inhalte – auch in ihrer Abfolge – schaffen die Voraussetzungen zu selbstständigem Arbeiten und entlasten die Lehrerin.

Wenn alle Kinder wissen, wie es weitergeht, kann die Arbeit beginnen. Die meisten arbeiten weiter, die anderen werden mit neuen Materialien versorgt, sofern in kopierter Form im Klassenraum vorrätig. Andernfalls ist es dann eben so, dass ein Kind solange mit anderem zum Lernstand passenden Material ausgestattet wird.

Lehrgangsstand vom: .... Klasse:				
Name	**derzeit beschäftigt mit ...**	**nächster LG-Inhalt**	Einsatz parallel	Einsatz nacheinander

Wenn alle zu tun haben, ist es möglich, eine Gruppe im Abteilungsunterricht zu unterrichten. Dabei kann es beispielsweise darum gehen: „Wie erkenne ich Verben und wie werden sie geschrieben?“ An diesem „Kurs“ kann ich die meisten Kinder des Jahrgangs 2 teilnehmen lassen. Ich bitte aber auch zwei Erstklässler hinzu, die zwar noch keine Schreibschrift schreiben können, die sich aber beim Verfassen eigener Texte schon sehr eifrig mit der Rechtschreibung auseinander setzen, also schon hin und wieder die Frage stellen: „Ist das Wort denn auch so richtig geschrieben, Frau Hesse?“ Außerdem habe ich im Jahrgang 3 noch ein Kind, das die Wortarten noch immer nicht sicher unterscheiden kann. Diese Phase kann zwischen zehn und fünfzehn Minuten dauern. Dann gehen die Kinder wieder zurück an ihre Lehrgangsarbeit. Entweder ist noch Zeit und die Notwendigkeit für einen weiteren „Miniunterricht“ oder ich bin nun für alle „zu sprechen“ und kann nachschauen, beraten, wo nötig erklären.

Apropos „zu sprechen“: Die Kinder wissen und akzeptieren, dass sie die Lehrerin im Abteilungsunterricht am großen Tisch nur dann stören dürfen, wenn die Frage, die sie haben, wirklich durch niemanden in der Klasse zu beantworten ist oder ein Konfliktfall eingetreten ist, der von den Kindern nicht alleine zu lösen ist. Dies zu beurteilen ist natürlich nicht immer leicht für Kinder. Durch viel Training, Offenheit, Toleranz und Beratung, indem man also einfach viel mit den Kindern über solche Kommunikationsstrukturen spricht, wächst das Verständnis und auch die Eigenverantwortung der ganzen Klasse.

Kursstunden

In den eigentlichen Kursstunden, in denen nicht alle Jahrgänge anwesend sind, behandeln wir ganz unterschiedliche Themen. In diesen mehr lehrerzentrierten Phasen sprechen wir über Phänomene des Rechtschreiblehrgangs oder z. B. die Einführung des Einmaleins. Kursstunden nutzen wir auch für Diktate, Klassenaufsätze und für das freie Schreiben, die so genannte Schreibzeit. Hier können die Kinder z. B. Geschichten schreiben, für die sie mehr Zeit und Raum benötigen. Eine dazu gehörende „Schreibkonferenz" sorgt für Rückmeldungen und Verbesserungsvorschläge. Auch der „Buchstabentag" lässt sich – solange die Erstklässler hier noch nicht selbstständig arbeiten können – am besten in einer solchen Kursstunde verwirklichen, da er in der Organisationsform des Abteilungsunterrichts doch für zu viel Störung sorgen würde.

Wie sie die Unterrichtsthemen im Tages- und Wochenplan der Klasse arrangiert, muss letztendlich jede Lehrerin selber ausprobieren und mit der Zeit optimieren.

Jahrgangsunterricht

Jahrgangsmischung darf nicht als Dogma verstanden werden. Im Jahrgangsunterricht geht es auch mal um ein Thema oder ein gezieltes Training, das nur für einen bestimmten Jahrgang zu diesem Zeitpunkt von Interesse ist. Dies kann sein: Sexualunterricht, Kartenverständnis, Nordrhein-Westfalen, Englisch und teilweise auch Sport.

Der Jahrgangsunterricht wird thematisch als eigenständiger, in sich geschlossener Unterricht erteilt. Gerade für die älteren Jahrgänge, die sich ja bald auf reine Jahrgangsklassen einzustellen haben, ist es wichtig, diese Erfahrung auch in der Grundschule schon einmal gemacht zu haben.

Projektarbeit

Ihn verstehen wir als den eigentlichen „Kern" unseres jahrgangsübergreifenden Unterrichtens, weil in ihm alle Kinder am selben Thema, am selben Inhalt arbeiten. Er findet themen- und handlungsorientiert sowie fächerübergreifend statt. Für den Kernunterricht erarbeiteten wir unsere so genannten Projektkisten. Das Problem der Arbeitsverteilung in der Projekt- und Unterrichtsvorbereitung löste sich auch hier auf nahe liegende und sinnvolle Art und Weise: Jeweils zwei Kolleginnen eines Flurteams erarbeiteten bis zu drei Hauptprojekte im ersten Umstellungsjahr – und zwar dann, wenn sie und ihre Nachbarklasse aktuell das Thema im Unterricht bearbeiteten. Sie sammelten über diesen großzügig bemessenen Zeitraum alle Lehr- und Lernmaterialien. Ergänzt wurden sie durch Anschaffungen wie Sach- und Bilderbücher, Videos und Software, die zum Thema passten. Für jede dieser Kisten legten wir außerdem einen Ordner mit einer Materialübersicht, konkreten Unterrichtsvorschlägen und -tipps sowie Arbeitsblättern an.

Während der Entstehung erprobte das Team sehr fehler- und improvisationsfreudig, ließ vieles aber auch „mit der Zeit" entstehen. Es war uns wichtig, auch hier Gelassenheit als Arbeitsleitlinie zu bewahren. Das Schlagwort „den Kindern immer nur einen kleinen Schritt voraus sein, das reicht!" half uns sehr, wenn es mal wieder drohte, zu viel zu werden. So entstanden allmählich praktikable, einsatzfähige Unterrichtseinheiten. Die Projektkisten standen fortan im Lehrerzimmer und somit allen Kolleginnen zur Verfügung. Sie wachsen nun mit jedem Durchlauf.

Die arbeitstechnischen Vorteile dieser wirklich handhabbaren Methode, qualifizierten jahrgangs- und fächerübergreifenden, handlungs- und themenorientierten Kernunterricht 1 bis 4 mit einem annehmbaren Zeitaufwand zu organisieren, liegen auf der Hand: Ist erst einmal nach etwa dem zweiten Umstellungsjahr der Grundstock gelegt, profitieren alle von der einmal geleisteten Arbeit, indem nicht jede Kernunterrichtseinheit wieder mit neuer Recherche und grundlegender Unterrichtsvorbereitung beginnen muss.

Gegenseitige Unterstützung und Zusammenarbeit sind bei allen Beteiligten zu einer Selbstverständlichkeit geworden. Da jeder die gleiche Gruppensituation und für alles und jedes Verwendung hat, profitieren auch alle von der wachsenden Improvisationslust und Sammelleidenschaft jedes Einzelnen. Tipps werden ausgetauscht, Neuentdeckungen für alle vervielfältigt. Ein Stichwort dazu, an welchem Projektinhalt man gerade arbeitet, reicht dann aus, um am nächsten Morgen das eine oder andere Mitbringsel auf seinem Platz im Lehrerzimmer vorzufinden.

Bei der zeitlichen Festlegung und Verteilung der Sachunterrichts- oder Projektthemen gilt es jedoch zwei wichtige Bedingungen zu erfüllen: Erstens steht jede Projektkiste nur einmal zur Verfügung und kann daher zeitgleich maximal von den beiden Flurnachbarn genutzt werden. Zweitens muss gewährleistet sein, dass alle für den Sachunterricht vorgeschriebenen Themenbereiche zum richtigen Zeitpunkt und im richtigen Umfang bearbeitet werden. Deshalb entwickelten wir einen Projektplan, in dem ihren Raum erhielten:

- die Hauptprojekte im Zweijahresrhythmus (Wasser, Umwelt, Zeit Tiere/ Pflanzen/Wald, Medien, Körper, Hier bin ich zu Hause, Früher – heute),
- unsere so genannten „MINI-Projekte" (z. B. Indianer, Unsere Sinne, Märchen, Hexen und Zauberer …),
- die jahreszeitlichen Themen
- und die jährlich anzubietenden Projekte (Ich und die anderen (Ich-Mappe; Dauer etwa die ersten zwei Schulwochen), Fahrrad und Verkehr, Schule und Schulweg).

Je nach Thema kommen bei einem ganzheitlichen Lernkonzept unterschiedliche methodische Vorgehensweisen zum Einsatz:

- Werkstätten,
- Lernen an Stationen,
- selbstständiges Erarbeiten in Einzel-, Partner- oder Gruppenarbeit,
- die Integration außerschulischer Lernorte,
- die Hinzuziehung außerschulischer Experten und
- die gemeinsame Erarbeitung am großen Tisch (lehrerzentrierte Phase),
- Lernen mit unterschiedlichen, individuellen Zugangsweisen.

Ganzheitliches Lernen kommt aus der Lebenswirklichkeit der Kinder. Dazu gehört es, Inhalte von verschiedenen Seiten zu betrachten und von verschiedenen Seiten aus anzugehen. Es ist wichtig, dass Kinder in miteinander vernetzten Sinnzusammenhängen lernen, damit sie wissen, warum gerade etwas von Bedeutung ist. Wir möchten den Kindern einen sinnvollen Rahmen für strukturiertes Denken und schöpferische Lern- und Arbeitsprozesse bieten. Mit unserem Unterrichts- und Erziehungskonzept sollen Kinder vor allem „das Lernen lernen".

Freie Projekte

Das „Nonplusultra" ist für mich immer das Freie Projekt, das ich einmal im Jahr, meist in der Mitte des zweiten Halbjahres, anbiete. Da die Projektarbeit sowohl thematisch als auch methodisch und materiell ganz in die Hand der Kinder gegeben ist, muss der Zeitpunkt so gewählt sein, dass auch die Erstklässler sich inzwischen an Schule und die Art zu arbeiten gewöhnt haben.

Hier wird nun innerhalb eines Haupt- oder Miniprojektes den Schülern der Klasse die Wahl des Unterthemas überlassen. Nach ihren Interessen können sie sich für ein „Forscherthema" entscheiden und es in ihrer Kleingruppe von Gleichgesinnten studieren. Am Ende steht eine Präsentation in Form von Plakaten oder einer Wandzeitung, eines Buches, eines Bildes oder eines Referates, um auch die anderen an den gewonnenen Erkenntnissen teilhaben zu lassen.

Es ist jedes Mal wieder ein spannender Augenblick – auch für die Kinder – wenn eine neues Projektthema in Angriff genommen wird; denn auch die Kinder fiebern danach, systematisch ans Werk zu gehen: Sie sammeln, fragen zu Hause nach Geeignetem und Passendem und sprudeln über vor Ideen. Sie verstehen es als gemeinsames, rahmenfüllendes Projekt – nicht zuletzt deshalb, weil das neue Thema wirklich in jeden Bereich des schulischen Lernens eindringen darf. Es darf raumfüllend sein und das Denken der Kinder für eine Weile beschäftigen. Nur so durchdringen sie das neue Thema mit Herz, Hand und Verstand und nehmen jede Gelegenheit sowie Zugangsweise wahr, um sich mit der Materie auseinander zu setzen. Nur so findet auch jedes Kind, gleich welchen Alters, seine Nische, in der es zu diesem Thema etwas beisteuern oder leisten kann. Spätestens jetzt begreifen die Kinder, dass Schulalltag nicht nur durch die Lehrerin entsteht, und übernehmen zunehmend Verantwortung. Und wir Lehrerinnen lernen abzugeben, die Kinder mitüberlegen zu lassen – und das auch bei ihrem eigenen Lernfortschritt! Das ist die Motivation, die wir wollen!

Und was steht im Klassenbuch?

Derzeit gibt es noch kein Klassenbuch, das auf die Anforderungen der Jahrgangsmischung 1 bis 4 zugeschnitten ist. An unserer Schule sind wir ganz von der Verwendung des bisherigen Buches abgerückt und haben für jede Klasse jedes Jahr einen Schnellhefter vorbereitet. Er wird „Stammgruppenbuch" genannt. In ihm finden sich die notwendigen und vorgeschriebenen Dokumente (Anwesenheitsliste, Computerliste mit den Daten der Schüler etc.) in Kopie, sowie doppelseitige Bögen für jede Woche, mit allen Unterrichtsfächern, die vertikal in vier Abteilungen für die Jahrgänge unterteilt sind. Auch die Ergebnisse der schriftlichen Arbeiten und die Zensurenliste für den Jahrgang 4 finden hier ihren endgültigen Aufbewahrungsort.

Durch den Eintrag des Lernzeitpunktes dient die Fortschrittsliste im Lehrgang gleichzeitig als Ersatz für den bisherigen „Lehr- bzw. Wochenbericht", der in gewohnter Form bei derart differenzierter Arbeit selbstverständlich nicht mehr geführt werden kann. In der neuen Form ist er Bestandteil des Klassenbuches und wird am Ende des Schuljahres mit ihm archiviert.

Im Fach Deutsch wird hier nur festgehalten, was in den Kursen und Abteilungsunterrichtsphasen lehrerzentriert erarbeitet worden ist (z. B. „Einführung des Buchstabens B/b" bei Jg. 1 oder „Nomen mit -ung, -heit, -keit" bei Jg. 4). Die Projektarbeit wird allerdings in der bekannten Form dokumentiert. Dort findet sich das aktuelle Projektthema, die angebotenen Beschäftigungsformen und Lerninhalte der einzelnen Jahrgänge. Im Freien Projekt werden die gewählten Unterthemen, die Arbeitsformen und das Endergebnis (Präsentationsform) notiert.

Gabriele Hesse

Projekt zum Schulanfang

Es ist wichtig, dass bei Schulanfang ein Thema gefunden wird, das sowohl für die Schulneulinge als auch für Größere interessant und spannend ist, z. B. Bären. Die Jüngeren lieben Kuschelbären, die Größeren interessieren sich für verschiedene Bärenarten. Außerdem ist es ein Thema, bei dem Originalbegegnungen stattfinden können (Zoo). Wichtig ist auch zu prüfen, ob das Thema geeignet ist, die Unterrichtsziele für die einzelnen Jahrgänge entsprechend den Richtlinien zu erreichen.

Lesen auf unterschiedlichem Niveau

Als Klassenlektüre wird gemeinsam der „Wuschelbär“ von Irina Korschunow gelesen. Die Viertklässler dürfen alleine in ihrem Lesetempo lesen. Sie beantworten schriftliche Fragen zum Leseverständnis. Zweitklässler lesen den Erstklässlern vor und beantworten Fragen im Kreisgespräch.

Schreiben auf unterschiedlichem Niveau

Neben der Erweiterung der Lesekompetenz und des Textverständnisses steht auch die Erweiterung der Schreibkompetenz. Alle Jahrgänge schreiben, aber auf unterschiedlichem Niveau. Äußerlich kann man dies in verschiedenen Heftformaten verdeutlichen.

Die Viertklässler schreiben für die Zweit- und Erstklässler eine eigene Wuschelbärgeschichte, die diese entweder vorgelesen bekommen oder – so sie schon können – selber lesen können. Es entstehen Lesehefte im DIN-A4-Format für die Klasse, die von den Viertklässlern in Schreibkonferenzen untereinander bearbeitet worden sind.

Die Zweitklässler lesen die Geschichte von Irina Korschunow nur bis zu einem gewissen Punkt. Dann schreiben sie im DIN-A5-Format auf, wie sie sich vorstellen, dass die Geschichte weitergeht. Dann lesen sie die Geschichte zu Ende und vergleichen ihren Schluss mit dem der Autorin.

Die Erstklässler lernen die ersten Buchstaben und das erste Wort: *Bär*. Mithilfe der Anlauttabelle nach Reichen können sie auch erste Wörter nach Gehör schreiben: Hase, Baum, Eule. Es entsteht ein Miniheft.

Die Geschichten werden künstlerisch illustriert. Einzelne Szenen können außerdem im Stegreifspiel gespielt werden.

Im Sachunterricht: am gleichen Thema lernen

Das Bären-Projekt ist nicht nur im Fach Deutsch interessant, sondern auch im Sachunterricht. Jetzt sind die Schulneulinge schon zwei Wochen in der Schule, sodass man den ersten Ausflug planen kann, besonders da man in den älteren Kindern große Helfer und Paten hat. Im Zoo kann man Bären original beobachten. Im Kölner Zoo waren das Braunbären, Malaienbären und Kragenbären.

Für die Viertklässler ergibt sich das Unterrichtsziel Kartenlesen. Sie führen uns zu den Bärengehegen nach Plan. Sie können eine Wegbeschreibung anfertigen.

Die Zweitklässler können nach dem Ausflug im Internet interaktiv die gegangenen Wege wieder finden und virtuell nachgehen.

Die Lehrerin hat nun eine Bärenwerkstatt vorbereitet, die mit differenzierten Aufgaben von allen Jahrgängen bearbeitet werden kann. Die Bärenwerkstatt muss so verändert oder erweitert werden, dass jeder Jahrgang Aufgaben nach seinem Niveau lösen kann.

Nicht nur in der Qualität, sondern auch in der Quantität unterscheiden sich die Arbeitsaufträge für die Werkstattmappe: Erstklässler erledigen wenige Aufgaben, Zweitklässler einige und Viertklässler möglichst viele Aufgaben. Eine Werkstatt enthält immer Pflichtaufgaben für das einzelne Schuljahr und freiwillige Aufgaben unabhängig vom Schuljahr. Am Unterrichtsgespräch über die Bären nehmen alle Jahrgänge teil. Oft haben sogar Erstklässler ein großes sachkundliches Wissen.

Zweitklässlerin erklärt einer Erstklässlerin, wo die unterschiedlichen Bären leben.

Ingrid Kansy

Beitrag der Mathematik

Das Fach Mathematik erleichtert von seiner Sachstruktur her jahrgangsübergreifendes Lernen. Zudem müssen die Kinder in diesem Fach stets auf Gelerntes zurückgreifen. Sie brauchen beim Lösen von Problemen Kenntnisse und Fertigkeiten, die sie zuvor erworben haben. Mathematik ist deshalb besonders geeignet, weil

- die Inhalte sich vielfältig darstellen lassen;
- es zur Lösung eines Problems fast immer mehrere Zugänge, oft von unterschiedlicher Schwierigkeit gibt;
- sich die Arithmetik, die Größenbereiche und die Geometrie, aber auch erste Erfahrungen mit Statistik und Wahrscheinlichkeitsrechnung gut auf Alltagserfahrungen der Kinder anwenden lassen;
- die Inhalte der Mathematik gut mit anderen Sachinhalten im fächerübergreifenden Unterricht oder in Projekten verbunden werden können.

Unter fünf Aspekten werde ich näher beleuchten, wie das Fach Mathematik zu einem erfolgreichen jahrgangsübergreifenden Unterricht beitragen kann.

Den richtigen Weg finden

Die methodischen Überlegungen sollten auf den Grad der Abstraktion, auf die Sozialform des Unterrichts und die Art und Weise des Lernens abzielen.

Grad der Abstraktion

- Die Kinder suchen die Lösung eines Problems mit geeignetem Material. Im Vordergrund steht das konkrete Handeln.
- Ein Sachverhalt wird abgebildet. Die Lösung wird durch Malen oder Zeichnen gesucht.
- Die Lösung wird abstrakt mit Hilfe der in der Mathematik üblichen Symbole und Verfahren erarbeitet.

Sozialform des Unterrichts

- Die Lehrerin wendet sich an ein Kind, an eine kleine Gruppe (zwei bis vier Kinder) oder an alle Kinder der jeweiligen Lerngruppe und erläutert den Sachverhalt, die Regel, das Rechenverfahren.
- In Partnerarbeit wird eine Knobelei gelöst, ein Rechenverfahren entwickelt oder eine Fertigkeit geübt.
- Eine kleine jahrgangsgemischte Gruppe von vier bis höchstens sechs Kindern arbeitet an der Darstellung oder Lösung eines Sachproblems mit

mathematischen Mitteln, an der Entwicklung eines Rechenverfahrens oder an der Suche nach einer Regel oder mathematischen Gesetzmäßigkeit.

Art und Weise des Lernens

- Eine Problemstellung oder ein Sachverhalt wird im fragend-entwickelnden Verfahren erarbeitet oder gelöst.
- Ein mathematisches Problem, ein Verfahren oder eine Regel wird problemorientiert-forschend erarbeitet.
- Die Kinder gehen eine Aufgabe oder ein Anwendungsproblem selbstständig-selbstgesteuert an.

Da Unterricht ein komplexes Geschehen ist, können die genannten drei Aspekte methodischen Vorgehens in der Praxis auf keinen Fall isoliert verstanden werden.

Der Leistungsfähigkeit angemessen

Auch in Mathematik spielt die innere Differenzierung im jahrgangsübergreifenden Unterricht eine wichtige Rolle. Vor allem vier Formen bieten sich dazu an:

- Unter quantitativem Aspekt wird nach der Anzahl der in einer bestimmten Zeit zu erledigenden Aufgaben differenziert. Diese weithin übliche Form innerer Differenzierung wird vorwiegend nur im Bereich der Übung eingesetzt. Der Lerneffekt ist allerdings gering und der Zuwachs an Übung problematisch; denn die starken Schülerinnen und Schüler werden immer stärker gefördert, während die schwächeren Lerner kaum eine Chance haben, ihre Schwächen auszugleichen.
- Besser ist eine Differenzierung nach qualitativen Gesichtspunkten. Aufgaben und mathematische Probleme mit unterschiedlichem Schwierigkeitsgrad nehmen stärker auf die Fähigkeiten und das Vorwissen Rücksicht. Allerdings: Auch die Kinder, von denen geringere Anforderungen verlangt werden, müssen den Qualitätsstandards genügen.
- Die natürliche Differenzierung überlässt die Abschätzung der Menge der zu erledigenden Aufgaben, ihre Auswahl nach Schwierigkeitsgrad, das mögliche Hinzuziehen von Material und das Hilfesuchen beim Partner dem Kind.
- Eine Differenzierung ist auch unter methodischem Aspekt möglich. Hier werden die oben genannten Möglichkeiten entsprechend zielgerichtet eingesetzt, um Kindern mit unterschiedlichen Schwierigkeiten das Ler-

nen zu erleichtern. Auch hier können sich Kinder bei Partnerarbeit oder Gruppenarbeit immer wieder gegenseitig helfen.

Differenzierung sollte auch in der Mathematik immer *innere Differenzierung* sein. Ein Unterricht in Abteilungen, nach Jahrgängen oder Leistungsfähigkeit gegliedert, würde den Zielen des jahrgangsübergreifenden Unterrichts zuwiderlaufen und auch dem mathematischen Lernen, das maßgeblich von Rückgriffen auf schon Gelerntes und von vorausschauenden Vermutungen geprägt ist, erheblich schaden.

Spielend lernen und üben

Für die Zusammenarbeit sind besonders Spiele geeignet. Deren Einsatz ist zudem eine weitere Form der Differenzierung. Häufiges Wiederholen, der Wettkampfcharakter vieler Spiele und die Freude am gemeinsamen Tun sind die wichtigsten Vorteile dieses Unterrichtsmittels. Es sind meistens Spiele, die etwas schon Gelerntes wiederholen, üben und vertiefen. Eigentliche Lernspiele, mit denen die Kinder selbstständig umgehen können und die zugleich den gezielten Lernprozess unterstützen oder gar ersetzen, sind im Bereich der Mathematik eher selten.

Für den jahrgangsübergreifenden Unterricht sollten auf jeden Fall zur Verfügung stehen:

- Würfelspiele mit und ohne mathematischem Hintergrund
- Memory (Zahlen/Mengen, $1 + 1$, $1 - 1$, 1×1, $1 : 1$, 1×10, Maßangaben, geometrische Flächen und Körper …)
- Domino (übliches Domino bis 6, bis 9; Domino mit Zahlen/Mengen, mit gleichwertigen Aufgaben, mit Maßangaben …)
- Tangram und andere Legespiele, Somawürfel …
- Kartenspiele (Uno, 6 nimmt …)

Zum spielenden Lernen gehört auch das Lösen von Knobeleien. So genannte Knobelaufgaben sollten deshalb immer wieder angeboten und von jahrgangsgemischten Gruppen gelöst werden, weil entsprechende Einfälle zur Lösung oft weder vom Alter noch von der mathematischen Leistungsfähigkeit abhängig sind.

Arbeitsmaterialien bereitstellen

Im Klassenraum muss den Kindern auch für Mathematik ein breites Angebot an Arbeitsmaterialien zur Verfügung stehen. Nur wenn die Kinder in reichem Maße auf vielfältiges Material zugreifen können, können sie selbstgesteuert lernen, problemorientiert nach Lösungen suchen oder selbstständig Gesetzmäßigkeiten erforschen. Die Verfügbarkeit von Arbeitsmitteln fördert auch den Einsatz von Partner- und Gruppenarbeit und damit das gegenseitige Helfen; sie ermöglicht zugleich die stille Einzelarbeit in der Auseinandersetzung mit einem mathematischen Problem, einer geometrischen Darstellung oder der Erforschung einer Regelhaftigkeit.

Als *Anschauungsmaterial* sollten handelsübliche Steckwürfel in reicher Anzahl, einfarbige und verschiedenfarbige Plättchen, Cuisenaire-Stäbe, große und kleine Würfel, Mengenbilder, Plättchen zum Auslegen von geometrischen Figuren, Maßdarstellungen (1 dm, 1 m, 1 g, 1 kg …), aber auch kleine Gegenstände aus dem Erfahrungsbereich der Kinder zur Verfügung stehen.

Als *Hilfsmittel* zum gezielten Einsatz im Lernprozess dienen der Zehnerstreifen, der Zwanzigerstreifen, das Hunderterfeld, das Tausenderband, große und kleine Zahlenstreifen mit Zahlenstrahl, Messgeräte wie Maßband, Zollstock, Waage, Stoppuhr, Wandtabellen, aber auch Lern- und Übungskarteien.

Arbeitsmaterial sind auch die oben genannten *Spiele* mit mathematischen Zielvorgaben, vor allem Würfelspiele, Kartenspiele, Legespiele.

Mit anderen Fächern zusammenarbeiten

Die Kinder sollten früh erfahren, dass Mathematik auf ihre Umgebung und Erfahrungswelt angewendet werden kann. Zu einer solchen Zusammenarbeit eignet sich besonders der Sachunterricht. Hier können mathematische Mittel (Statistik, Tabellen, Rechenverfahren, Messen und Vergleichen, Ordnen und Sortieren …) zur Sacherhellung beitragen. Dass dabei die unterschiedlichen Kenntnisse und Fertigkeiten einer jahrgangsgemischten Gruppe von besonderem Vorteil sind, liegt auf der Hand.

Im jahrgangsübergreifenden Unterricht sind Sachprojekte ein probates Mittel, alle Kinder und möglichst viele Fächer zu berücksichtigen. Hier kann die Mathematik eine wichtige, manchmal auch leitende Rolle spielen.

Udo Quak

Literatur

Christiani, Reinhold (Hrsg.) (2004): Schuleingangsphase: neu gestaten. Berlin: Cornelsen Scriptor; darin:
Lorenz, Jens Holger: Unterrichtsbegleitende Diagnostik: Mathematik
Winter, Heinrich (2003): Sachrechnen in der Grundschule. Berlin: Cornelsen Scriptor. 6. Auflage

Basisfertigkeiten Mathematik

Essentielle Grundlage für eine erfolgreiche Teilnahme am Mathematikunterricht der Grundschule sind nach Untersuchungen von LORENZ (2003) Basisfertigkeiten sowie eine bestimmte Menge an Vorwissen. Diese Grundvoraussetzungen befähigen die Kinder, mathematische Inhalte optimal in ihr Wissensnetz einzuknüpfen und zu verarbeiten. Die individuellen Lernvoraussetzungen der Kinder sollten daher in der Schuleingangsphase umfassend überprüft werden, damit zur Vermeidung von Rechenproblemen eine individuelle, optimal angepasste Förderung möglich ist. Da standardisierte Tests dieser Aufgabe vielfach nur punktuell und sehr unzureichend gerecht werden, ist es wichtig, die Kinder bei der Bearbeitung ausgewählter Arbeitsaufträge, beim Spiel und beim Verhalten in der Klasse zu beobachten. Grundlage für diese Beobachtungen ist das Wissen um die folgenden wesentlichen mathematischen Basisfertigkeiten, die in einem eigens dafür konstruierten Beobachtungsbogen festgehalten werden können:

1. mengenbezogenes Vorwissen
2. zahlbezogenes Vorwissen
3. die Fähigkeit, Objekte nach Vorgaben zu klassifizieren
4. räumliches Vorstellungsvermögen
5. Sprachverständnis insbesondere für präpositionale Zusammenhänge
6. Gedächtnis

Neben diesen Basisfertigkeiten lassen sich auch eine Reihe von Indikatoren (vgl. FORTHAUS 2001) für bereits manifestierte Rechenschwächen beobachten. Kinder, die beim Zeichnen, Bauen, beim Umgang mit Konstruktionsspielen, beim Erfassen von Mengen, beim quantitativen Verstehen oder beim Ordnen von Handlungsfolgen mit Problemen auffallen, und Kinder, die Schwierigkeiten haben, verknüpfte Handlungsaufträge zu bewältigen, sollte die Lehrerin oder der Lehrer in der ersten Zeit der Schuleingangsphase in besonderer Weise beobachten, um so fehlende Basisfertigkeiten zu erkennen und die Kinder entsprechend fördern zu können.

Neben Testbögen von BARTH und LORENZ, die in naher Zukunft erscheinen sollen, bieten u. a. auch neue Unterrichtswerke verschiedene Diagnose- und Förderansätze sowie Arbeitsblätter zur Umsetzung der nachfolgenden Test- und Förderideen.

Ideen zur Diagnose und Förderung der Basisfertigkeiten

Fast alle Test- und Förderideen (vgl. LORENZ 2003) können mit den Kindern im Unterricht in unterschiedlichen Situationen und Fächern ikonisch (in Form von Zeichnungen auf Arbeitsblättern) oder enaktiv mit Material durchgeführt werden.

Mengenbezogenes Vorwissen

Kinder müssen in der Lage sein, Elemente nach zunehmender oder abnehmender Größe zu ordnen und Gegenstände gemäß einem quantitativen Merkmal in eine auf- oder absteigende Reihe zu bringen.

Test- und Förderidee: Sortieren von Buntstiften verschiedener Länge, Eingruppieren von Buntstiften in eine Folge von Buntstiften mit zunehmender Länge.

Für die Zahlbegriffsentwicklung ist es wichtig, Mengen nach Mächtigkeit ordnen zu können.

Test- und Förderidee: Sortieren von auf Bierdeckeln aufgeklebten Plättchenmengen.

Eine weitere wichtige Basisfertigkeit liegt im Bereich der Invarianz. Kinder müssen erkennen, dass ein räumliches Verändern von Elementen keinen Einfluss auf die Anzahl der Elemente hat.

Test- und Förderidee: Vorlage von Plättchenmengen gleicher Mächtigkeit, aber unterschiedlicher Ausdehnung.

Kinder müssen ebenfalls erkennen, dass Aussagen wie „mehr als“ oder „weniger als“ sich auf die Anzahl der Elemente in einer Menge beziehen, nicht aber auf die räumliche Ausdehnung.

Test- und Förderidee: Präsentation von gleichen Kästchen mit unterschiedlicher Anzahl gleicher Elemente.

Zu den Basisfertigkeiten gehört auch die Fähigkeit, Eins-zu-eins-Relationen korrekt herstellen zu können. Durch direkte Zuordnung von Elementen zweier Mengen kann beispielsweise die Mächtigkeit der Mengen verglichen werden.

Test- und Förderidee: Vergleich einer Menge Eier mit einer Menge Eierbecher oder dergleichen durch direkte Zuordnung oder Verbindung.

Schließlich müssen die Kinder in der Lage sein, Längenvergleiche von Objekten herzustellen.

Test- und Förderidee: Sortieren von Karten mit verschieden hohen Häusern oder Tieren.

Beobachtungsbogen zu den Basisfertigkeiten					
Datum: ____________ Klasse: ____________ ____________ hat: am Schuljahresbeginn: ☐ in der Schuljahresmitte: ☐ am Schuljahresende: ☐	**keine**	in Ansätzen	durchschnittliche	sichere	überdurchschnittliche
Mengenbezogenes Wissen					
▸ Invarianz					
▸ Reihenfolgenbildung					
▸ Längenvergleiche					
Zahlbezogenes Wissen im ZR bis 10/20					
▸ Zählfertigkeit (vorwärts, rückwärts, weiterzählen, Nachfolger ...)					
▸ Zahlzeichen, Zahlbilder					
▸ Münzen					
▸ Rechenfertigkeiten im 1 + 1					
Klassifikation					
▸ Ordnen von Gegenständen nach Merkmalen					
▸ Ordnen von Mengen nach Zahleigenschaften					
Raumvorstellung					
▸ Gebäude nachbauen					
▸ Muster nachlegen					
▸ Figur-Grund-Wahrnehmung					
▸ Erkennen/Umgang von/mit Spiegelbildern					
▸ Erkennen visueller Ähnlichkeiten					
▸ Erkennen von Handlungsabfolgen					
Sprachverständnis					
▸ Umgang mit präpositionalen Beziehungen					
Gedächtnis					
▸ Ausprägung des Sequenzgedächtnisses					

Zahlbezogenes Vorwissen

Test- und Förderidee: In Gesprächen und Eigenproduktionen des Rechentagebuches kann die Zählfertigkeit (zählen bis 10, bis 20; vorwärts/rückwärts zählen; Vorgänger/Nachfolger einer Zahl benennen) und das arabische Zahlwissen (Zahlbilder bis 10 kennen, Zahlen von Geldstücken benennen, Zuordnen von Zahlbildern zu akustisch vorgegebenen Zahlen) diagnostiziert werden.

Test- und Förderidee: Die Rechenfertigkeiten der Kinder im Zusammenhang mit konkretem Material lassen sich beispielsweise durch das Zusammenzählen von zwei Würfelbildern oder das Besprechen einfacher Textaufgaben überprüfen.

Klassifikation von Objekten nach Merkmalen

Kinder müssen die Fähigkeit besitzen, Gegenstände nach Gleichheit, Ähnlichkeit und Verschiedenheit in Gruppen zu ordnen.

Test- und Förderidee: Die Kinder sehen beispielsweise Karten mit Zeichnungen von Vogel, Schmetterling, Fahrrad und Flugzeug. Sie beantworten dann z. B. die Fragen: Was kann nicht fliegen? Was ist ein Fahrzeug? usw.

Räumliches Vorstellungsvermögen

Das räumliche Vorstellungsvermögen der Kinder kann z. B. beim Bauen mit Bauklötzen oder beim Nachlegen oder Nachzeichnen von Mustern beobachtet werden.
Test- und Förderidee: Plättchenmuster auf einem Raster nachlegen.

Ein weiterer wichtiger Punkt ist die Fähigkeit, Figuren in komplexeren Zeichnungen zu erkennen (Figur-Grund-Wahrnehmung).

Test- und Förderidee: Welche Figuren kann man in der Abbildung erkennen?

Test- und Förderidee: Zur Diagnose der Fähigkeit, räumliche Beziehungen wie z. B. Spiegelbilder zu erkennen und zuzuordnen, bekommen die Kinder Spiegel, Abbildungen und Gegenüberstellungen von Abbildungen mit echten und falschen Spiegelbildern zur Identifikation.

Eine wichtige Fähigkeit innerhalb der Raumvorstellung ist die optische Differenzierungsfähigkeit, bei der es darum geht, visuelle Ähnlichkeiten zu erkennen.

Test- und Förderidee: Herausfinden von zwei gleichen Abbildungen unter mehreren sehr ähnlichen Abbildungen.

Test- und Förderidee: Durch das Ordnen von Karten, auf denen eine Handlungsabfolge schrittweise abgebildet ist, kann überprüft werden, ob die Kinder Handlungsfolgen erkennen und korrekt sortieren können.

Sprachverständnis für präpositionale Beziehungen

Das Verstehen von Begriffen wie „vor", „hinter", „zwischen", „über", „unter" etc. ist für die Mathematik von großer Bedeutung.

Test- und Förderidee: Spiele im Klassenraum, bei denen präpositionale Begriffe eine Rolle spielen, Betrachten von Karten auf denen Personen vor, auf, hinter … einem Gegenstand stehen.

Gedächtnisspanne/Sequenzgedächtnis

Test- und Förderidee: Zur Überprüfung und zum Trainieren des Gedächtnisses werden den Kindern kleine Zahlenreihen vorgegeben, die sie anschließend behalten und wiedergeben sollen.

Thomas Starke

Literatur

FORTHAUS, RAINER u. a. (2001): Rechenstörungen im Anfangsunterricht. Zusammenstellung des Schulamtes für den Kreis Unna

LORENZ, JENS HOLGER (2003): Eingangsdiagnostik im Mathematikunterricht. Grundschule 5/2003

Mit Eigenproduktionen individualisieren

In unserem Beitrag befassen wir uns mit dem Mathematiklernen in Lerngruppen, in denen die Unterschiedlichkeit der Kinder nicht nur als normal, sondern als prinzipiell förderlich für die Lern- und Persönlichkeitsentwicklung aller angesehen und genutzt wird. Wir beschreiben, wie die mathematischen Eigenproduktionen der Schülerinnen und Schüler hier zur Individualisierung beitragen können.

Unsere Ausführungen sind in folgendem Zusammenhang zu sehen: Ansätze zur Unterrichtsentwicklung werden sich selbst bei grundsätzlicher Zustimmung nicht auf breiter Basis durchsetzen können, wenn sie die Lehrerinnen und Lehrer dauerhaft überfordern. Daher weisen wir anfangs auf zwei u. E. wichtige Punkte hin, um dadurch die Anforderungen an den Unterricht in heterogenen Gruppen auf das Machbare und Wünschenswerte hin auszurichten.

Illusion 1: Die umfassende Detail-Diagnose

Es ist schwerlich möglich, den individuellen Lernstand jedes einzelnen Kindes stets detailliert zu diagnostizieren. Erstens fehlen im Unterrichtsalltag hierzu in der Regel die zeitlichen Ressourcen. Zweitens verfügen wir noch nicht über ein auf die breit angelegten Zielsetzungen des Mathematikunterrichts abgestimmtes Instrumentarium, das es den Kindern erlaubt zu zeigen, was sie wirklich können, statt lediglich deren Defizite zu erheben. Und drittens würde man selbst mit einem noch so ausgeklügelten Instrumentarium kein genaues Abbild dessen erhalten können, was in den Köpfen der Kinder vorgeht.

Gleichwohl ist offensichtlich, dass es sich förderlich auf das Gelingen von Lehr-/Lernprozessen auswirkt, wenn die Lehrperson viel über die Standorte und Denkwege ihrer eigenen Schülerinnen und Schüler weiß. Insofern muss sie über verschiedene praktikable Verfahren verfügen, um das Wissen und Können der einzelnen Kinder angemessen einschätzen zu können. Dazu sollte u. E. das Studium von Eigenproduktionen gehören. Was Eigenproduktionen sind, beschreiben wir im nächsten Abschnitt – zuvor geht es um die …

Illusion 2: Das adaptierte Aufgabenangebot

Es ist schwerlich möglich, kontinuierlich jedem einzelnen Kind seinem individuellen Lernstand angepasste Aufgaben zuzuweisen, die dessen Lernentwicklung optimal anregen. Auch hier fehlen in der Regel die zeitlichen Ressourcen und das mit vertretbarem Aufwand einsetzbare Material. Und selbst mit noch so gut durchdachten Aufgabenstellungen kann man Lernentwicklungen nicht vollständig determinieren.

Andererseits ist nachvollziehbar, dass ein gut überlegtes Aufgabenangebot die Wahrscheinlichkeiten dafür erhöhen kann, dass Lernen in der intendierten Richtung stattfindet. Insofern sollten Aufgaben zum Einsatz kommen, die es den Schülerinnen und Schülern ermöglichen, ihre individuell unterschiedlichen Kompetenzen zum Ausdruck zu bringen, die individuell unterschiedlichen Kompetenzen der anderen wahrnehmen zu können und gemeinsam auf verschiedenen Niveaus von- und miteinander zu lernen.

Solche Aufgaben bieten für alle Kinder – auch für die langsamen unter ihnen – einen Einstieg und eröffnen daran anschließend diverse Bearbeitungsmöglichkeiten für die unterschiedlich ausgeprägten Fähigkeiten. Auch in diesem Zusammenhang können nach unserer Erfahrung *Eigenproduktionen* eine wichtige Rolle spielen. Was verstehen wir darunter?

Eigenproduktionen

Eigenproduktionen sind mündliche oder schriftliche Äußerungen, bei denen die Schülerinnen und Schüler selbst entscheiden können, wie sie vorgehen und/oder wie sie ihr Vorgehen bzw. dessen Ergebnisse darstellen. Sie zeichnen sich also durch Freiheit in der Wahl der *Vorgehensweise* und/oder Freiheit in der Wahl der *Darstellungsweise* aus (vgl. SELTER 1995).

Wir wollen uns im Weiteren auf *schriftliche* Eigenproduktionen beschränken, die in Form von Texten, Zeichnungen, Rechenwegen und deren Misch- und Vorformen realisiert werden können. Mündliche Eigenproduktionen haben bisweilen den Vorteil, dass sie es den Kindern erlauben, sich leichter zu artikulieren. Insofern sind sie – je nach Aufgabenstellung und Schülerkompetenzen – manchmal den schriftlichen vorzuziehen.

Im Vergleich zum Mündlichen erlaubt es jedoch das Schriftliche allen Schülern, zu Wort zu kommen. Darüber hinaus sind dessen Produkte zeitunabhängig verfügbar. Schriftlichkeit ist dabei nicht mit einer verfrühten Einführung normierter Darstellungen gleichzusetzen. Im Gegenteil sollen die Schüler stets diejenigen – auch noch so umständlich wirkenden – Notationsformen benutzen, die ihnen in der augenblicklichen Phase ihres Lernprozesses als angemessen erscheinen.

Vier Typen von Eigenproduktionen

Eigenproduktionen müssen nicht in Einzelarbeit erzeugt werden, sondern können durchaus auch in Kooperation entstehen: Entscheidendes Kriterium ist dabei, dass das Kind sich – sei es allein, sei es in der Gruppe – produktiv in den Lehr-/Lernprozess einbringen kann. Idealtypischerweise sehen wir vier Typen von Eigenproduktionen, die wir im Weiteren durch Beispiele illustrieren werden. Die Schülerinnen und Schüler können dazu angeregt werden,

- selbst Aufgaben zu erfinden *(Erfindungen)*,
- Aufgaben mit eigenen Vorgehensweisen zu lösen *(Rechenwege)*,
- Auffälligkeiten zu beschreiben und zu begründen *(Forscheraufgaben)* oder
- sich über den Lehr-/Lernprozess zu äußern *(Rückschau* bzw. *Ausblick)*.

Argumente für Eigenproduktionen

Unter Eigenproduktionen werden Dokumente in unterschiedlichen Erscheinungsformen verstanden. Die folgenden Argumente für deren Einbeziehung in den Unterrichtsprozess treffen daher nicht stets in gleichem Maße zu; zudem sind sie nicht strikt voneinander zu trennen. Aus der Perspektive der Lehrperson können Eigenproduktionen

- Informationen über jeden einzelnen Schüler geben,
- zur Reflexion des Unterrichts und zu dessen Planung verwandt werden,
- von den Kindern selbst erstelltes Material für den weiteren Unterrichtsverlauf produzieren sowie
- offenere Formen der Leistungsfeststellung und -beurteilung unterstützen.

Mit Blick auf die Schülerinnen und Schüler können Eigenproduktionen

- das Nachdenken über das eigene Vorgehen anregen,
- zu sozialer Interaktion und zu Kooperation Anlass geben,
- die Ausdrucksfähigkeit schulen sowie
- zur produktiven Mitgestaltung des Unterrichts beitragen.

Erfindungen – oder: Wie sieht meine Lieblingszahl aus?

Das Schweizer Projekt „Lernumgebungen für Rechenschwache bis Hochbegabte: Natürliche Differenzierung im Mathematikunterricht“ (www.mathe-projekt.ch/) hält eine Vielzahl von unterrichtlichen Anregungen für heterogene Lerngruppen bereit (Hengartner u. a. 2005). Ausschnitthaft möchten wir eine solche Lernumgebung darstellen, bei der das Darstellen der Lieblingszahlen der Kinder im Vordergrund stand. Die Aufgabe lautete: *Wähle zwei Zahlen, die dir gefallen – eine kleinere und eine größere. Stelle sie auf unterschiedliche Weise dar.*

Dabei wurden ihnen Materialien wie Legeplättchen, Knöpfe, Würfel, Streichhölzer usw. angeboten. Die Kinder sollten u. a. lernen, die gewählten Anzahlen möglichst übersichtlich mit Materialien und Zeichnungen darzustellen, zum Beispiel linear mit Legeplättchen, mit Streichhölzern nach Art von Strichlisten oder mit Knöpfen nach Art der Würfelaugen. Ziel der Aufgabe war auch eine Koordination unterschiedlicher Darstellungsweisen, wobei persönliche Vorstellungsbilder im Zentrum standen. Eine weitere Anforderung für die schnellen Kinder lautete: *Schreibe deine Zahlen oben in zwei Zahlenhäuser: Notiere dazu Rechnungen, in jedes Stockwerk eine andere. Es können einfache und schwierige Rechnungen sein – auch Minusrechnungen.* Einige Beispieldokumente (HENGARTNER u. a., o. J.):

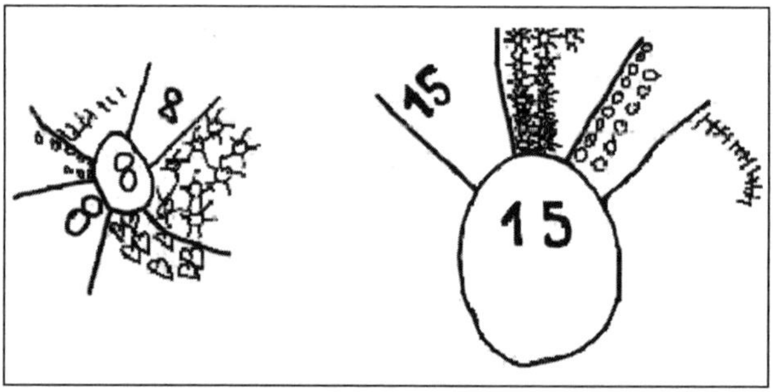

Celine

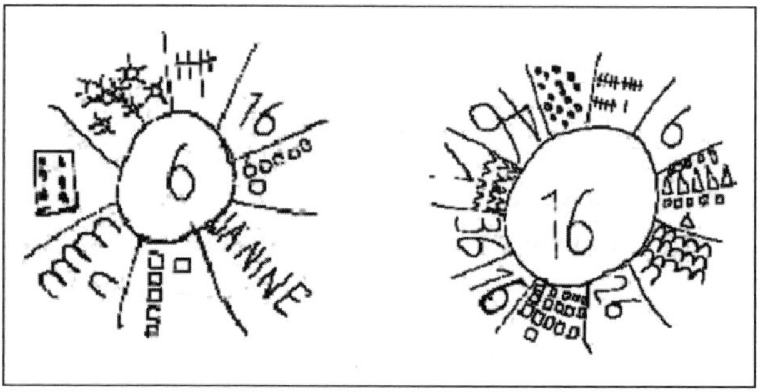

Janine

Celine wählt zuerst die 8. Ihre Darstellungen sind Strichliste, Gruppierung wie im Zwanzigerfeld und Gliederung in Zweierschritten. Strichliste und Zweier-Gruppierung gebraucht sie auch für die 15. Zahlenhäuser fehlen noch. *Janine* verwendet für die 6 ihren eigenen Namen, dazu Würfelbild, Strichliste und vor allem Fünfer-Gruppierungen. Die Fünfer-Gruppierung braucht sie auch mehrmals für die größere Zahl 16, dazu Strichliste und ungeordnete Punkte. Vier Darstellungen gewinnt *Janine*, indem sie von 16 in Zehnerschritten vorwärts und rückwärts geht: 16, 26, 36, 46 und 6.

Nife hat für die Zahldarstellung die 2 und die 14 gewählt. Die 2 stellt sie durchwegs durch zweistellige Zahlen mit gleichen Ziffern dar. Und bei der 14 dominieren Darstellungen in Zweier-Grüppchen. Bei den Zahlenhäusern übernimmt sie die 14 und wählt für das zweite Haus die 20 anstelle der 14. Auffallend ist die Systematik der Aufgaben in beiden Zahlenhäusern: Der eine Summand nimmt von Aufgabe zu Aufgabe um 1 zu, der andere um 1 ab. *Cordula* schließlich zeigt eine große Vielfalt recht unterschiedlicher Darstellungen. Und ihre Zahlenhäuser enthalten auch Subtraktionsaufgaben.

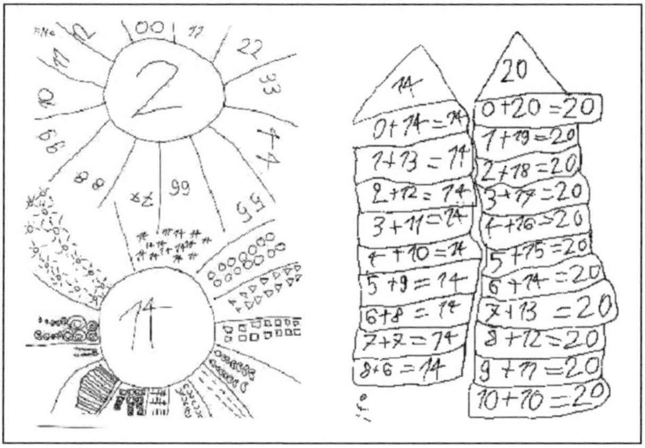

Nife

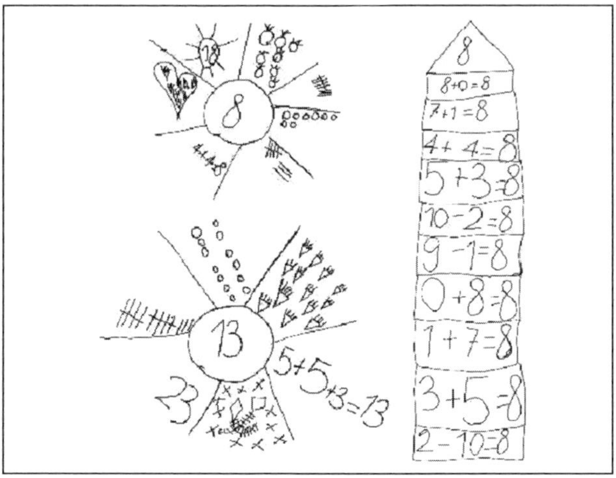

Cordula

Eigenproduktionen: Vorbereitung, Planung, Auswertung

Eigenproduktionen werden natürlich nicht nur um ihrer selbst willen erzeugt, sondern dienen zur Vorbereitung, Planung und Auswertung des Lehr-/Lernprozesses, hier etwa, indem

- die Lehrerin die verschiedenen Dokumente hinsichtlich der verwendeten Darstellungen oder (systematisch) notierten Rechenaufgaben analysiert,
- die Kinder ihre Eigenproduktionen aushängen oder vorstellen bzw. die Eigenproduktionen von Mitschülerinnen und -schülern kennen lernen,
- die Lehrerin mit einzelnen Kindern, kleineren Gruppen oder der gesamten Klasse bzw. die Kinder untereinander sich etwa in Rechenkonferenzen kriteriengeleitet über im Vorfeld transparent gemachte Aspekte bezüglich der Darstellungen (z. B. Bei welchen Zeichnungen sieht man schnell, wie viele Objekte es sind?) oder der gefundenen Möglichkeiten (z. B. Wie viele Stockwerke hat das Achterhaus?) austauschen,
- die Schülerinnen und Schüler die Dokumente von anderen Kindern (z. B. die Vierzehner-Sonne) zum Anlass nehmen, selbst Eigenproduktionen herzustellen (z. B. eine Fünfzehner-Sonne).

Rechenwege – oder: Wie viele Tische brauchen wir?

Eigenproduktionen können auch als ein geeignetes Medium gelten, um die Entwicklung eigener Vorgehensweisen zu *unterstützen* bzw. zu *dokumentieren* und um den Austausch darüber innerhalb der heterogenen Lerngruppe anzuregen. Als Beispiel hierfür möchten wir eine Aufgabe vorstellen, die wir Erstklässlern am Ende des Schuljahres vorgelegt haben (vgl. SPIEGEL/SELTER 2003, S. 108 f.): *Zu einem Elternabend kommen 81 Eltern. Es können immer 6 Eltern an einem Tisch sitzen. Wie viele Tische brauchen wir*?

„Überforderung" als Herausforderung

Diese Aufgabe war aus mehreren Gründen eine so genannte Überforderungsaufgabe:

- Noch nicht alle Schülerinnen und Schüler bewegten sich sicher im Zahlenraum bis 100.
- Weder Multiplikation noch Division waren im Unterricht durchgenommen worden.
- Selbst wenn dieses der Fall gewesen wäre: Es handelte sich um eine Aufgabe jenseits des kleinen Einmaleins und
- um eine Geteiltaufgabe mit Rest.

In der überwiegenden Zahl der Fälle verstanden die Kinder diese „Überforderung" als Herausforderung und entwickelten interessante und lehrreiche Lösungsansätze.

Oliver begann, sehr detailreich Eltern zu malen, wich davon aber relativ schnell wieder ab und zeichnete – perspektivisch (!) – Sechsertische. Nachdem er den neunten Tisch gezeichnet und mehrfach gezählt hatte, wie viele Eltern er platzieren konnte, brach er ab. Festzuhalten ist aber, dass er über eine entwicklungsfähige Lösungsidee verfügte, und ein nachvollziehbares Resultat erhalten hätte, wäre er fortgefahren.

Oliver

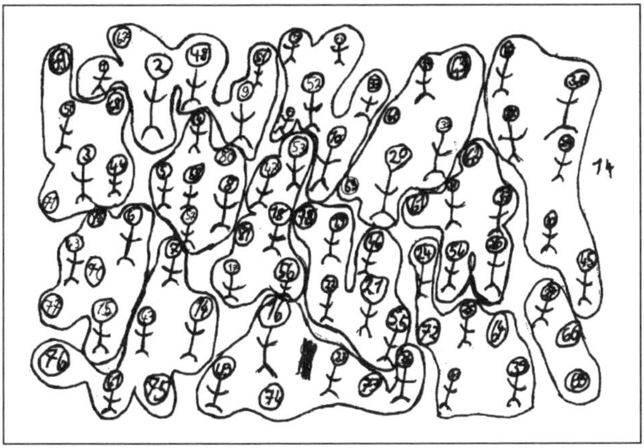

Stefan

Stefan zeichnete 81 Eltern, zunächst als Strichmännchen, später nur noch als Kreise, die deren Köpfe darstellten. Diese nummerierte er von 1 bis 81 durch, bevor er jeweils sechs von ihnen einkreiste. So erhielt er 13 Gruppen mit jeweils sechs Eltern sowie eine Gruppe mit drei Personen. Das Ergebnis 14 notierte er schließlich rechts neben seiner Zeichnung. *Fiona*, *Max* – man beachte seinen Antwortsatz! –, *Meike* und *Claudio* strukturierten die einzelnen Personen noch deutlicher in Sechsergruppen und abstrahierten weiter vom Kontext.

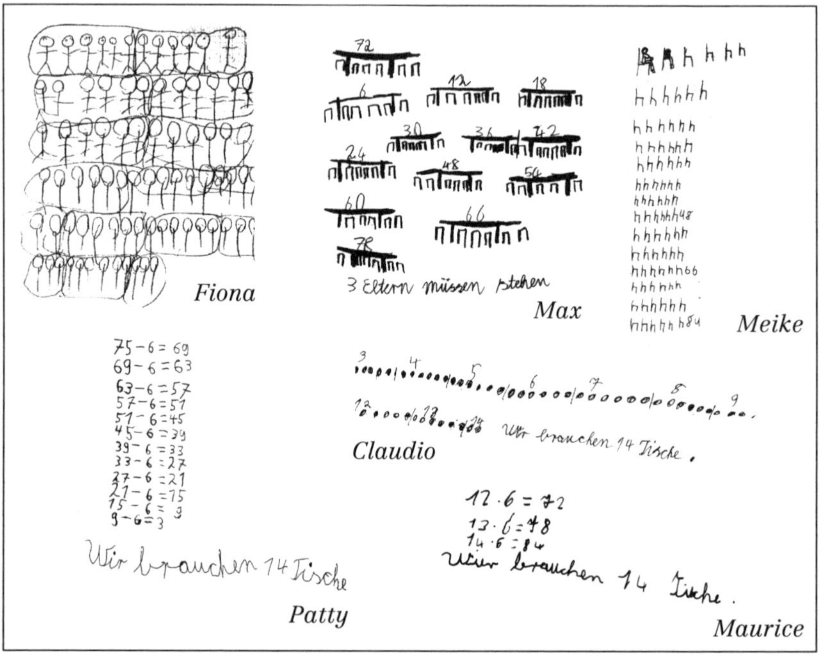

Patty fertigte keine Zeichnung an, sondern subtrahierte fortlaufend 6 – zunächst berechnete sie 81 – 6 im Kopf; die weiteren Rechnungen dokumentierte sie auf ihrem Blatt. *Maurice* schließlich löste die Aufgabe multiplikativ.

Lernen von- und miteinander

Auch hier bieten die unterschiedlichen Herangehensweisen der Kinder Möglichkeiten zum Lernen von- und miteinander. Deren Bandbreite ist auch dadurch zu erklären, dass der „freie Ausdruck“ dieser Kinder von Beginn ihrer Schulzeit an gefordert und gefördert wurde. Aus der Forschung wissen wir, dass diese Heterogenität innerhalb eines Klassenzimmers durchaus auch die Entwicklungsstufen des einzelnen Lerners bzw. der einzelnen Lernerin repräsentiert. Insofern bieten die verschiedenen Eigenproduktionen nicht nur Ankerpunkte für das Nachdenken über die eigenen Vorgehensweisen, sondern auch Anregungen für die Weiterentwicklung der Rechenwege der Mitschülerinnen und Mitschüler. *Stefan* kann beispielsweise von der Idee der strukturierten Zeichnungen von *Fiona* profitieren, diese wiederum von *Claudios* abstrakterer Darstellung, etc.

Forscheraufgaben – oder: Wie geht es weiter?
Eigenproduktionen können drittens aus der Auseinandersetzung mit so genannten Forscheraufgaben erwachsen und diese weiter vorantreiben. Dabei verstehen wir unter Forscheraufgaben ein durchaus breites Spektrum, das von Mini-Erforschungen – wie Rechenpäckchen oder Aufgabenserien, die fortgesetzt werden sollen – bis hin zu größeren Aufgabenfeldern reicht, mit denen man sich über einen längeren Zeitraum und immer wieder mit jeweils unterschiedlichen Fragestellungen nähern kann (vgl. hierzu SELTER 2004).

Mini-Erforschungen
Wir wollen ein Beispiel für Eigenproduktionen im Kontext von Mini-Erforschungen geben. Den Kindern wurde am Ende des 1. Schuljahrs die Zahlenfolge 1, 3, 6, 10 vorgegeben, und sie wurden gebeten, diese fortzusetzen und ihre Art der Fortführung mit den ihnen zur Verfügung stehenden Mitteln zu begründen.

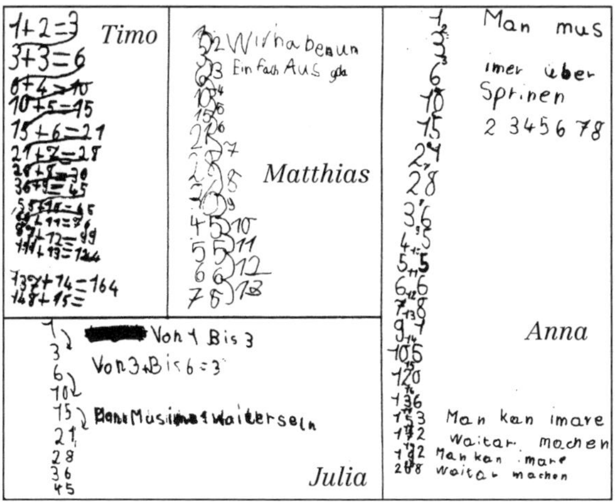

Die Dokumente zeigen unterschiedliche Wege, um den um jeweils 1 steigenden Unterschied zwischen zwei einander folgenden Zahlen (1 + 2 = 3; 3 + 3 = 6; 6 + 4 = 10 etc.) zum Ausdruck zu bringen. Bei *Anna* wird auch die Unendlichkeit dieses Prozesses deutlich: „Man kann immer weitermachen." Die verschiedenen Möglichkeiten (Pfeile, Striche, Beschreibungen, kleine Zahlsymbole ...), die gefundenen Beziehungen auszudrücken, wurden anschließend im Unterricht genauso thematisiert wie andere Entdeckungen, wie zum Beispiel die von *Timo*: „Wenn man Plusaufgaben schreibt, ist die Ergebniszahl (gleichzeitig) die erste Zahl der nächsten Aufgabe.“ So besteht nicht nur die Möglichkeit, die Einsicht in die Aufgabenstellung zu vertiefen, sondern auch das individuelle Repertoire der Darstellungsmöglichkeiten zu erweitern.

Rückschau – oder: Wie funktioniert die schriftliche Addition?

Eigenproduktionen können schließlich auch als Ausgangspunkt für die Reflexion über den Lehr-/Lernprozess fungieren. Dieser vierte Typ unterscheidet sich von den bisher beschriebenen dadurch, dass die Kinder angeregt werden, ihr Nachdenken über einen Lerninhalt oder über den eigenen Lernprozess auszudrücken. Sie können beispielsweise gebeten werden, aufzuschreiben, was sie in den letzten Unterrichtsstunden gemacht bzw. gelernt haben oder welche Aktivitäten, didaktischen Maßnahmen bzw. Inhalte sie aus welchen Gründen als besonders schwer bzw. leicht zu bewältigen empfanden.

Das folgende Beispiel entstammt der Rückschau auf eine Unterrichtsstunde, in der *Jonas* der gesamten Lerngruppe das Verfahren der schriftlichen Addition erklärte. Die Schülerinnen und Schüler sollten daran anschließend festhalten, was sie verstanden hatten (vgl. das Beispiel von *Alina*, S. 135).

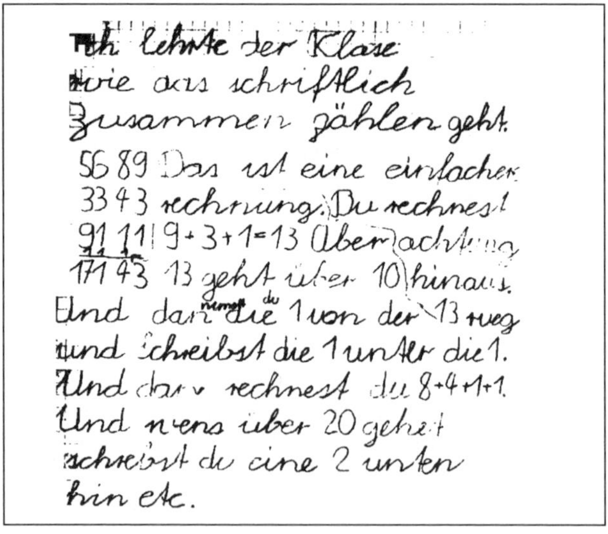

Ich lehrte der Klase
wie das schriftlich
zusammen zählen geht.
5689 Das ist eine einfache
3343 rechnung. Du rechnest
91 11 9+3+1=13 Überachtung
171 43 13 geht über 10 hinaus.
Und dan nimmst du die 1 von der 13 weg
und schreibst die 1 unter die 1.
Und dan rechnest du 8+4+1+1.
Und wens über 20 gehet
schreibst du eine 2 unten
hin etc.

Jonas

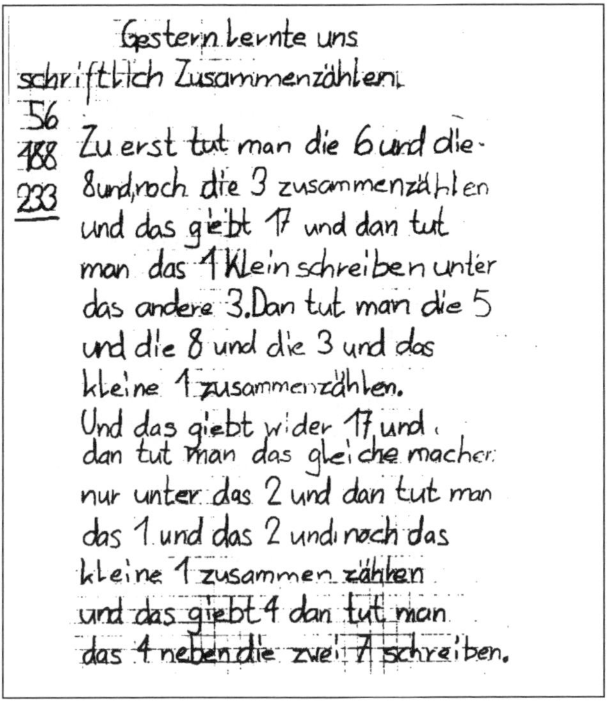
Gestern lernte uns
schriftlich Zusammenzählen.

56
488
233

Zu erst tut man die 6 und die 8 und, noch die 3 zusammenzählen und das giebt 17 und dan tut man das 1 Klein schreiben unter das andere 3. Dan tut man die 5 und die 8 und die 3 und das kleine 1 zusammenzählen. Und das giebt wider 17 und dan tut man das gleiche machen nur unter das 2 und dan tut man das 1 und das 2 und noch das kleine 1 zusammen zählen und das giebt 4 dan tut man das 4 neben die zwei 7 schreiben.

Alina

Beide Dokumente deuten für die Lehrperson darauf hin, dass ihre Verfasser die Grundideen des Verfahrens der schriftlichen Addition verstanden haben. Für die Schülerinnen und Schüler stellte das Beschreiben des Algorithmus anhand einer geeigneten selbst gewählten Beispielaufgabe eine lernförderliche Herausforderung dar, denn es ging um Darstellen von Denkweisen und nicht nur um deren bloße Anwendung.

Eigenproduktionen und Öffnung des Unterrichts

Der Einsatz von Eigenproduktionen wird unter Umständen nicht unmittelbar die Erwartungen erfüllen, die durch die schönen Beispiele dieses Artikels geweckt worden sind. In manchen Lerngruppen sind einige Schülerinnen und Schüler aus unterschiedlichen Gründen zunächst nur ansatzweise zu vergleichbarer mathematischer Produktivität fähig.

Wir warnen ausdrücklich davor, überhöhte Erwartungen zu hegen, die aufgrund der vorhandenen Heterogenität gar nicht von allen erfüllt werden können, oder die Kinder zu überfordern, indem man ihnen vergleichsweise unvermittelt ungewohnte Freiheiten offeriert. Um Schülerinnen und Schülern auch im Mathematikunterricht Produktivität zu ermöglichen, sollte man dieses entweder vom ersten Schultag an tun oder ihnen genügend Zeit einräumen, sich auf eine wandelnde Unterrichtskultur einzustellen, in der es normal ist, dass Eigenproduktionen mit unterschiedlichen Graden an Ausführlichkeit, Kreativität, Nachvollziehbarkeit oder Strukturiertheit entstehen.

So tragen Eigenproduktionen zur Öffnung des Mathematikunterrichts bei und stellen der „Differenzierung von oben" das Konzept der „Individualisierung von unten" gegenüber. Zielsetzung ist es dabei, den Kindern mehr Verantwortung für ihr eigenes Lernen zuzugestehen und sie als „Sachverständige" für ihr eigenes Lernen ernster zu nehmen. Die Schülerinnen und Schüler erhalten Freiräume, in denen sie (sich selbst) Aufgaben stellen und zwischen verschiedenen Aufgaben oder unterschiedlichen Formen der Bearbeitung und Dokumentation wählen können. Die Individualisierung erfolgt also während der Auseinandersetzung mit der Aufgabenstellung durch die Kinder selbst.

Eine solche inhaltlich-didaktische Öffnung für das Denken der Kinder unterscheidet sich deutlich von einer methodisch-organisatorischen Öffnung von Unterricht, beispielsweise durch das häufig zu Unrecht automatisch als lernförderlich angesehene „Lernen an Stationen" (vgl. SUNDERMANN/SELTER 2000). Denn die Methode darf nicht wichtiger werden als der Inhalt. Anders formuliert: Entscheidendes Kriterium für lernförderliche Formen der Individualisierung ist die inhaltliche Substanz der einzelnen Aufgaben, nicht die Vielzahl der Aktivitäten.

Beate Sundermann & Christoph Selter

Literatur

HENGARTNER, ELMAR u. a. (o. J.): Rechnungen zu Lieblingszahlen schreiben. www.mathe-projekt.ch/archive.htm

HENGARTNER, ELMAR u. a. (2005): Lernumgebungen für Rechenschwache bis hochbegabte. Zug: Klett und Balmer

SELTER, CHRISTOPH (1995): Eigenproduktionen im Arithmetikunterricht. In: MÜLLER, GERHARD N./WITTMANN, ERICH CH. (Hrsg.): Mit Kindern rechnen. Frankfurt a. M.: Arbeitskreis Grundschule, S. 138–150

SELTER, CHRISTOPH (2004): Mehr als Kenntnisse und Fertigkeiten: Erforschen, entdecken und erklären im Mathematikunterricht der Grundschule. Basispapier zum Modul 2 des BLK-Programms „Sinus Grundschule"; www.sinus-grundschule.de/

SPIEGEL, HARTMUT/SELTER, CHRISTOPH (2003): Kinder & Mathematik. Was Erwachsene wissen sollten. Seelze: Kallmeyer; www.mathe-grundschule.de

SUNDERMANN, BEATE/SELTER, CHRISTOPH (2000): Quattro Stagioni – Nachdenkliches zum Stationenlernen aus mathematikdidaktischer Perspektive. In: Friedrich Jahresheft: Üben und Wiederholen, S. 110–113

Integrierende Lernumgebungen

Zum Fach Mathematik bestehen bei vielen Lehrerinnen und Lehrern Unsicherheiten im Hinblick auf den jahrgangsübergreifenden Unterricht. Im traditionellen Unterricht werden die Inhalte häufig lehrgangsgemäß hierarchisch angeordnet und isoliert voneinander thematisiert. So ist die Vorstellung verbreitet, in einer jahrgangsgemischten Lerngruppe seien die Kinder ihrem Jahrgang entsprechend wieder in Abteilungen aufzuteilen und mehr oder weniger getrennt voneinander zu unterrichten. Einer solchen Vorstellung liegt häufig die Annahme zu Grunde, eine jahrgangshomogene Gruppe sei auch zugleich leistungs- und entwicklungshomogen: bekanntlich eine Fiktion. Daneben existiert aufgrund der gerade in den letzten Jahren zunehmend gesammelten Erfahrungen mit unterschiedlichsten Differenzierungsmaßnahmen die Annahme, dass im jahrgangsgemischten Unterricht jedes Kind ausschließlich auf einem individuellen Lernpfad im eigenen Tempo isoliert arbeitet, ohne sich mit anderen auszutauschen.

Beide Konzepte – Abteilungsunterricht und individualisierter Unterricht – haben sicherlich in bestimmten Phasen des Unterrichts ihre Berechtigung. Sie berücksichtigen aber zu wenig, dass individuelles Lernen durch das Lernen voneinander ergänzt werden muss. Gerade in der Jahrgangsmischung ergeben sich diesbezüglich für das Lernen besondere Chancen. Die Heterogenität lässt sich als belebendes und die Fachstrukturen stärkendes Element für den Unterricht nutzen, da sie natürliche Kommunikations- und Kooperationsanlässe schafft, die in einer auf Homogenität angelegten Lerngruppe so nicht möglich sind.

Daher muss möglichst viel *gemeinsames jahrgangsgemischtes* Mathematiklernen stattfinden, indem die Kinder in flexiblen Gruppen auf selbst gewähltem Niveau an gleichen oder strukturähnlichen Aufgabenstellungen arbeiten. Somit wird die Vielfalt an Denkmöglichkeiten interaktiv zwischen den Kindern ausgetauscht. Zugleich schöpfen alle Kinder ihre Lernmöglichkeiten aus. Der soziale Lernprozess zwischen den Kindern, die gemeinsame Kooperation und Kommunikation steht dabei in Wechselwirkung mit der individuellen Konstruktion mathematischen Wissens (vgl. STEINBRING 2000). Gerade in einer jahrgangsgemischten Lerngruppe – oftmals in einer natürlichen Form der Kommunikation – werden Kinder dazu herausgefordert, Lernprozesse und -produkte auszutauschen sowie sich über Lösungswege, Beziehungen und Entdeckungen zu verständigen. Somit findet im gemeinsamen jahrgangsgemischten Mathematikunterricht unter Berücksichtigung natürlicher Differenzierungsmöglichkeiten eigenverantwortliches und selbstständiges Lernen im sozial-interaktiven Kontext des Von- und Miteinanderlernens statt.

Das Konzept zum gemeinsamen jahrgangsgemischten Mathematikunterricht erfordert nicht eine gänzliche Neuorientierung, da es auf dem aktiv-entdeckenden und sozialen Lernen sowie dem beziehungsreichen Üben basiert. Vor diesem Hintergrund sind allerdings die nach dem Spiralprinzip aufgebauten mathematischen Inhalte, die bisher auf zwei Schuljahre verteilt wurden, im Hinblick auf ihre strukturelle Analogie hin zu „parallelisieren" (NÜHRENBÖRGER 2004).

Parallelisierung

Im gemeinsamen jahrgangsgemischten Unterricht werden die mathematischen Inhalte den Kindern als Ganzheiten in Form integrierender Lernumgebungen angeboten, sodass alle Kinder im Sinne der „natürlichen Differenzierung" auf unterschiedlichen Niveaus an demselben Thema arbeiten können. Die Bereitstellung komplexer Lernumgebungen entspricht dem außerschulischen Lernen der Kinder. Sie fordert heraus und führt keinesfalls zu einer Überforderung, wenn gewisse Grenzen markiert und deren strukturelle Beziehungen sichtbar werden. Im jahrgangsgemischten Unterricht wird das Lernen auf schuljahresübergreifende Einheiten ausgedehnt. Dies eröffnet allen Kindern zwei besondere Chancen:

- Da jeder Inhalt in einem bestimmten Rhythmus regelmäßig thematisiert wird, erleben die Kinder ihn in der wiederkehrenden Auseinandersetzung von verschiedenen Seiten. Sie durchlaufen auf unterschiedlichen Niveaus die Phasen des Orientierens und Einführens sowie des Übens, Vertiefens und Erweiterns. Somit kann jedes Kind sein Wissen nach und nach erweitern und festigen.
- Die Kinder durchlaufen zur gleichen Zeit unterschiedliche Phasen des Mathematiklernens. So wird für alle das Spiralprinzip lebendig und in der Vor- und Rückschau transparent.

Die Interaktion zwischen Kindern unterschiedlichen Alters über strukturell analoge Inhalte erlaubt den Jüngeren, bereits frühzeitig Beziehungen und Strukturen auf unterschiedlichen Niveaus aufzubauen und die Beiträge der Älteren im Hinblick auf ihre „Zone der nächsten Entwicklung" zu verarbeiten. Zugleich werden aber gerade die Älteren herausgefordert, eigene Gedanken und Erkenntnisse zu verbalisieren und somit das eigene Wissen bewusst zu betrachten, umzustrukturieren und schließlich zu vertiefen. Den Älteren eröffnet der Rückblick auf den bereits durchlaufenen Lernprozess und auf die Handlungen sowie auf das Material jüngerer Kinder Reflexionsmöglichkeiten auf der Meta-Ebene. Die Auseinandersetzung mit den

Jüngeren oder mit eigenen früheren Arbeitsprodukten fördert darüber hinaus ein bewussteres Verstehen des eigenen Lernprozesses. FREUDENTHAL (1978, 64) weist auf diesen Aspekt des „Lernens beim Lehren" hin:

> „Wenn man das Lernen eines Gegenstandes bei anderen beobachtet, während man ihn schon beherrscht (…), versteht [man], wie ein anderer lernt, ahnt, wie man selber gelernt hat, objektiviert die Tätigkeit auf niederer Stufe, um sie bewusster wiederholen zu können, auch wenn man sie inzwischen mechanisiert und algorithmisiert hat."

Die älteren Kinder sollen in der Rückschau bewusst eine Verbindung zwischen ihrem aktuellen und ihrem früheren mathematischen Wissen herstellen, sodass das alte Wissen tiefer durchdrungen, beziehungsreicher wird und als Basis zur Entwicklung neuen Wissens dient. Darüber hinaus bietet die wiederkehrende Auseinandersetzung mit einem Aufgabenformat den älteren Kindern die Möglichkeit, länger bei einem Thema zu verweilen und einen vertiefenden Blick auf Unterrichtsgegenstände zu schulen.

Mit der inhaltlichen Parallelisierung geht eine mediale Parallelisierung der Aufgabenformate, Darstellungsformen und Arbeitsmaterialien im Hinblick auf ihre strukturelle Analogie einher. Dementsprechend benutzen die Kinder gemeinsame Arbeitsmittel. Hier muss allerdings eine Fokussierung auf kleinere Zahlenraum-Ausschnitte, auf den Zehner- oder Zwanzigerraum, gegeben sein, um Überforderung einerseits und eine Systematisierung andererseits zuzulassen. Zum Beispiel kann ein Hunderterfeld mit einer dunkleren Folie so abgedeckt werden, dass die Punktreihen unterhalb des Zwanzigerraums nur schwach durchschimmern, aber den Überblick über den weiteren Zahlenraum ermöglichen.

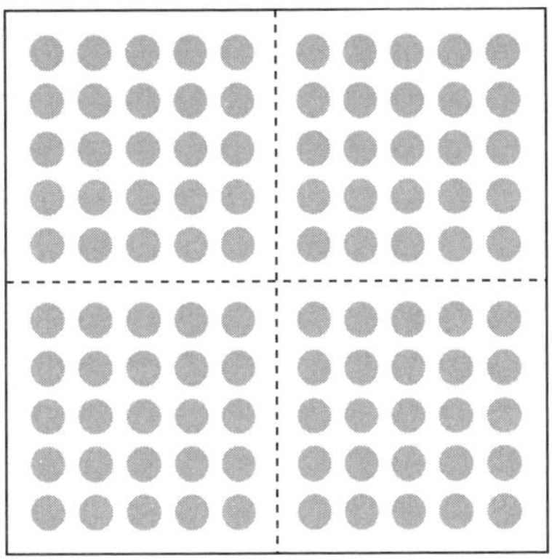

Geöffnetes Hunderterfeld für die Arbeit im Hunderterraum

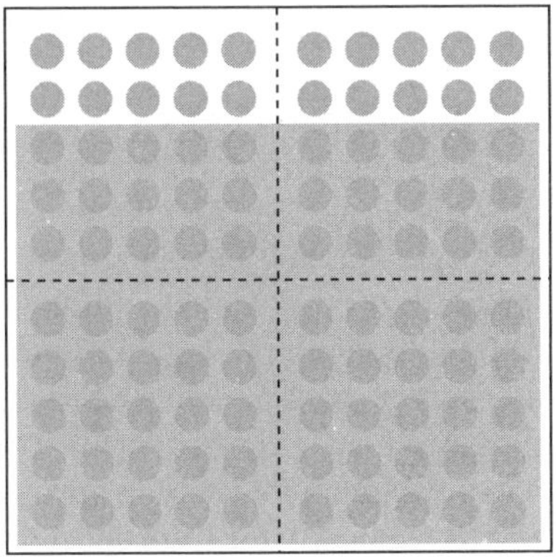

Abgedecktes Hunderterfeld für die Arbeit im Zwanzigerraum

Aufgabenformate und Lernumgebungen

Substanzielle Aufgaben- und produktive Übungsformate (z. B. Zahlenmauern, Rechendreiecke, Zauberquadrate) sind für den jahrgangsgemischten Unterricht in besonderer Weise geeignet. Sie beinhalten unterschiedliche Fragestellungen auf differenzierten Niveaus, erlauben verschiedene Lösungsmöglichkeiten und fordern zum Kreativ-Sein, Mathematisieren, Erklären und Begründen, Darstellen und vor allem auch zum Kooperieren auf (vgl. WITTMANN 2003). Allerdings sind die Aufgaben für den jahrgangsgemischten Unterricht so zu parallelisieren, dass unter Ausschöpfung der Lernmöglichkeiten jedes Kindes auch ein Austausch zwischen ihnen über Lösungswege und Entdeckungen möglich ist.

Verdoppeln und Vervielfachen: Einführung in die Multiplikation

Die „Parallelisierung" produktiver Übungsformate erscheint ebenso wie Lernumgebungen zum Sachrechnen oder zur Geometrie vielen Lehrerinnen und Lehrern weniger problematisch als arithmetische Inhalte, in die alle Kinder gemeinsam eingeführt werden, wobei die inhaltlichen Zielsetzungen differieren. Ein Beispiel hierzu sind Unterrichtsetappen zur Hinführung der Multiplikation, in der Verdopplungs- und Vervielfachungsaufgaben additiv und multiplikativ gedeutet werden: Dies ermöglicht zum einen, dass sich aus der Komplexität heraus vielfältige Differenzierungsmöglichkeiten und Anlässe sozialer Interaktion bieten. Zum anderen trägt es auch zu einem vertieften Verständnis der Fachstrukturen bei, indem Addition und Multiplikation, verstanden unter dem räumlich-simultanen und zeitlich sukzessivem Aspekt, natürlich aufeinander bezogen werden und sich gegenseitig stützen.

Verdopplungsaufgaben gehören zu den wichtigsten Grundaufgaben des kleinen 1 + 1, mit deren Hilfe zahlreiche Nachbaraufgaben operativ ableitbar sind. Darüber hinaus können sie aufgrund des doppelten Vorkommens des gleichen Summanden als Verkürzung multiplikativ umgedeutet werden (2 + 2 = 2 mal 2). Die Idee des Verdoppelns und Vervielfachens wird vom Material her am besten durch den Spiegel repräsentiert, der im Handlungsprozess die Mehrfachbilder vor den Augen der Kinder entstehen lässt. Neben einfachen Spiegeln bieten sich „Spiegelbücher" (zwei an der Mittelachse zusammengeklebte Spiegel) wie auch Wendeplättchen und einseitig bzw. beidseitig bedruckte Dominosteine an, um unterschiedlich komplexe Aufgaben entwerfen zu können (vgl. hierzu auch die Anregungen von HENGARTNER auf der Internet-Seite: www.mathe-projekt.ch).

Bevor die Kinder gebundene Aufgabenstellungen erhalten, ist es erforderlich, dass sie zunächst einmal Zeit haben, sich in einer Phase des freien

Experimentierens mit den angebotenen Materialien auseinander zu setzen. Dies ist im Hinblick auf die später aufzubringende Konzentration auf die Aufgabenstellung erforderlich, aber auch, um im Vorfeld spielerisch unterschiedliche Anspruchsniveaus erfahren zu können. Der zu erwartende Schwierigkeitsgrad, je nach Materialauswahl, muss den Kindern zunächst annähernd bewusst sein, damit sie sich im Hinblick auf die Aufgabenstellung selbst einschätzen können.

Natürliche Differenzierungsmöglichkeiten

Die Arbeitsphase erlaubt sowohl eine offene Herangehensweise als auch die selbstbestimmte Art der Dokumentation. Somit entsteht eine Vielzahl unterschiedlicher Produkte, die im Hinblick auf die verwendeten Materialien, aber auch die Vorgehensweise das ganze Spektrum der Chancen widerspiegelt, die in der Organisation der Lernumgebung im Vorfeld angelegt ist.

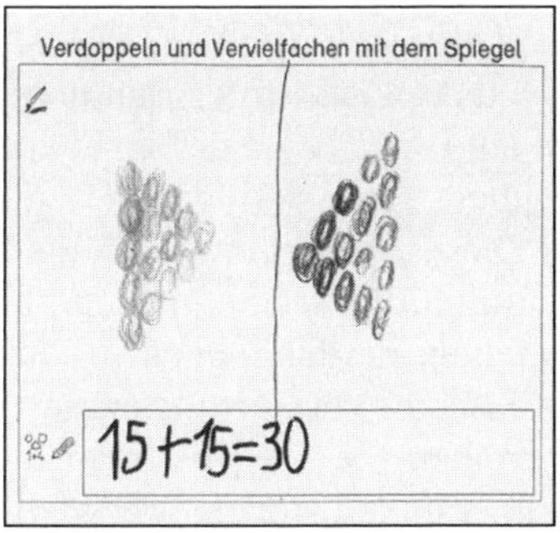

Spiegelungen mit additiver Interpretation

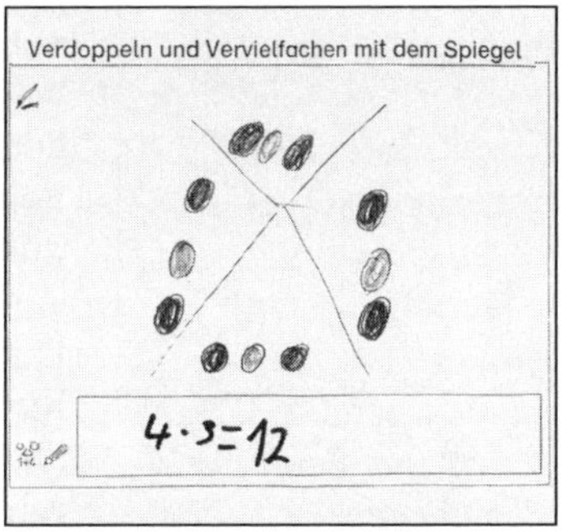

Mehrfachspiegelungen mit multiplikativer Interpretation

Die Arbeitsergebnisse der Kinder werden zum Gegenstand einer Zwischenreflexion. Da einige Kinder aus ihrem Vorwissen oder ihrer Vorerwartung heraus den Mal-Begriff spontan nutzen werden, kann anhand einer entstandenen „langen" Additionsaufgabe der Mal-Begriff unter dem Aspekt der verkürzten Sprechweise für alle eingeführt werden. Auch die Schulanfänger sollten in dieser Phase in die „Zone der nächsten Entwicklung" sehen dürfen, selbst wenn eine multiplikative Interpretation und Schreibweise zu diesem Zeitpunkt nicht zu den Anforderungen gehört. Alle Schulanfänger sollten jedoch eine Vorstellung vom Vervielfachen bekommen, deren Teilaspekt das „Verdoppeln" ist.

Rechenduetts

In der nachfolgenden Phase arbeiteten die Kinder jahrgangsgemischt an so genannten Rechenduetts, in denen die Addition und die Multiplikation aufeinander bezogen wird. Dargestellte Punktmuster werden in diesem Beispiel zunächst gespiegelt und dann als Plus- und Malaufgabe notiert. Es arbeiten zwei Kinder gemeinsam an einem Arbeitsblatt, wobei die „Rollenverteilung" offen bleibt. Da beide Kinder stets gemeinsam von Aufgabe zu Aufgabe fortschreiten, haben sie stets die Möglichkeit, an beiden Interpretationen teilzuhaben; unabhängig davon, wer welche Aufgabe notiert hat. Die unterschiedlichen Betrachtungsweisen führen zur Stützung des Multiplikationsbegriffes durch Aufgaben aus der „Zone der früheren Entwicklung" bzw. ermöglichen einen Blick in die „Zone der nächsten Entwicklung". Wenn hierbei noch Varianten der Deutung entstehen (siehe die letzte Punktmuster-Interpretation), können diese zum Anlass weiterführender Reflexionen über „Tauschaufgaben" genutzt werden. Diese „Spiegelaufgaben" sind einzubinden in die Interpretation multiplikationer Situationen aus der Lebenswelt der Kinder, wie sie sich in Verpackungsmaterialien, Fensterreihen etc. zeigen. Integrierende Lernumgebungen stellen eine wichtige Basis für einen Mathematikunterricht dar, der neben Differenzierung und Individualisierung auch den fachlichen Austausch zwischen den Kindern gezielt fördert und fordert.

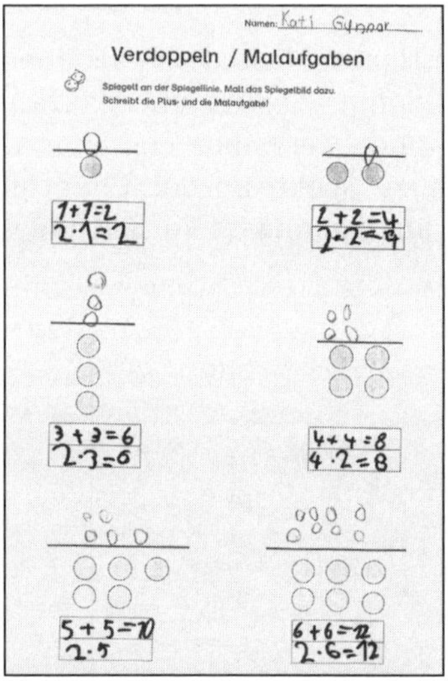

Rechenduett zum Verdoppeln und Vervielfachen

Marcus Nührenbörger & Sylke Pust

Literatur

FREUDENTHAL, HANS (1978): Vorrede zu einer Wissenschaft vom Mathematikunterricht. München: Oldenbourg

NÜHRENBÖRGER, MARCUS (2004): Mathematikunterricht in altersgemischten Lerngruppen. In: REISS, K. (Hrsg.): Beiträge zum Mathematikunterricht. Hildesheim: Franzbecker

STEINBRING, HEINZ (2000): Epistemologische und sozial-interaktive Bedingungen der Konstruktion mathematischer Wissensstrukturen. Dortmund: Universität Dortmund

WITTMANN, ERICH CH. (2003): Was ist Mathematik und welche pädagogische Bedeutung hat das wohlverstandene Fach für den Mathematikunterricht der Grundschule? In: BAUM, M./WIELPÜTZ, H. (Hrsg.): Mathematik in der Grundschule. Hannover: Kallmeyer, S. 18–46

Gemeinsame Lernsituationen

Es erweist sich – gerade im Fach Mathematik – als erschwerend, dass die lehrgangsmäßige, nach Jahrgangsstufen getrennte Aufbereitung der einzelnen Unterrichtsthemen in den Schulbüchern häufig den Blick für eine jahrgangsübergreifende Öffnung der Lerninhalte versperrt. So erscheint es – vor allem in Arithmetik – für viele Kolleginnen und Kollegen nahe liegend, neue Inhalte doch wieder getrennt nach Jahrgangsstufen zu erarbeiten. Dadurch bleiben die wesentlichen Vorteile des Mit- und Voneinanderlernens innerhalb der heterogenen Lerngruppe ungenutzt.

Beim Einüben von Kenntnissen und Fertigkeiten zeichnet sich im Fach Mathematik eine andere Tendenz ab: Um dem unterschiedlichen Lernstand gerecht werden zu können, greift man auf eine Fülle von nach Schwierigkeitsgrad gestaffelten Übungsblättern oder -heften zurück. Sie werden den Kindern zur eigenständigen Durcharbeitung zur Verfügung gestellt. Dabei ist Folgendes zu bedenken: Bei derartigen zumeist routinemäßigen Übungen besteht die Gefahr, dass wichtige Ziele des Mathematikunterrichts und damit auch die Förderung allgemeiner (auch kommunikativer) Fähigkeiten zu kurz kommen. Zudem bedingt ihr individueller Einsatz wegen der zumeist zu beobachtenden Geschlossenheit der Aufgabenstellungen die zu jedem Zeitpunkt genaue Kenntnis des aktuellen Lernstandes eines jeden einzelnen Kindes. Das ist auf die Dauer kaum „passgenau" zu schaffen.

Da die Übungen in der Regel in Einzelarbeit erfolgen, werden auch hier die Chancen vertan, durch eine voraus- oder zurückschauende, vergleichende Betrachtung von ähnlichen mathematischen Sachverhalten und Aufgaben den eigenen Wissens- und Könnensstand zu vernetzen, zu vertiefen und zu erweitern. Mathematikunterricht in der jahrgangsübergreifenden Klasse kann nicht bedeuten:

- schwerpunktmäßiges Unterrichten in „Abteilungen" (nach Jahrgangsstufen),
- völlige Individualisierung der Übungspraxis,
- Erstellung von „Arbeitsprogrammen" für unterschiedliche Lerngruppen
- oder mechanisches Abarbeiten einer Flut von Arbeitsblättern.

Offene Lernangebote statt enger Arbeitsaufträge

Im Folgenden werde ich beispielhaft Ansätze für einen Unterricht aufzeigen, der – wenn sinnvoll und möglich – gemeinsame Lernanlässe mit individueller Ausdifferenzierung bevorzugt und an Stelle differenzierender

Maßnahmen „von oben" (durch die Lehrerin/den Lehrer) offene Lernangebote bereitstellt, die eine „natürliche Differenzierung" (Selbstdifferenzierung) beinhalten.

In den Kernbereichen ist eine zeitgleiche Behandlung paralleler Unterrichtsthemen, auch in der Arithmetik, durchaus möglich. Hierzu bedarf es einer Aufgabenkultur, die an Stelle eng führender Arbeitsaufträge offene Aufgaben- und Fragestellungen formuliert und so zu komplexeren, (ergebnis)offenen mathematischen Aktivitäten anregt.

Alle Kinder arbeiten – durchaus in verschiedenen Zahlenräumen – am selben Thema oder am selben Aufgabenkomplex. Dabei bringen sie ihre eigenen Möglichkeiten mit ein und schreiten nach eigenem Vermögen voran. Langsamere Kinder machen ebenso (erste) Lernerfahrungen wie schneller lernende, die sich mit Fragestellungen auf höherem Niveau auseinander setzen und – dem Spiralprinzip folgend – ihre Kompetenzen und ihren Zugang zur Mathematik weiterentwickeln können.

Unterrichtsinhalte gemeinsam erarbeiten

Welche arithmetischen Unterrichtsthemen lassen sich so weit öffnen, dass alle Kinder – unabhängig von ihren Vorkenntnissen und Rechenfertigkeiten – mitarbeiten können? Am Beispiel des Aufgabenschwerpunktes „Zahlvorstellungen entwickeln und ausbauen" stelle ich skizzenhaft mögliche Fragestellungen und Aktivitäten für das zeitgleiche Erarbeiten des Themas in unterschiedlichen Zahlenräumen vor (s. Abb. S. 145–146).

Während die meisten Schulanfänger ihre Zahl- und Mengenvorstellungen sowie ihre Zählkompetenzen in kleineren Zahlräumen aufbauen und sichern können, erweitern die anderen Kinder ihre bereits vorhandenen Vorstellungen durch den Ausbau ihres Zahlenraums und durch die bewusste Wahrnehmung der dekadischen Struktur.

Nicht alle Unterrichtsgegenstände der Klassen 1 und 2 lassen sich bei der Neueinführung parallel schalten und für eine gemeinsame Behandlung aufarbeiten. So entwickeln die Schulanfänger Rechenstrategien im Schuljahr erst später, während Rechenwege zum mündlichen und halbschriftlichen Rechnen meist schon nach einigen Wochen thematisiert werden. Dennoch können Kinder, die bereits im Zahlenraum bis 100 rechnen, durchaus noch einmal gemeinsam mit den Schulanfängern Strategien des Tauschens, Fastverdoppelns oder Ergänzens bis zum Zehner analog für das Rechnen mit zweistelligen Zahlen vertiefend wiederholen und reflektieren. Zu schnell werden die verschiedenen Möglichkeiten des geschickten Rechnens vergessen. Bei Sortierübungen zu geeigneten Hilfsaufgaben z. B. können sich Kinder aus verschiedenen Jahrgangsstufen mit „ihren" Aufgaben einbringen.

Unterrichtsschwerpunkt: Zahlvorstellungen entwickeln

Zahlkenntnis:

Meine Lieblingszahl(en) – warum?

- Zahlen, die mit mir etwas zu tun haben.
- Zahlen aus meiner Familie, aus meiner Straße
- Wo begegne ich noch Zahlen?
- Zahlen, die ich gar nicht mag, warum?
- Ganz große Zahlen. Wo kommen sie vor?
- Ganz kleine Zahlen. Wo kommen sie vor?
- Wie müsste meine Telefonnummer aussehen, damit ich sie mir gut merken kann (verschiedene Ziffern)?

Zahlvorstellung und -vergleich – Wir in unserer Klasse:

Wie viele …

- Jungen/Mädchen,
- Kinder mit blonden/braunen/schwarzen Haaren,
- Kinder, die Kakao, Milch, Vanillegetränk bestellen,
- Kinder, die noch Geschwister haben,

sind in unserer Klasse?

(*Tipp:* Wenn man ein Foto von jedem Kind mit Magnetstreifen beklebt, können zu den einzelnen Kriterien durch Anheften der Fotos Schaubilder in Form von Säulendiagrammen oder Streifendiagrammen an der Magnettafel entwickelt werden. Neben der Anzahlbestimmung lassen sich so vor allem auch leicht Anzahlvergleiche vornehmen. Leistungsfähigere Kinder können diese handelnd entwickelten Abbildungen z. B. für eine Ausstellung am Elternabend zeichnerisch darstellen.)

- Was kann man noch alles zählen in unserer Klasse? (Viele Schulanfänger zählen durchaus über 20; beim Notieren der Zahlen wird geholfen.)
- Male ein Bild. Auch in deinem Bild kann man etwas zählen/kommen Zahlen vor. Kann man bei deinem Bild auch etwas rechnen?
- Schätzgläser:
  - Schätze: Wie viele Kastanien/Nüsse/Kichererbsen sind im Glas? (mehrere Kategorien, z. B. bis 10/bis 20/bis 100)
  - Legt die Kastanien … so hin, dass man schnell sehen kann, wie viele es sind (Bündelungsprinzip bei größeren Anzahlen).
  - Male auf, wie du gelegt hast.

Orientierung auf Zahlentafeln:

- Wie sind die Zahlen auf dem Telefon/Taschenrechner/auf der Computer-Tastatur angeordnet? Nenne deinem Partner einzelne Zahlen. Wie schnell findet er sie? Zeichne die Tastatur(en) ab.
- Könnte man die Zahlen auch noch anders anordnen? Probiere aus. Findet dein Partner die Zahlen nun auch so schnell?
- Erfinde selbst (auf großem Karopapier!) ein Zahlenfeld mit den Zahlen von 1 bis 10/1 bis 20/1 bis 50/1 bis 100.
- Welche Zahlen kannst du auf der Hundertertafel zeigen?

(*Tipp:* Auch „Erstklässler" sollten sofort mit der Hundertertafel arbeiten. Die Bereiche unterhalb des Zwanzigerraums werden mit einer dunklen durchsichtigen Folie abgedeckt, sodass sie nur noch schwach durchschimmern.)

Orientierung am Zahlenstrahl:

- Wähle eine Zahl auf dem Zahlenstrahl. Mache nun von dieser Zahl aus gleich große Sprünge (Einersprünge oder Zweiersprünge oder ...) vorwärts oder rückwärts. Schreibe die Zahlen auf, auf denen du landest. Kannst du deine Sprünge auch schon im Kopf ausrechnen?
- Wähle eine Zahl auf dem Zahlenstrahl. Wie heißen die beiden Nachbarzahlen?

Zahlzerlegung:

- Zerlegungsübungen mit Schüttelschachteln (große Streichholzschachteln!) können für den gesamten Zahlenraum bis 100 durchgeführt werden. Die Schachteln können für den Zahlenraum bis 10 mit 1-Cent-Münzen und für die Zerlegung größerer Zahlen zusätzlich mit einigen 10-Cent-Münzen gefüllt werden.
- Zusatzimpuls bei Schüttelaufgaben mit niedrigen Einerzahlen (z. B. 34, 23, 45): Findest du noch weitere Zerlegungen, die du nicht schütteln kannst? (Nimm das Hunderterfeld mit Abdeckwinkel zu Hilfe!)
- Bei der Zerlegung der Zahlen 10 (mit zehn 1-Cent-Münzen) bzw. 50 (mit vier 10-Cent-Münzen und zehn 1-Cent-Münzen) kann im Rahmen eines gemeinsamen Sortierens und Vergleichens der Ergebnisse sehr schön mit allen Kindern die Analogie bei den Einern herausgearbeitet werden:

  $10 = 3 + 7 \longrightarrow 50 = 23 + 27$ oder $50 = 33 + 17$ oder ...

  $10 = 2 + 8 \longrightarrow 50 = 12 + 38$ oder $50 = 42 + 8$ oder ...

  Die „Erstklässler" finden „ihre" Zahlen in den größeren Zahlen wieder.
- Spielt zu zweit „Kopf oder Zahl". Wählt selbst, welche Münzen ihr dazu nehmen wollt.

Verdoppeln der Einer (auswendig)	**Verdoppeln der Einer + 1/ – 1 (Nachbaraufgabe)**	**Hilfsaufgabe**	**erster Schritt bis zur 10 (bis zum Zehner)**
	6 + 7 = *6 + 6 + 1* **8 + 7 =** *8 + 8 – 1*	**9 + 3 =** *10 + 3 – 1* **6 + 9 =** *6 + 10 – 1*	**7 + 5 =** *7 + 3 + 2*
6 + 6	6 + 7	9 + 5	7 + 4
8 + 8	7 + 8	9 + 6	8 + 6
7 + 7	8 + 7	7 + 9	8 + 5
16 + 6	16 + 7	19 + 3	18 + 5
27 + 7	38 + 7	46 + 9	47 + 5
28 + 48	27 + 48	49 + 26	47 + 35
36 + 26	37 + 26	69 + 35	58 + 26

Umgekehrt ist auch durchaus eine Zusammenarbeit bei der Entwicklung des Multiplikationsverständnisses denkbar, einem klassischen Thema im 2. Schuljahr. Da die Einführungssituationen nicht unbedingt den Zahlenraum bis 20 überschreiten müssen, können durchaus auch „Erstklässler" die Operation der Multiplikation als fortlaufende Addition gleicher Summanden begreifen und rechnerisch lösen. Sie können sich beteiligen bei der Sammlung entsprechender Verpackungsmaterialien und beim Fotografieren und Abzeichnen weiterer multiplikativer Anordnungen, die sie in der Umwelt durch ihre „Malbrille" entdecken. Wenn die Kinder in Gruppen – wieder als offenes Lernangebot – möglichst viele Malaufgaben mit den Zahlen von 1 bis 10 als Rechteckfelder aus Karopapier ausschneiden und auf der Rückseite als Additions- und Multiplikationsaufgabe notieren sollen, wissen die „Größeren" durchaus, welche Aufgaben sie den „Kleineren" zunächst überlassen können.

Gemeinsame Erkundungen von Zahlbeziehungen in Übungsformaten

Die Übungsformate bieten die ideale Gelegenheit zu gemeinsamen mathematischen Erkundungen auf unterschiedlichem Niveau. Forscheraufträge können dabei so offen formuliert werden, dass jedes Kind aktiv mitarbeiten kann. Dazu beispielhaft das Übungsformat „Zahlenmauern":

Thema:	**Vertauschen von Zahlen in Zahlenmauern**
Forscherauftrag:	**Was passiert mit der Zielzahl, wenn man in einer Zahlenmauer unten Zahlen vertauscht?**
Arbeitsauftrag:	**Erfinde eine eigene Zahlenmauer.**

Vertausche immer zwei Zahlen in der unteren Reihe.

a) Wann ändert sich die Zielzahl, wann nicht?
b) Wie viele verschiedene Zielzahlen kannst du finden?
c) Wie erreichst du die höchste Zielzahl?
d) Wie viele Möglichkeiten findest du, die Zahlen zu tauschen?

Eine Selbstdifferenzierung findet durch die Wahl des Umfangs der eigenen Zahlenmauer (Dreier-, Vierer-, Fünfer, Sechsermauer) und durch das von den Kindern verwendete Zahlenmaterial statt. Bei ihren Erkundungen gehen die Kinder unterschiedlich vor: einige spontan und unsystematisch ausprobierend, andere eher planvoll die Zahlen vertauschend. Einige Kinder können vielleicht auch schon die Forscherfragen nach ersten Untersuchungen vorausschauend beantworten. Entsprechend unterschiedlich ist der Abstraktionsgrad der Entdeckungen und Versprachlichungen: Während manche Kinder nur einzelne Zahlen betrachten und beispielhaft benennen, überblicken andere das gesamte Zahlenmaterial, setzen es miteinander in Beziehung und formulieren mehr oder weniger abstrakt erkannte Zusammenhänge.

Diese unterschiedlichen Fähigkeiten akzeptiert die jahrgangsübergreifende Lerngruppe ganz selbstverständlich. Wichtig ist hierbei, dass alle Kinder einer gemeinsamen Fragestellung nachgehen, sich gegenseitig ihre Ergebnisse vorstellen und Gemeinsamkeiten erkennen können. So ändert sich die Zielzahl nicht, wenn nur die äußeren Zahlen vertauscht werden. Das ist abzulesen an Dreier-, Vierer- und Fünfermauern, völlig unabhängig von der Höhe des gewählten Zahlenmaterials.

Wenn Kinder erläutern, dass in ihrer Vierermauer die beiden größten Zahlen in der Mitte stehen müssen, damit die höchste Zielzahl erreicht wird, können andere Kinder an ihrer Dreiermauer einen ähnlichen Sachverhalt bestätigen, allerdings handelt es sich lediglich um genau eine Zahl in der Mitte. Und wie ist das in der Fünfermauer? Auch hier gibt es in der untersten Reihe genau einen mittleren Stein, in den die größte Zahl positioniert werden muss. Die beiden kleinsten Zahlen stehen wie bei den beiden anderen Mauertypen auch in den beiden äußeren Steinen. So vertiefen sich durch den gemeinsamen Austausch bei manchen Kindern Erkenntnisse, andere Kinder erhalten schon einmal einen Ausblick und den Anreiz, Ähnliches (später einmal) auch erkunden zu können.

Aufgabengeneratoren – offene Lern- und Übungsangebote mit Selbstdifferenzierung

Die Flut von Arbeitsblättern in Übungsphasen lässt sich mithilfe von Aufgabengeneratoren reduzieren. Hierbei haben die Kinder Gelegenheit, aus einem vorgegebenen Zahlenmaterial selbst Aufgaben zu bilden und dabei den Zahlenraum eigenverantwortlich zu wählen und auch zu erweitern. Die besonderen Lernchancen dieser Aufgabenformen liegen darin, dass sich die Kinder – ausgehend von leicht zu bewältigenden Anforderungen – eigenständig zu höheren Schwierigkeitsstufen „vorarbeiten" können. Sie können anhand ihrer Lerntagebücher, in denen sie ihre Rechnungen festhalten, ihren eigenen Lernfortschritt feststellen. Auch für die Lehrerin ergeben sich oft überraschende Einblicke in das Leistungsvermögen der Kinder.

Beispiel: „Zahlenset" zur freien Aufgabenbildung

\+ − ·

3 5 7 14

8 17 22 1

2 45 30 50

13 18 23 20 0

4 15 80 12

100 10 16 6 35

Bilde Aufgaben.
Wähle selbst Zahlen und Rechenzeichen aus.

- Welche Aufgaben findest du leicht? ☺
- Welche Aufgaben findest du schwer? ☹

Beispiel: „Zahlenset" zur Summenzerlegung

Schneide die einzelnen Rechenzahlen aus.
Rechne nur mit diesen Zahlen!
Du darfst sie in einer Aufgabe immer nur einmal verwenden!

0	1	2	4
8	16	32	64

1. Wähle dir 2, 3 oder mehr Zahlen aus und rechne sie zusammen.
   Beispiel: 16 + 2 oder 8 + 2 + 1 oder 32 + 16 + 2
   Wie viele Aufgaben kannst du schon bilden?
2. Denke dir Ergebniszahlen aus. Mit welchen Rechenzahlen kannst du eine passende Rechenaufgabe bilden?
3. Findest du zu allen Ergebniszahlen, die du dir ausdenkst, eine passende Rechenaufgabe?

Beispiel: Rechnen mit Zahlenkarten

0	5		10	60
1	6		20	70
2	7	+	30	80
3	8		40	90
4	9		50	100

- Lege dir mit den Zahlenkarten Plusaufgaben und rechne sie aus.
  Beispiel: [7] [+] [1] oder: [24] [+] [3] oder: [51] [+] [23]
- Wie kannst du möglichst schnell und leicht ganz viele neue Aufgaben finden und ausrechnen?
- Findest du Aufgaben mit gleichem Ergebnis?

Bei diesen letzten Aufgabenbeispielen werden die Chancen derartiger offener Lernangebote für ein konstruktives Lernen noch einmal besonders deutlich: Wenn die Kinder diese Form von Arbeitsangeboten gewöhnt sind, das Zahlenmaterial zum verweilenden Ausprobieren nutzen und nicht nur ein möglichst schnelles „Erledigen“ der Aufgabenstellung anstreben, beginnen sie auch eigenständig, ihre Vorgehensweisen bei der Auswahl ihrer Zahlen zu reflektieren und zu strukturieren. Dabei entdecken oder vertiefen sie zugleich mathematische Strukturen und Gesetzmäßigkeiten (Tauschaufgaben, Analogien, systematische Veränderungen). Der gemeinsame Austausch über ihre Entdeckungen und Vorgehensweisen kann auch hier den eigenen Horizont erweitern.

Offene Lernangebote – nicht immer, aber regelmäßig!

Offene Lernangebote stellen z. T. hohe Anforderungen an die Selbsteinschätzung, Eigenverantwortung, Leistungsbereitschaft und auch an das Sprachverständnis der Kinder. Sie müssen die Arbeitsanweisungen für sich konkretisieren und ihre Freiräume bewusst nutzen lernen. Die Kinder sollten frühzeitig daran gewöhnt werden. Von Anfang an gilt es, die Einstellung zu fördern, dass schulische Aufgabenstellungen nicht bedeuten, etwas „abzuarbeiten“, sondern etwas für sich und häufig auch mit den anderen zu „erarbeiten“.

Dafür bringen sich die Kinder viel persönlicher in die Lernsituationen mit ein und identifizieren sich stärker mit ihren Aktivitäten. Auch ist immer wieder zu beobachten, mit welcher Motivation Kinder ihre eigenen Grenzen „austesten“. In der jahrgangsübergreifenden Lerngruppe wachsen die „Neuen“ selbstverständlich in eine derartige Unterrichtskultur hinein. So brauchen anfangs nur einige noch unselbstständige Kinder die ermutigende Unterstützung durch die Lehrerin.

Offene Lernangebote stellen auch zunächst hohe Anforderungen an die Lehrerin, an ihre Fähigkeit und Fantasie, geeignete gemeinsame Lernanlässe wahrzunehmen und die für sie eher ungewohnte Form von Aufgabenstellungen verständlich zu formulieren. Mit ein wenig Übung und durch die Zusammenarbeit mit anderen Kolleginnen gewinnt man recht schnell an Geläufigkeit bei der Formulierung derartiger Arbeitsaufträge.

Wie bereits erwähnt, können offene Lernangebote nicht immer zu jedem Inhalt und zu jeder Zielvorstellung für alle Kinder gleichzeitig bereitgestellt werden. Dennoch sollten offene Aufgaben möglichst kontinuierlich eingesetzt werden, um sowohl individuelles als auch gemeinsames Lernen wirkungsvoll zu fördern.

Lilo Verboom

Substanzielles Aufgabenformat

Der Begriff geht auf E. CH. WITTMANN (1995) zurück. Drei Kriterien sind dafür benannt: Das substanzielle Aufgabenformat soll wesentliche inhaltliche Lernziele abdecken, darüber hinaus aber auch die allgemeinen Lernziele des Mathematikunterrichtes, wie entdecken, begründen, argumentieren. Es basiert auf einem mathematisch reichhaltigen Sinnzusammenhang und schließlich ist es durch verwandte, sich auf die gleiche mathematische Struktur beziehende analoge Aufgabenstellungen einfach für verschiedene Jahrgänge transferierbar. Dazu mehrere Beispiele.

Zahlenmauern

Hier sind verschiedene Fragestellungen möglich. Die einfachste Form besteht darin, unten Steine vorzugeben und die Schüler durch Addition die darüber angeordneten Steine bis hin zur Zielzahl finden zu lassen. Diese Fragestellung („Wer findet die Zielzahl") lässt sich unabhängig von Zahlenräumen, Anschauungsmitteln oder Rechenwegen stellen:

- Kinder des 1. Jahrganges benutzen möglicherweise eine große, dreistöckige Zahlenmauer, in der sie handelnd mit Rechenplättchen, ausgehend von sehr kleinen Basissteinen operieren.
- Kinder des 2. Jahrgangs erhalten ebenfalls eine dreistöckige Zahlenmauer, operieren aber bereits auf der Zahlenebene im Zahlenraum bis 100, rechnen mit Hilfe von Hundertertafel oder Hunderterfeld.
- Kinder des 3. Jahrgangs können an einer dreistöckigen Zahlenmauer im Tausenderraum rechnen, dabei im Heft als „Nebenrechnung" entweder halbschriftliche Rechenmethoden wie z. B. das Rechnen am Rechenstrich, oder schriftliche notieren, um den Algorithmus der schriftlichen Addition zu üben.
- Kinder des 4. Jahrgangs können z. B. an noch größeren Zahlenmauern im Millionenraum den Umgang mit dem Taschenrechner üben.

Die Vorgehensweise zur Lösung des Problems – und damit die Basis für eine gemeinsame Reflexion im Unterricht – ist jedoch in allen Jahrgängen gleich: Es muss die Summe der zwei Zahlen der benachbarten Steine gebildet werden, egal ob mit Plättchen im 1. oder mit dem Taschenrechner im 4. Jahrgang, unabhängig vom konkreten Ergebnis.

Ebenso lässt sich an Zahlenmauern subtraktives bzw. ergänzendes Rechnen üben, wenn man nur einen der zwei nebeneinander liegenden Steine mit einer Zahl besetzt und den darüber liegenden bereits mit der

Summe. Auch dieses Problem ist über die Zahlenräume und Rechenmethoden in alle Jahrgänge transferierbar, gemeinsame Reflexionsbasis wäre in diesem Fall die Vorgehensweise: Subtrahiert man vom Deckstein den vorgegebenen Basisstein (egal ob durch Fortnehmen von Rechenplättchen oder durch einen schriftlichen Algorithmus)? Bestimmt man die Differenz der beiden Steine durch Ergänzen?

Es lassen sich auch Fragestellungen mit mehreren Lösungsmöglichkeiten stellen, wenn man z. B. nur den obersten Deckstein einer Zahlenmauer als Zielstein vorgibt und die Kinder bittet, mögliche Lösungen zu finden. Auch hier wäre Basis der gemeinsamen Reflexion die Vorgehensweise: Soll man in der untersten Reihe mit Steinen beginnen, die Mauer ausrechnen, und – sollte das gewünschte Ergebnis nicht herauskommen – die unteren Steine systematisch verändern, um immer näher an die Zielzahl zu gelangen? Oder soll man den Deckstein in zwei Summanden zerlegen, um somit die beiden Steine in der Reihe darunter zu erhalten, und diese weiter zerlegen, bis die Mauer gefüllt ist? Wieder spielen der Zahlenraum und der Rechenweg eine untergeordnete Rolle, wieder lässt sich das Problem gemeinsam mit verschiedenen Jahrgängen reflektieren.

Es sind noch viele weitere Fragestellungen mit Zahlenmauern denkbar (vgl. Krauthausen 1995), auf die hier nicht weiter eingegangen werden soll, aber allen ist die Transferierbarkeit in die verschiedenen Jahrgänge gemein. Die hinter dem Format steckenden strukturellen Zusammenhänge können dann unabhängig von Zahlenraum und Rechenweg Basis der gemeinsamen Reflexion sein.

Reihenfolgezahlen

Das Aufgabenformat „Reihenfolgezahlen“ oder auch „Summen aufeinander folgender Zahlen“ (vgl. Schwätzer 2001) benötigt im Gegensatz zu den vorhergehenden Aufgabenformaten keine grafischen Elemente zur Repräsentation der Struktur. Die Struktur liegt in den Summen selbst verborgen. Dabei werden aufeinander folgende Zahlen als Summen geschrieben und ausgerechnet. $3 + 4 + 5 = 12$ wäre eine solche Summe. Die Übersicht unten gibt einen Überblick über die möglichen Summen bis kleiner oder gleich 21.

Dabei können die Kinder verschiedene strukturelle Entdeckungen machen: Betrachtet man die einzelnen Summandenketten, wie sie in der Übersicht sortiert wurden, spaltenweise, so erhöhen sich die Ergebnisse in regelmäßigen Schritten. Die Summen mit ungerader Summandenzahl sind dabei Zahlen aus Malreihen, die mit gerader Summandenzahl liegen „mittig neben“ eigentlichen Malreihen:

1 + 2 + 3 + 4 = 10; 2 + 3 + 4 + 5 = 14; 3 + 4 + 5 + 6 = 18; 4 + 5 + 6 + 7 = 22.

Diese Ergebnisse von Vierersummen schreiten also um 4 fort; subtrahiert man vom Ergebnis die Hälfte der Zahl, um die sie fortschreiten (hier – 2), erhält man wieder Zahlen aus Malaufgaben. Ebenso weichen also Sechsersummen um 3 von Zahlen des Sechsereinmaleins ab.

1					
2					
3	***1 + 2***				
4					
5	***2 + 3***				
6		*1 + 2 + 3*			
7	***3 + 4***				
8					
9	4 + 5	***2 + 3 + 4***			
10			***1 + 2 + 3 + 4***		
11	5 + 6				
12		3 + 4 + 5			
13	6 + 7				
14			2 + 3 + 4 + 5		
15	7 + 8	4 + 5 + 6		1 + 2 + 3 + 4 + 5	
16					
17	8 + 9				
18		5 + 6 + 7	3 + 4 + 5 + 6		
19	9 + 10				
20				2 + 3 + 4 + 5 + 6	
21	10 + 11	6 + 7 + 8			1 + 2 + 3 + 4 + 5 + 6
...					

Betrachtet man die Summen diagonal (1 + 2, 1 + 2 + 3, 1 + 2 + 3 + 4), so erhält man nicht mehr Ergebnisse aus Malreihen, sondern Ergebnisse, die systematisch kontinuierlich wachsen. In der ersten Diagonale wäre dies: 3, 6, 10, 15, 21. Das zweite Ergebnis ist um 3 größer als das erste, das nächste um 4, das nächste um 5, etc. Mathematisch verbergen sich dahinter die so genannten Dreieckszahlen.

Auch wenn man nur die möglichen Ergebnisse untereinander vergleicht, fällt auf, dass sich manche Zahlen nicht als Summe aufeinander folgender

Zahlen darstellen lassen: Die 1, die 2, die 4, die 8, die 16, ... Also alle 2er-Potenzen.

Ein einfaches Aufgabenformat (die Summe aufeinander folgender Zahlen zu bilden) also, aber mit einem reichhaltigen mathematischen Hintergrund.

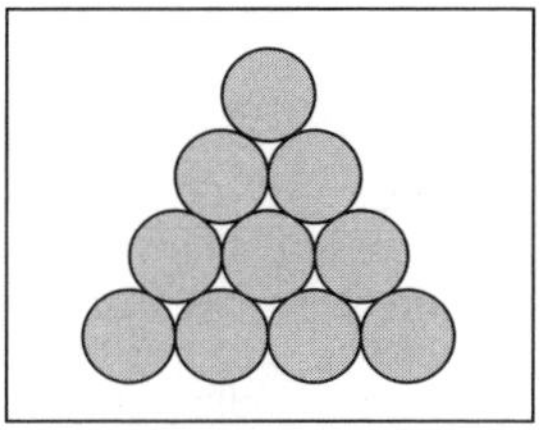

Wie lässt sich dieses Aufgabenformat nun jahrgangsübergreifend im Unterricht thematisieren? Schüler eines ersten Jahrganges könnten wiederum handelnd vorgehen, indem sie nebenstehende Darstellung von oben beginnend zeilenweise (immer vollständige Zeilen) mit Plättchen belegen, so weit sie wollen, und ggf. dann wieder zeilenweise von oben beginnend zeilenweise Plättchen entfernen. So erhalten sie 6 mögliche Summen aufeinander folgender Zahlen, die in der Übersicht oben fett gedruckt sind. Schüler höherer Jahrgänge können gleich auf der Zahlenebene operieren und dabei verschiedene ihnen gerade bekannte Hilfsmittel/Rechenwege zur Ermittlung der Ergebnisse benutzen; eine weitere Differenzierung steckt hier in der größten erlaubten Summe. In der Tabelle finden sich alle Summen bis zum Ergebnis kleiner als 22. Kinder eines 4. Jahrgangs könnten sicherlich auch höhere größte Ergebnisse bearbeiten, wobei dann sicherlich nicht alle sehr langen Summen noch aufgeschrieben und schrittweise ausgerechnet werden, sondern abgekürzt

(1 + 2 + 3 + ... + 198 + 199 + 200 =) notiert und geschickt berechnet

(1 + 2 + 3 + ... + 198 + 199 + 200 umsortiert in:

1 + 200 + 2 + 199 + 3 + 198 ...

Also 100 Paare die 201 ergeben, 100 · 201 = 20.100.)

Zum einen lassen sich in der gemeinsamen Reflexion das Sortieren und Vergleichen der gefundenen Summen jahrgangsübergreifend thematisieren, zum anderen die strukturellen Beziehungen, die zwischen den einzelnen Summen bestehen (wie oben als in der Tabelle auftretenden Phänomene beschrieben). Diese offenbaren sich schon in elementaren Zahlenräumen, übergeordnete Lernziele wie Argumentieren, Begründen, Darstellen (etwa die kontinuierlich wachsenden Ergebnisse von 2er-, 3er-, 4er-Summen) lassen sich von Kindern aller Jahrgänge daran gemeinsam erweitern.

An den Beispielen wird deutlich: Substanzielle Aufgabenformate beinhalten mathematische Strukturen, die unabhängig vom verwendeten Zahlenraum, unabhängig von verwendeten Darstellungsmitteln und unabhängig vom gewählten Rechenweg sind. Neben der Reflexion der Ergebnisse auf Jahrgangsebene (Zahlenraum, Darstellungsmittel, Rechenwege) bieten sie vor allem die Möglichkeit, die Strukturen jahrgangsübergreifend zu reflektieren.

Ulrich Schwätzer

Literatur

KRAUTHAUSEN, GÜNTHER (1995): Zahlenmauern im 2. Schuljahr – ein substantielles Übungsformat. Grundschulunterricht 10/1995, S. 5–9

SCHWÄTZER, ULRICH (2001): Rechnen mit dem „mathe 2000"-Logo – Zahlentreppen vom ersten Schuljahr an. In: Mathematik lernen und gesunder Menschenverstand. Leipzig, Stuttgart, Düsseldorf: Ernst Klett Grundschulverlag, S. 150–161

WITTMANN, ERICH CH. (1995): Unterrichtsdesign und empirische Forschung. In: Beiträge zum Mathematikunterricht. Hildesheim: Franzbecker, S. 528–531.

Eine Lesekultur entwickeln

Schon beim Schulstart besteht in diesem Lernbereich große Heterogenität. Einige Kinder können schon lesen, andere sind ohne jede Buchstabenkenntnis. Die Förderung aller Kinder – ohne Unter- und Überforderung – durch vielfältige Leseangebote sowie sachgerechte Übungsphasen ist gerade in jahrgangsübergreifenden Lerngruppen eine didaktisch-methodische Herausforderung. Ausschließlich lehrergeleitete Leselehrgänge, durch Lehrer differenzierte Übungsphasen und individuelle Fördermaßnahmen sind äußerst mühsam und gängeln die individuellen Lernwege und Leselernprozesse.

Die Einrichtung einer Leseecke mit vielfältigen Leseangeboten ist ein guter Start in die Entwicklung einer Lesekultur. Alle verfügbaren Fibelwerke, Kinderbücher, Kinderzeitschriften, Bilderbücher mit Texten, Kataloge vielfältiger Art, kurze Geschichten oder Gedichte in Klarsichthüllen werden übersichtlich präsentiert. Sie dürfen auf dem Leseteppich oder im Lesezelt still gelesen, auf dem Vorlesestuhl oder im Lesekreis vorgelesen werden. Darüber hinaus kann sich jedes Kind eine Lesepartnerin oder einen Lesepartner wählen, sich seine ganz persönliche Leseecke im Raum und auf dem Flur oder auf der Lesetreppe suchen. Bei entsprechendem Wetter beziehen wir auch den Schulhof und das einsehbare Schulgelände ein.

Die Kinder gestalten ihre Leseaktivitäten mit:

- Sie wählen sich längerfristige oder wechselnde Partner nach Sympathie, Leseinteressen, Lese- und Zuhörfähigkeit.
- Sie entdecken immer neue Lieblings-Lesenischen auf der Fensterbank, unter dem Tisch, hinter der Stellwand ...
- Sie erweitern den Vorrat an Lesestoffen mit Büchern und Texten aus dem Elternhaus, der Schulbücherei.
- Das Projekt „Wir brauchen eine Klassenbücherei" ergibt sich fast von selbst. Die Klassenbücherei wird mit den Kindern Schritt für Schritt aufgebaut.

Fast von selbst erwachsen vielfältige Aktivitäten, Vorhaben, Projekte. In jeder Lerngruppe entwickeln sich andere „Hits":

- regelmäßige Buchvorstellungen,
- Lesetipps an der Klassenwand,
- das Buch des Monats,
- ein Lesecafé – für uns, für alte Menschen, für Eltern, für Vorschulkinder,
- Autorenlesungen,
- eine Lesenacht: lesen, vorlesen, erzählen, bis die Augen zufallen,
- Lesewerkstatt mit Malen, Zeichnen, Spielen, Pantomime, Rhythmik, Spielen zu Texten.

Lust auf Bücher, Verlockung zum Lesen wird auch durch Bilderbücher angebahnt. Wenig Text in großer Schrift mit textbezogenen Bildern ist für Leseschwache häufig ein erster Schritt ins Leseland.

Regelmäßiges Vorlesen, vor allem auch dann, wenn Kinder längst selbst lesen können, ist in jahrgangsübergreifenden Klassen besonders leicht realisierbar, weil zahlreiche Vorleser ständig verfügbar sind. Neben der Lehrerin können Kinder vorlesen, außerdem helfen Lesemütter und Leseomas. Vorlesen steigert die Lust auf Bücher und regt eigenes Lesen an.

Unser Bücherangebot wird durch Büchereien erweitert, die uns nach unseren Wünschen Bücherkisten zusammenstellen: bestimmte Autoren, Textsorten, Themen werden uns für ca. vier Wochen ausgeliehen.

Bei so viel freien Leseaktivitäten – die natürlich täglich im Tages- oder Wochenplan angeboten werden – bin ich für gezielte motivierte Leseübungen z. B. mit Klappbüchern, Lesetreppen oder Lesepyramiden freigestellt. Diese entstehen kontinuierlich neu, weil die Form Kinder zum Schreiben solcher Texte anregt. Das ist übrigens für die jeweiligen Autoren auch Schrifttraining und Übung der Arbeitstechnik Kontrollieren und Korrigieren: Fehlerfreie Texte in großer, gut lesbarer Druckschrift dürfen in die Lesekartei oder in Leseordner wandern.

Als Lehrerin bleibe ich zuständig für die Einführung, regelmäßige Wiederholungen sowie Einführung und Automatisieren lesespezifischer Arbeitstechniken wie z. B.

- sinnentnehmendes Lesen (durch Markieren bestimmter Wörter, Wortgruppen),
- klanggestaltendes Vorlesen,
- Lesen mit Stift,
- Textzusammenfassungen,
- überfliegendes Lesen (z. B. in Wörterbüchern, Lexika, Inhalts- und Autorenverzeichnissen).

In meiner Verantwortung bleibt es auch, Kindern unterschiedliche *Textsorten* zu präsentieren: Geschichten, Märchen, Gedichte und Sachtexte, um durch informierendes und selbstvergessenes unterhaltendes und literarisches Lesen unterschiedliche Lese-Typen zum lebenslangen Lesen zu verlocken.

Gisela Süselbeck

Mein ICH-Büchlein

In der zweiten Schulwoche des neuen Schuljahres begannen die Kinder mit der Arbeit an ihren Ich-Büchlein. Bei der Vorstellung dieses Vorhabens wurde ihnen besonders deutlich gemacht, dass jedes Kind eine ganz persönliche Sammlung dafür anlegen wird und dass über deren Fortschritt und Inhalt jeder selbst entscheiden kann. Das Vorhaben haben wir in der Klasse von Frau Andrea Schmuttermaier durchgeführt. Ihr danken wir für die gute Kooperation in ihrer ersten jahrgangsgemischten Klasse.

Das Selbstvertrauen stärken

Jeder Schulanfang – mag er noch so gut in seinem Übergang vorbereitet und begleitet sein – bedeutet für Kinder und ihre Familien ein Abenteuer. Psychologen sprechen von einem „kritischen Lebensereignis", da durch die außergewöhnlichen Neuerungen und durch das erweiterte soziale Umfeld enorme Lernaufgaben auf das Kind zukommen.

Für die kindliche Persönlichkeit ist damit oft eine Erschütterung des Selbstbilds verbunden. Die bisherige Sicht von sich selbst wird als unstimmig erlebt. Wer bin ich denn für diese unbekannten Kinder und für meine Lehrerin? Bin ich hier angenommen, werde ich gesehen in meinen Bedürfnissen und mit meinen Voraussetzungen? Das Muster der bisherigen Interaktionen wird z. T. grundlegend verändert. Plötzlich reicht es nicht mehr, sich wie zu Hause zu benehmen, stattdessen müssen neue Formen der Kommunikation und Interaktion gelernt werden. Neue, vielleicht ungewohnte Leistungsanforderungen kommen auf das Kind zu, und es erlebt, dass gerade der schulische Leistungsaspekt von den Erwachsenen so wichtig genommen wird. Dabei ist es leicht möglich, dass man etwas nicht oder noch nicht kann; andere Kinder hingegen schon. Die Erfahrung des Versagens kann sich dabei als sehr belastend für das Kind erweisen. Leider ist dies trotz sorgfältiger Arrangements von Lernsituationen durch die Lehrkraft nicht immer zu vermeiden. Eine Folge davon ist u. a. der Einbruch des Selbstvertrauens, der während des gesamten ersten Schuljahrs und bei manchen Kindern auch darüber hinaus festgestellt wurde.

Als äußerst wichtiges Ziel des Unterrichts auch in jahrgangsgemischten Gruppen ist darum die Stärkung der kindlichen Persönlichkeit anzusehen. Dazu gehören vor allem Maßnahmen und Situationen, die dem Kind helfen, sich selbst wahrzunehmen und sich darstellen zu können, zeigen zu dürfen, was es schon kann und worin jeweils seine Lernfortschritte bestehen. Die Erfahrung, etwas zu leisten, was innerhalb der Gruppe akzeptiert und gewürdigt wird, ist essentiell, um sich selbst zunehmend als Mitglied dieser Gruppe zu verstehen und sich einbringen zu können. Letztlich geht es darum, die Erfahrung zu vermitteln, dass Kindsein durch das Schülersein erweitert und bereichert wird – und nicht eine Einschränkung bedeutet.

In die Schülerrolle hineinwachsen

Bei jahrgangsgemischten Klassen wachsen die Schulanfänger leichter in die Schülerrolle hinein, da sie auf eine bereits kompetente Gruppe von Schulkindern treffen und das „schulkindgemäße“ Verhalten über Imitationslernen sich schneller regelt. Dennoch ist es auch hier angebracht, die verschiedenen Facetten des Schülerseins zu thematisieren und ins Bewusstsein der Kinder zu rücken. Dazu gehört, Schule einerseits als Sozialsituation und andererseits als Lernort bewusst erfahrbar zu machen. Im Einzelnen betrifft es soziale Erfahrungen wie

- zur Gruppe der Schulkinder gehören, von den anderen Kindern der Gruppe und Schule angenommen werden,
- eine Lehrerin/einen Lehrer haben, die/der mich annimmt, wie ich bin,
- Mitschülerinnen und Mitschüler haben, mit denen ich mich bekannt machen und auseinander setzen muss,
- ein Klassenzimmer haben, in dem man sich erst orientieren muss und in dem bestimmte Ordnungs- und Verhaltensregeln gelten,
- zur Institution Schule gehören, die von Personen (Sekretärin, Schulleitung, Hausmeister) repräsentiert wird.

Die Dimension „Schule als neuer Lernort“ umfasst erweiterte und für das Kind z. T. neuartige Elemente und Strategien des Lernens:

- bekannt werden mit systematischen und angeleiteten Lernprozessen,
- aktives und selbstgesteuertes Lernen weiterführen und vertiefen,
- Lerntechniken und -strategien kennen lernen (wie man üben kann, wie man Hausaufgaben macht etc.),
- Lern- und Leistungsmotivation aufbauen können; hierfür ist das Erlebnis des erfolgreichen Lernens unverzichtbar.

Alle diese neuen Erfahrungen und Anforderungen stellen für die Schulanfänger eine gewaltige Entwicklungsaufgabe dar, die sicher ihre individuelle Zeit zur Bewältigung braucht. In den ersten Schulwochen werden diese Fragen zu wichtigen Unterrichts- und Gesprächsthemen. So wird geklärt, wie man „richtig“ Hausaufgaben macht, wie man einem Mitschüler helfen kann, ohne die Arbeit für ihn zu erledigen, welche Regeln in der Pause gelten etc. Im gemeinsamen Gespräch/Rollenspiel kann ein erstes Durchschauen der „Sozial- und Lernsituation Schule“ angebahnt werden. Mit dem „Ich-Büchlein“ bietet sich darüber hinaus den Kindern die Möglichkeit, ihr Erleben und ihre persönliche Einschätzung adäquat auszudrücken.

„Ich bin ich und du bist du“

Eine erste Themenreihe befasst sich mit der Person des Kindes, seinen Vorlieben, Gewohnheiten und seinem Umfeld.

Das bin ich	Das ist meine Familie	So wohne ich	Das ist meine Hand	Mein Fuß
Mein Lieblingsbuch	Was ich mir wünsche	Was ich gut kann	Was ich mag	Was ich nicht mag
Mein Lieblingsspiel	Das sind meine Freunde	Das esse ich gern	Das ist mein Lieblingstier	Das habe ich geträumt

Sich selbst darzustellen, bedeutet auch, sich besser wahrzunehmen. Dabei lässt sich die Erfahrung machen, dass ich so, wie ich bin, recht bin. Die anderen in der Gruppe, die sich von mir unterscheiden, sind ebenfalls akzeptiert. Jeder ist anders, und das ist gut so. Das Thematisieren des häuslichen Umfelds hilft zudem, die Welt der Familie und die der Schule leichter zu verbinden. Auch die neue Identität als Schulkind lässt sich ausdrücken:

Ich bin jetzt ein Schulkind	Meine Lehrerin (Mein Lehrer)	Meine Schule	Mein Schulweg	Unser Klassenzimmer
Darauf freue ich mich in der Schule	Das mache ich gern in der Pause	Mein Pausenbrot	So mache ich Hausaufgaben	Ich packe meinen Schulranzen

„Was ich schon (schreiben) kann“

Will man das Ich-Büchlein zum Prototyp eines ersten *Portfolios* erweitern, so kann durch die vielseitigen Schreibanlässe auch die Schreibentwicklung jeden Kindes dokumentiert werden. Vom ersten eigenen Wort zum Satz bis zu einer selbst verfassten Geschichte wird ablesbar, wie das Kind sich über Gesetzmäßigkeiten und Regeln unserer Schrift zunehmend bewusster wird. Die durchgehend offene Aufgabenstellung – „Du kannst schreiben, malen, kleben oder stempeln" – erlaubt dem Kind, sich auf die gerade mögliche Weise auszudrücken und darzustellen. Mit Hilfe der Anlauttabelle kann jedes Kind zunehmend seine eigenen Wörter und Texte aufschreiben. Kinder des zweiten Jahrgangs können bei Bedarf helfen, Lautketten zu analysieren und die entsprechenden Buchstaben zu finden. In der gemeinsamen Würdigung von Arbeiten auch der anderen Kinder kann ein Ansporn entstehen, überhaupt etwas zu schreiben, seine eigene Darstellung zu verbessern oder immer längere Texte zu verfassen.

Um die Möglichkeiten eines Text-Entwicklungs-Portfolios zu nutzen, ist es erfahrungsgemäß günstig, unter die Texte der Kinder die „Erwachsenenschrift" zu schreiben. Damit stellt man den Schülerinnen und Schülern eine Orientierung an der orthographischen Norm zur Verfügung, ohne ihre Verschriftungen anzutasten oder zu kritisieren. Die Erfahrung zeigt, dass die Kinder die „Erwachsenenschrift" als leichter lesbar erleben und sie zunehmend zum Maßstab ihrer eigenen Texte machen.

Das Thema „Leistung" begegnet dem Schulkind nun mit neuer Dringlichkeit. Dabei erfolgen Leistungsbewertungen vor allem durch die Erwachsenen, z. T. auch durch Mitschüler. Die Selbsteinschätzung der eigenen Leistung ist noch schwierig und kommt oft zu kurz. Doch gerade bewusst gemachte Lernfortschritte entwickeln die Dynamik, die für weitere Anstrengungen motiviert. Eine Selbstreflexion der eigenen Leistung und des Leistungsfortschritts (vgl. Graf 2004) kann durch explizite Themenstellungen angebahnt werden:

Das habe ich heute gelernt	Das möchte ich noch lernen	Das habe ich gut gemacht	Mein längstes Wort	Meine schwerste Rechnung

Möglichkeiten der praktischen Umsetzung

Da die Heterogenität der Kinder besonders in jahrgangsgemischten Gruppen nach Aufgabenstellungen verlangt, die auf dem je individuellen Niveau jedes Kindes bearbeitet werden können, besteht leicht die Gefahr der Vereinzelung. Um dies zu vermeiden, ist gleichzeitig nach Elementen zu suchen, die Gemeinsamkeit stiften, z. B. durch eine übergreifende Themenstellung, in die sich jedes Kind gemäß seinen Möglichkeiten einbringen kann. Dadurch wird die Erfahrung möglich, dass jeder zu einem gemeinsamen Vorhaben *seinen* Teil beiträgt. Die offene Aufgabenstellung (malen, schreiben, kleben …) ist dafür unerlässlich, allerdings wird für die größeren Kinder in der Regel eine höhere Anforderung bestehen.

Der feste Zeitraum für die Bearbeitung der einzelnen Seiten für das Büchlein ist die tägliche Freie Arbeit zu Beginn des Schultags. Im Klassenzimmer liegen die vorbereiteten Blätter (eine Auswahl des ersten Themenbereichs) im Format DIN A5 mit verschiedenen Überschriften und Möglichkeiten der Randverzierungen aus. Das erste Blatt mit dem Titel „Das bin ich" bearbeiten alle Kinder im Anschluss an die Einführung. Es soll das Titelblatt des Büchleins werden. In der folgenden Zeit bleibt es den Kindern überlassen, wie viel Zeit sie damit verbringen und welche Seiten sie bearbeiten wollen.

Im Morgenkreis wird das Ich-Büchlein regelmäßig thematisiert. Einzelne Kinder zeigen oder lesen ihre Themenseiten vor und erzählen dabei etwas über sich. Wer will, kann seine Werke auch auf einer vorbereiteten Pinnwand ausstellen. Jeweils zu Beginn einer neuen Woche werden den Kindern neue Themenblätter vorgestellt, die sie in den nächsten Tagen bearbeiten können. Der Zusammenhang mit den gemeinsamen Themen (z. B. die Arbeitsecken des Klassenzimmers, die Orientierung im Schulgelände, das Verhalten auf dem Schulweg, eine Arbeitsrückschau etc.) spiegelt sich in den angebotenen Titeln.

In einer ersten Erprobungsphase ließ sich immer wieder große Begeisterung bei den Kindern feststellen. Ihr Arbeitseinsatz war unterschiedlich. Einige entwickelten großen Ehrgeiz und hatten schon nach einer halben Woche alle Blätter bearbeitet, manche schienen anfangs durch die freie Entscheidung überfordert und griffen nur zögerlich zu. Die Freude aller Kinder war groß, als die erste Sammlung ihrer fertigen Blätter auf verschiedenfarbiges Tonpapier geklebt und zu einem Büchlein zusammengefasst wurde.

Wird das Büchlein als Entwicklungsportfolio mit Selbsteinschätzung weitergeführt, so kann es u. a. zu einer wichtigen Grundlage von Elterngesprächen werden. So berichtet Vierlinger (vgl. VIERLINGER 1999) von einem Ritual, in dem das Schulkind während eines Gesprächs der Lehrkraft mit seinen Eltern das angefertigte Portfolio vorstellen darf, um zu zeigen, was es im vergangenen Halbjahr alles geleistet und dazugelernt hat.

Somit kann es Lehrenden und Eltern dazu verhelfen, nicht nur Defizite zu benennen, sondern auch die „Könnensseiten" eines Kindes zu sehen.

Cornelia Rehle & Cornelia Timmermann

Literatur

GRAF, ULRIKE (2004): SchülerInnen einer ersten Klasse reflektieren ihre Schriftsprachkompetenz. In: PANAGIOTOPOULOU, ARGYRO/CARLE, URSULA (Hrsg.): Sprachentwicklung und Schriftspracherwerb, Baltmannsweiler: Schneider Verlag Hohengehren, S. 122–132

VIERLINGER, RUPERT (1999): Leistung spricht für sich selbst. Heinsberg: Agentur Dieck

Freies Schreiben von Anfang an

Schulanfänger sind in aller Regel neugierig und lernwillig, insbesondere wollen sie endlich lesen, schreiben und rechnen können. Wenn sich diese Lernlust häufig in Schulunlust verwandelt, haben wir in der Schule vermutlich etwas falsch gemacht. Vielleicht gelingt es uns nicht, die Lernprozesse, insbesondere die notwendigen Übungen, motivierend zu gestalten und alle Kinder bei individuellen Lernfortschritten – und seien sie noch so klein – zu bestätigen.

Zum Aufbau einer Lese-Schreib-Kultur verzichte ich schon seit vielen Jahren auf die herkömmliche Aufsatzpraxis. Meine Kinder schreiben nicht alle zu einem von mir bestimmten Zeitpunkt in vorgegebener Dauer zu einem von mir bestimmten Thema in ein Aufsatzheft. Vor- und Nachbereitung, Korrektur, Zensierung und Berichtigungen traditioneller Aufsatzerstellung sind in der Regel nicht förderlich für die Entwicklung und Stabilisierung von Schreibfreude. Bei uns entstehen von Anfang an freie Texte: Kinder schreiben situativ – je nach Fähigkeit – Wörter, Sätze und Texte für Leser auf. Schreibanlässe ergeben sich wie von selbst insbesondere im Deutsch- und Sachunterricht sowie aus alltäglichen Situationen oder besonderen Aktionen im Schulleben.

Schreibanfänger können z. B. mit Hilfe von Piktogrammen und Bildern Tagespläne aufschreiben, Hausaufgaben notieren oder Rezepte und Einkaufszettel erstellen. Ein Beispiel für Bild- und Textkombinationen ist das erste Lesetagebuch einer Klasse.

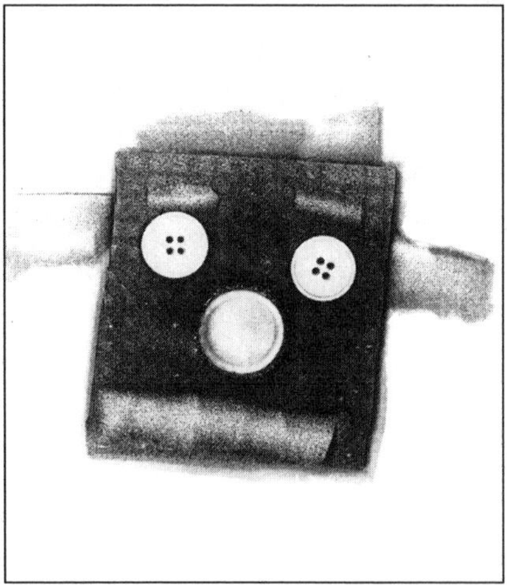

Hallo ich bin Plinki !

Ich bin gebaut aus
Schwamm, Kronenkorken, Korken grobem
Stoff, Knoblauchsäckchen.
Ich bin 6 Jahre alt und
ein kleines Monsterchen.
Ich mache gerne Krach
und liege auf einem Blatt
Ich reime gerne. Haha!

Mit zunehmender Fähigkeit, eine Anlauttabelle zu nutzen, nimmt das schriftliche Verbalisieren zu. Kinder werden zum Schreiben besonders motiviert, wenn sie Texte für Leser erstellen und direkte Rückmeldungen bekommen. Deshalb werden Einzeltexte an unsere Leseleine geklammert, an die Lesewand gepinnt oder auf dem Lesetisch ausgelegt. Sie dürfen auch von den jeweiligen Autoren einem Partner, einer Gruppe oder dem Plenum vorgelesen werden.

Texte werden auch in individuellen oder klassenbezogenen Geschichten- und Gedichtheften gesammelt und in unsere Leseecke gestellt. Am Wochenende werden sie gerne zu Hause gezeigt und gelesen. So entstehen und erwachsen Bücher aus unserem Unterricht zu vielfältigen Themen: Kochbücher, Rätselbücher, Gedichtbücher, Klassengeschichten, Monsterbücher sowie Bücher zu besonderen Ereignissen wie Drachenfest, Schulfest und Klassenfahrt.

Freie Texte

In Projekten und in freier Arbeit ergibt sich eine Fülle von Schreibsituationen und Schreibanlässen. Aus der Vielzahl von Texten werden einige als offizielle Klassenarbeiten bewertet. Sie werden in einer Mappe gesammelt, da bestimmte Texte wie z. B. Briefe, Einladungskarten, Plakate nicht textsortengerecht in Heftformaten präsentiert werden können.

Auch Texte, die die Kinder für echte Adressaten erstellen – z. B. Briefe oder Geschichten für Wettbewerbe –, können Klassenarbeiten sein. Die Originale werden verschickt, die Kopien werden korrigiert, kommentiert, zensiert.

Viele Kinder tun sich leichter mit dem Schreiben eigener Geschichten, wenn es nicht durch Unterrichtsplanung zu einem festen Zeitpunkt verordnet, sondern durch konkrete Lernsituationen angeregt wird. Häufig regt Lesen zum Schreiben an, es werden andere Anfänge, ein anderer Schluss, neue Personen, Dialoge erfunden. Gedichte werden um- und weitergeschrieben, einzelne Figuren aus Geschichten oder Lesebüchern „schreiben“ Briefe, Tagebücher, erleben realistische oder fantastische Abenteuer etc.

Wir schreiben erste Entwürfe zweizeilig auf DIN-A4-Blätter (Platz für Korrekturen beim Überarbeiten). Die Manuskripte werden wahlweise der Partnerin/dem Partner oder in einer Schreibkonferenz einer ausgewählten Kindergruppe vorgelesen. Die Reaktionen und Fragen geben Anregungen und Hilfen zur Überarbeitung auf allen Ebenen von der Wortwahl bis zur Vollständigkeit, Reihenfolge, Verständlichkeit, Rechtschreibung und sprachlichen Richtigkeit. Gemeinsam, auf Wunsch auch mit Lehrerhilfe oder auch völlig selbstständig, werden die Endfassungen erstellt.

So entstehen Einzeltexte und Textsammlungen wie *Mein Tierbuch, Mein Pferdebuch, Mein Geschichten-, Erlebnis- oder Gedichtbuch, Unser Herbstbuch.*

Die Kinder entscheiden mit, ob ich alle oder nur bestimmte Texte korrigiere und kommentiere. Ebenso liegt die Entscheidung zur Veröffentlichung bei ihnen, ob sie an der Lesewand ausgehängt, für das Geschichtenbuch oder für ein Themenheft kopiert werden. In der individuellen Textmappe werden sie allemal gesammelt. Natürlich gibt es in jeder Gruppe auch die Nicht-, Selten- oder Wenig-Schreibenden. In Freiarbeitsstunden habe ich Zeit für sie, ich kann z. B. mittels Schreibgeschichten („Wir machen gemeinsam einen Text – abwechselnd schreibt jeder einen Satz") Mut machen, kleine Erfolgserlebnisse schaffen. Manchmal bin ich auch die Sekretärin, schreibe auf, was ein Kind diktiert, wobei wir manchmal auch gemeinsam formulieren und überarbeiten.

Um Unsicherheiten für Kinder und Eltern zu beseitigen, schreiben wir im Verlauf des 4. Schuljahres auch einmal Klassenarbeiten so, wie es in den weiterführenden Schulen praktiziert wird, die meine Kinder aufnehmen. Dazu hole ich mir jeweils aktuelle Informationen. Dann ist solch ein „Aufsatz" eine spannende Übung in unserem Unterrichtsvorhaben „Weiterführende Schulen". Die Kinder werden nach dem Schulwechsel mit der ersten Klassenarbeit nicht kalt erwischt, und ich muss meine pädagogische Arbeit nicht ständig mit dem Blick auf das Danach verändern oder verunsichern lassen.

Kinder schreiben anfangs Texte spontan auf. Allmählich lernen sie, insbesondere auch durch die Beobachtung anderer Kinder in jahrgangsgemischten Klassen, dass Texte schrittweise entstehen:

- Texte werden geplant. Textideen können dazu als Cluster gesammelt und anschließend geordnet werden.
- Texte werden als Entwurf aufgeschrieben. Günstig ist dafür zweizeiliges Schreiben – Platz für Korrekturen.
- Texte werden überarbeitet, mit einem Partner, in Schreibkonferenzen, mit der Lehrerin/dem Lehrer als Helfer/in, selbstständig in Einzelarbeit.
- Texte werden gestaltet aufgeschrieben, mit Handschrift oder mit Hilfe des Computers.
- Texte werden schriftlich oder vortragend anderen präsentiert.

Partnerüberarbeitung oder Schreibkonferenzen werden meist selbstständig von den Kindern bestimmt. Sie orientieren sich dabei kaum an Freundschaften, gar nicht an Jahrgangsstufen. Lernanfänger werden zu Beginn nur selten einbezogen. Ich muss nur in Ausnahmesituationen bei diesen Entscheidungen korrigierend eingreifen. Kinder entwickeln ein gutes Gespür für funktionierende Arbeitspartner.

Gisela Süselbeck

Rechtschreiben: Ziele und Wege

Jahrgangsübergreifender Unterricht ist für diejenigen, die differenziert unterrichten, schon heute der „Normalfall“. Wenn eine Lehrerin oder ein Lehrer die Prinzipien des differenzierten Unterrichts verinnerlicht hat, ergeben sich aus dem jahrgangsübergreifenden Unterricht keine allzu großen Umstellungen, sondern eher vielfältige Erleichterungen.

Was ist neu und anders?

Für Lehrerinnen und Lehrer, die schon jetzt differenziert und individualisiert unterrichten, lautet die Antwort: Nichts!

Für jene, die noch immer im Gleichschritt durch ein Lehrwerk marschieren, lautet die Antwort: Alles!

Der jahrgangsübergreifende Unterricht erweist sich als die logische Konsequenz eines differenzierten und individualisierten Unterrichts. Die Weiterentwicklung der Kompetenz der Lehrerinnen und Lehrer zu differenziertem Unterricht steht daher am Anfang der Diskussion über die Umstellung auf jahrgangsübergreifende Klassen und ist zugleich auch deren Ziel.

Ziele und Wege für Kinder überschaubar machen

Ein differenzierter Rechtschreibunterricht erfordert, dass den Kindern das Ziel und der Weg bekannt sind. Dabei helfen ihnen allgemeine Fernziele wie: „Richtig schreiben können“ nicht wirklich weiter. Viel wichtiger ist es, den Kindern den Weg zu ordnen und überschaubar zu machen.

Wir können die gesamte deutsche Orthografie für den Rechtschreiblernprozess nach verschiedenen Gesichtspunkten ordnen. Eine Möglichkeit besteht darin, die Rechtschreibregelungen als Ordnungskriterium zugrunde zu legen (siehe NEHRIUS u. a. sowie AUGST u. a.). Diese Ordnung des Regelwerkes geht jedoch von einem ganz anderen Ziel aus. Die Rechtschreibregeln sollen dem erfahrenen Schreiber helfen, Zweifelsfragen zu klären. Diese Ordnung ist für den Rechtschreibunterricht weitgehend unbrauchbar, da sie nicht an der Schreibentwicklung orientiert ist. Das ist im Übrigen mit ein Grund für die geringe gesellschaftliche Akzeptanz solcher Regelwerke.

Üblicherweise gehen die Schulbücher von verschiedenen Entwicklungsmodellen (z. B. Stufenmodelle von FRITH, SPITTA, MAY etc.) aus. Diese Entwicklungsmodelle sind jedoch gerade dort, wo es für den Rechtschreibunterricht interessant wird (ab Klasse 2), viel zu ungenau. Daher orientieren sich viele Lehrbücher auf der „orthografischen und morphematischen Stufe" letztendlich an typischen Fehlerschwerpunkten.

Damit rückt jedoch wieder ein Defizitmodell in den Mittelpunkt des Lernens. Es geht um „Fehlervermeidung" und nicht um die kontinuierliche Entwicklung einer Rechtschreibkompetenz.

Ich gehe einen anderen Weg und lege die historische Entwicklung, die neurologischen Verarbeitungsstrukturen und die Sprachentwicklung der Ordnung der Rechtschreibphänomene zugrunde.

In diesem Modell werden drei Lernebenen (Laut-, Wort-, Kontextebene) beschrieben. Auf jeder Lernebene werden qualitative Entwicklungsstufen

qualitative Entwicklungsstufen →

Lernebenen ↓

Lernebenen	Grundprinzip	Folgen	Besonderheiten	Ausnahmen
Laute	**LB** = einem Laut wird ein Buchstabe (eine Buchstabenfolge) zugeordnet	**LD** = eine Lautfolge wird in eine analoge Buchstabenfolge übertragen	**LV** = regelhafte Kennzeichnung langer und kurzer Vokale	y, pf, v, chs/ks, ai; Dehnungs-h, Doppelvokal; Fremdwortschreibungen
Wörter	**WU** = der Wortstamm bleibt bei Ableitungen/ Umformungen erhalten; a → ä; au → äu; -b, -d, -g	**WZ** = Wortbildung, Zusammensetzungen; Vorsilben	**WA** = Nomen werden mit großem Anfangsbuchstaben geschrieben	nicht regelhafte Ableitungen, Fremdwortschreibungen
Kontext	**SZ** = Gliederung des Satzes durch Satzzeichen	**SA** = grammatikalische Struktur des Satzes (SPO, Satzglieder)	**SW** = die Schreibung eines Wortes hängt von der Bedeutung im Satzzusammenhang ab	Besonderheiten bei der Groß-/ Klein-, Getrennt-/Zusammenschreibung

(Grundprinzipien, Folgen, Besonderheiten und Ausnahmen) unterschieden. Daraus ergeben sich die einzelnen Lernbereiche, die jeweils einer Lernebene und qualitativen Entwicklungsstufen zugeordnet werden können.

Die Rechtschreibung, zumindest soweit sie für die Klassen 1 bis 6 von Bedeutung ist, lässt sich in zwölf Lernbereiche ordnen (s. Abb. S. 168).

Wie hilft uns die Ordnung der Rechtschreibung?

Die oben beschriebene Ordnung der Rechtschreibung hilft uns, den Rechtschreiblernprozess als einen aktiv zu gestaltenden Lernprozess zu verstehen. Es geht hier nicht um Fehlervermeidung, sondern um den Aufbau von Kompetenzen.

Der Rechtschreiblernprozess ist ein qualitativer Entwicklungsprozess (vom Grundprinzip über Besonderheiten zu Ausnahmen), der sich auf drei verschiedenen Ebenen vollzieht (Laut-, Wort- und Kontextebene). Legen wir dem Rechtschreibunterricht diese Ordnung der Rechtschreibung zugrunde, so wird das Feld der Rechtschreibung für Kinder überschaubar und der Weg zum orthografisch richtigen Schreiben planbar.

Das Konzept der Rechtschreibwerkstatt geht von dieser Ordnung der Rechtschreibung aus. Dabei wird diese Ordnung für den Rechtschreibunterricht in ein für Kinder nachvollziehbares Bild, die Rechtschreibwerkstatt, übertragen.

Wie hilft uns die Rechtschreibwerkstatt?

Durch die Rechtschreibwerkstatt erhalten wir eine für alle Kinder der Jahrgangsstufen 1 bis 6 zutreffende Übersicht über die verschiedenen Lernfelder im Fach Rechtschreiben. Auf dieses Bild können sich demnach alle Kinder beziehen. So erfahren Kinder, die am Anfang des Lernprozesses stehen, von Beginn an, dass ihre Privatschreibungen lediglich den aktuellen Lernstand wiedergeben und dass sie über die Arbeit in den verschiedenen Zimmern der Rechtschreibwerkstatt ihre Privatschreibung Schritt für Schritt an die orthografisch richtige Schreibung annähern können. Kinder, die im Lernprozess weiter fortgeschritten sind, können die „erledigten“ Zimmer als Erfolg für sich verbuchen. Hieraus baut sich die Motivation zur Weiterarbeit auf. Zugleich sind diese Kinder für die Lernanfänger ein Vorbild. *(„Wenn Peter das geschafft hat, dann werde ich das auch schaffen.“)*

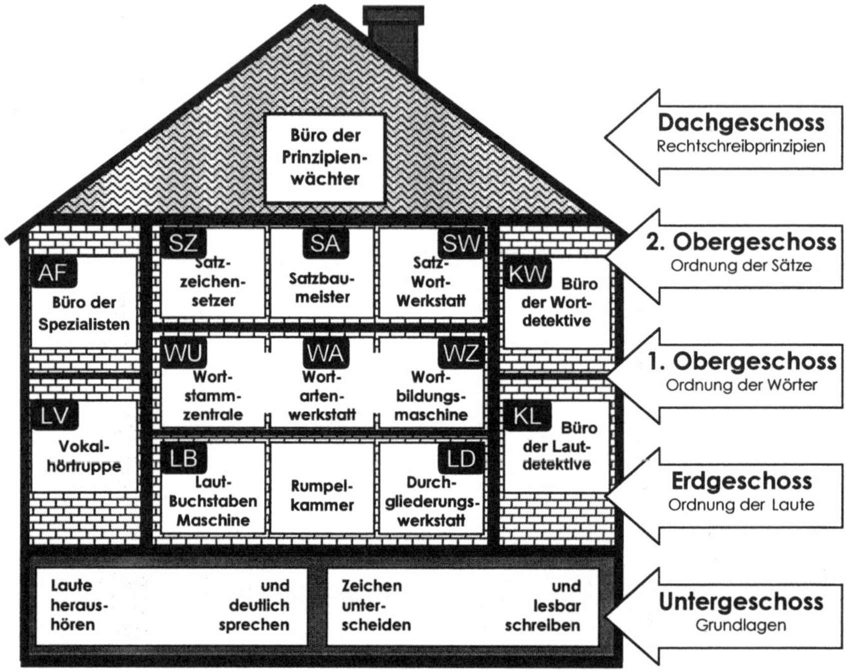

Konsequenzen für die Übungen und den Methodeneinsatz

Als erwachsene Schreiber denken wir beim Schreiben nicht über die Rechtschreibung nach. Wir haben die Konstruktionsprinzipien der Rechtschreibung so verinnerlicht, dass wir aus einem sicheren Rechtschreibgespür in der Regel richtig schreiben. Kinder müssen dieses Rechtschreibgespür erst Schritt für Schritt aufbauen.

Zunächst entwickeln sie ein Gespür für die regelhaften Grundprinzipien auf der Laut-, Wort- und Kontextebene, bevor sie Besonderheiten verinnerlichen. Erst wenn dieser Prozess schon sehr weit fortgeschritten ist, können sie Ausnahmeschreibungen einordnen und lernen.

Für die Erfassung der Grundprinzipien benötigen die Kinder Methoden, die ihnen helfen, ein sicheres Rechtschreibgespür aufzubauen. Über diese Grundprinzipien hinaus müssen sie auch ein Rechtschreibwissen aufbauen, um Besonderheiten zu erfassen. Für die Ausnahmeschreibungen benötigen sie dann spezifische Merktechniken, um diese zu verinnerlichen.

Die Ordnung der Rechtschreibung ordnet daher nicht nur das gesamte Feld der zu lernenden Rechtschreibprinzipien, sondern darüber hinaus auch die zu vermittelnden Methoden:

- Methoden zur Entwicklung eines Rechtschreibgespürs,
- Methoden zum Aufbau von Rechtschreibwissen und
- Merktechniken zum Erfassen der Ausnahmeschreibungen.

	Grundprinzip	Folgen	Besonderheiten	Ausnahmen
Lautebene Wortebene Kontextebene				
Lernziele	Rechtschreibgespür		Rechtschreibgespür, Rechtschreibwissen	Rechtschreibgespür, Rechtschreibwissen, Merktechniken
	Bildung impliziter Konstruktionsprinzipien		Eigenregeln erstellen	Ausnahmen und Fremdwörter erf.
Methoden	Abschreiben, Mitsprechen, Ableiten, Zerlegen, Wortbildung, Sortieraufgaben, Textkorrektur		Vereinfachungen, Such- und Sortieraufgaben	Suchaufgaben, Gruppierungen, Nachschlagen
Medien	Bildkartei, Lautkartei, Abschreibtexte, Wörterlisten, Modellwortschatz, Korrekturtexte, Korrekturkarte		Bildkartei, Modellwortschatz, Abschreibtexte, Wörterlisten, Korrekturtexte	Modellwortschatz, Wörterbuch, Wörterlisten, Merkhilfen

Wie können Kinder mit der Rechtschreibwerkstatt lernen?

Grundsätzlich gibt es für den Unterricht in einer jahrgangsübergreifenden Lerngruppe zwei Möglichkeiten:

1. Es werden parallel verschiedene Lerngruppen unterrichtet. Die Aufgaben werden klassenbezogen den einzelnen Gruppen von der Lehrerin nacheinander gestellt. In einem Klassenraum werden demzufolge verschiedene Klassen unterrichtet. Nach diesem Modell funktionierten unsere alten einzügigen Dorfschulen.

2. In einem differenzierten Unterricht ist die Vorgehensweise anders. Die gesamte Klasse wird nicht nach Klassenstufen, sondern fachbezogen nach Lerngruppen unterteilt. Die Grundzüge der eingesetzten Methoden werden über verschiedene Lernphasen hinweg konstant gehalten. Nicht die Methoden und Übungen, sondern lediglich die Inhalte variieren von Lerngruppe zu Lerngruppe.

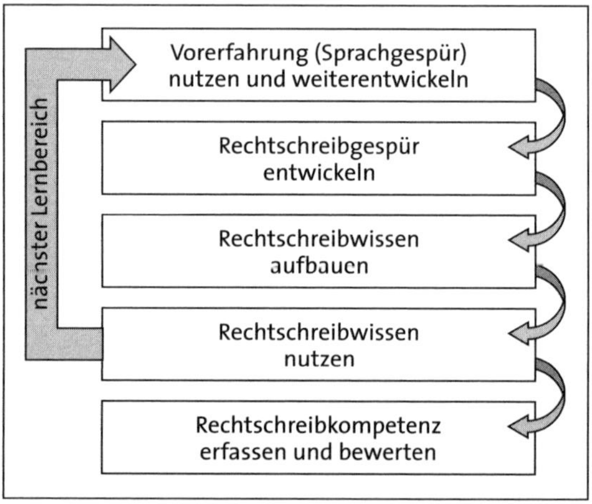

Innerhalb eines Lernbereiches gehen wir in der Arbeit mit den Kindern zunächst von dem aus, was die Kinder sicher beherrschen. Diese Kompetenz wird auf vier Ebenen in jedem Lernbereich weiterentwickelt.

Innerhalb eines Lernschrittes werden Methoden, Übungen und Materialien bevorzugt, für die eine hohe Effizienz belegt ist. Die eingesetzten Methoden sollen darüber hinaus in möglichst vielen Lernbereichen genutzt werden können.

Die Methodenreduktion erleichtert den jahrgangsübergreifenden Unterricht in vielfältiger Weise.

- Zunächst kann ein Hauptaugenmerk darauf gelegt werden, dass die Methoden von den Kindern „sauber“ eingeübt und durchgeführt werden.
- Die Kontinuität der Methoden und Übungen gibt den Kindern auch Sicherheit. Sie wissen, was zu tun ist.
- Das ermöglicht darüber hinaus eine hohe Selbstständigkeit der Kinder beim Üben.
- Nicht zuletzt erleichtert es auch der Lehrerin das Arbeiten im jahrgangsübergreifenden Unterricht dadurch, dass für die einzelnen Rechtschreibübungen keine umfangreichen Erklärungen notwendig sind.

1. Schritt: Vorerfahrung (Sprachgespür) nutzen und weiterentwickeln.

Methoden	Übungen/Materialien
Erzählen und zuhören	Gespräche führen, z. B. ▸ im Morgenkreis ▸ Sachdiskussionen im Unterricht
Wörter/Texte lesen	Deutliches und hochdeutsches Sprechen üben ▸ Bildkarteien ▸ mitsprechen beim Schreiben (Pilotsprache) ▸ Partnerdiktat (Abschreibtexte, Wörterlisten, Modellwortschatz)

2. Schritt: Rechtschreibgespür entwickeln

Methoden	Übungen/Materialien
mitsprechen	▸ eigene Texte schreiben ▸ Partnerdiktat ▸ Abschreibtexte ▸ Wörterlisten ▸ Modellwortschatz
abschreiben	▸ Abschreibtexte ▸ Selbstdiktat ▸ Wörterlisten ▸ Modellwortschatz
Aufmerksamkeit ausrichten	▸ Abschreibtexte (markieren) ▸ Wörterlisten schreiben ▸ Modellwortschatz sortieren

3. Schritt: Rechtschreibwissen aufbauen

Methoden	Übungen/Materialien
Fokus bilden Erfahrungen austauschen Eigenregeln erstellen	▸ Suchaufgaben, Modellwortschatz ▸ Wörterlisten ▸ Wörtersammlungen ▸ Wörterbücher

4. Schritt: Rechtschreibwissen nutzen

Methoden	Übungen/Materialien
Texte überarbeiten und korrigieren	▸ verfremdete Texte (Korrekturtechniken einüben) ▸ eigene Texte (Korrekturtechniken nutzen) ▸ Texte anderer Kinder

Den Lernstand der Kinder erfassen

Damit die Kinder in zu ihnen passenden Lernstufen arbeiten, muss ihre Rechtschreibkompetenz qualitativ erfasst werden. Nur so ist es möglich, eine klassenstufenbezogene Aufteilung der Kinder durch eine lernstufenbezogene zu ersetzen. Hierzu gibt es vor allem zwei Möglichkeiten:

1. Möglichkeit: Wir gehen von den Schreibprodukten der Kinder aus und werten diese nach qualitativen Gesichtspunkten aus.
2. Möglichkeit: Wir überprüfen die Rechtschreibkompetenz der Kinder anhand standardisierter Texte, die qualitativ ausgewertet werden.

Ich bevorzuge eine Kombination aus beiden Vorgehensweisen. In der Regel reicht es aus, die Texte der Kinder auszuwerten. Anhand dieser Auswertung kann meist sehr treffend der aktuelle Lernstand der Kinder erfasst werden. Um eine Vergleichbarkeit zwischen den Kindern herzustellen, beschränke ich mich bei der qualitativen Analyse der Kindertexte immer auf die letzten fünfzig Wörter eines Textes.

Um Lernverläufe über einen längeren Zeitraum hinweg erfassen zu können, ist es darüber hinaus sinnvoll, etwa zwei- bis viermal im Schuljahr von der gesamten Lerngruppe einen standardisierten Text schreiben zu lassen. Wenn alle Kinder den gleichen Text schreiben und die Schwierigkeitsstufe der Texte über die gesamte Grundschulzeit erhalten bleibt, können die Kinder am ehesten ihren eigenen Lernverlauf beobachten. Der Vergleich zeigt dann, wie sich die Privatschreibung der einzelnen Kinder über die Grundschulzeit hinweg an die Erwachsenenschreibung angleicht.

Entscheidend ist dabei, dass die Texte nach qualitativen Gesichtspunkten ausgewertet werden. Nur so ist es möglich, die Kinder passenden Lernbereichen zuzuordnen.

Bei der qualitativen Analyse der Texte wird danach gefragt: Was hätte das Kind wissen müssen, um diese Verschreibung zu vermeiden? Oder: In welchem Lernbereich weiß das Kind genug, um diese Verschreibung nicht mehr zu machen?

Die folgende Übersicht beschreibt, welche Verschreibungen welchem Lernbereich zugeordnet werden.

	Wir werten als Privatschreibung:	**Die Schülerin oder der Schüler hätte das Wort richtig schreiben können, wenn sie/er …**	**Beispiele**
UW	Unlesbare Wörter oder zweideutige Schreibweise; ausgelassene Punkte/ Striche; keine lautorientierte Schreibung	… lesbar geschrieben und Verschreibungen eindeutig korrigiert hätte.	
LB	Buchstabenunsicherheit; nicht korrekte Zuordnung von Laut und Buchstabe	… dem vorgegebenen Laut den richtigen Buchstaben zugeordnet hätte. Hierzu muss das Kind die Buchstaben und den Lautwert der Buchstaben kennen.	Klasse – Glasse, schaut – saut, ein – ain, Wörter – Förter
LD	Nicht korrekte Durchgliederung; Lautfolge nicht korrekt in Buchstabenfolge übertragen. Buchstabenauslassungen, -vertauschungen, -ersetzungen, -hinzufügungen	… beim Schreiben mitgesprochen hätte und den Text anschließend mit der Strategie „Lesen, was da steht." bearbeitet hätte.	sorgen – sogen Wörter – Wöter schaut – schlaut sagen – sargen Gesicht – Gesich
LV	Nichtbeachtung regelhafter Kennzeichnung der Länge der Vokale (Kosonantenverdopplung, ck, tz, ie, ä, ß)	… auf die Länge und Kürze des Vokallautes geachtet hätte. Das Kind muss wissen, wie ein lang gesprochener Vokal (ie) und der Konsonant nach einem kurz gesprochenen Vokal (Konsonantenhäufung) geschrieben werden.	voll – vol, Welt – Wellt sitzen – sizen Wiese – Wise
WA	Schreibungen, die sich aus der Wortart ergeben: Nicht korrekte Groß-, oder Kleinschreibung	… die Wortart bestimmt und das Wort abgeleitet bzw. auf die Grundform zurückgeführt hätte.	lesen – Lesen Diktat – diktat schön – Schön

	Wir werten als Privatschreibung:	**Die Schülerin oder der Schüler hätte das Wort richtig schreiben können, wenn sie/er ...**	**Beispiele**
WU	Wort wurde nicht auf seinen Ursprung zurückgeführt oder abgeleitet (steigern, Plural, 1.,2.,3. Pers. bilden etc.)	... dieses Wort auf ein anderes zurückgeführt hätte (Nomen: Singular/Plural; Verb: Infinitiv; Adjektiv: Grundform/Komparativ/Superlativ) – (jonglieren, umformen, Wort ersetzen, zerlegen etc.).	Berg – Berk Hände – Hende sitzt – sizt er sieht – er siet
WZ	Wort wurde nicht in seine Bestandteile (Vor-, Nachsilbe) zerlegt, nicht korrekte Wortzusammensetzungen	... dieses Wort zerlegt oder als ein Wort erkannt hätte.	
SA	Im Satz ausgelassene oder hinzugefügte Wörter (auch sinnhafte Ersetzungen). Verstöße gegen den Satzaufbau (Syntax).	... den geschriebenen Text beim Vorlesen noch einmal mitgelesen hätte oder den eigenen Text noch einmal im Sinnzusammenhang gelesen hätte.	ein – eine/einen dem – den/der ihm – ihn
SZ	Nicht korrekte Setzung der Satzzeichen, Satzanfang klein	... das Satzende oder die Satzteile erkannt hätte. Das Kind muss die Regelungen (Satzzeichen) für die Unterteilung eines Satzes kennen.	gelaufen -gehlaufen Nachbar – Nachtbar
SW	Schreibweise von Wörtern, die nur aus dem Satzzusammenhang zu erklären sind.	... das Wort im Kontext des Satzes betrachtet, den Satz umgestellt oder das Wort durch ein bekanntes anderes Wort ersetzt hätte.	wieder/wider, das/dass, weise/Weise
AF	Wörter, die nicht regelhaft geschrieben werden: Ausnahmeschreibungen und Fremdwörter	... bei diesem Wort verunsichert gewesen wäre und es nachgeschlagen hätte.	viele – fiele Tiger – Tieger hat – hatt Mai – Mei

Wie gehe ich vor?

1. Schritt: Lernstandserhebung

Zunächst gilt es, den Lernstand der Kinder festzuhalten. Hierzu werden entweder die Texte der Kinder oder ein standardisierter Text qualitativ ausgewertet (siehe oben). Abhängig von der qualitativen Analyse werden die Kinder einem bestimmten Lernbereich (Zimmer der Rechtschreibwerkstatt) zugeordnet.

2. Schritt: Methoden einführen

Mit der gesamten Lerngruppe wird nun eine erste Methode eingeübt. Hierzu bieten sich die Arbeit mit dem Modellwortschatz oder Abschreibübungen mit Abschreibtexten an. Wichtig ist, dass die Methode so lange eingeübt (und kontrolliert) wird, bis die Kinder den Ablauf der Übung weitgehend automatisiert haben. Erst dann wird eine weitere Übung eingeführt.

Für die Übung werden den Kindern von Beginn an differenzierte, d. h. zu ihrem Lernstand passende Materialien zur Verfügung gestellt. In einem Rechtschreibpass notieren die Kinder, welche Übungen sie durchgeführt haben.

3. Schritt: Üben

Es werden feste Zeiten für die Rechtschreibübungen im Stundenplan festgelegt. In diesen Zeiten arbeiten die Kinder an ihren Lernbereichen.

Aufgabe der Lehrerin ist es, darauf zu achten, dass die Übungen „sauber" durchgeführt werden. Hierzu sollte sich die Lehrerin während der Übungen Zeit nehmen, um notwendige Korrekturen direkt mit den Kindern besprechen zu können. Dann erübrigen sich auch nachträgliche Korrekturen der Schreibprodukte der Kinder.

4. Schritt: Lernverlauf überprüfen, Lernberatung der Kinder

In regelmäßigen Abständen (etwa zweimal im Schulhalbjahr) sollte durch einen standardisierten Text, der wieder mit der gesamten Lerngruppe geschrieben wird, der Lernfortschritt der Kinder überprüft werden.

Anhand der qualitativen Auswertung und unter Zuhilfenahme der Protokollbögen der Kinder kann nun eine individuelle Lernberatung der Kinder erfolgen. Hierbei ist wichtig, einen Bezug zwischen dem Lernfortschritt und den Übungen des Kindes herzustellen.

> Beispiel: Wie ich an deinem Protokollheft sehen kann, hast du ganz viel mit dem Modellwortschatz gearbeitet, keine Übungen mit den Bildkarteien und nur wenig mit den Abschreibtexten geübt. Beim letzten Diktat hast du dich in deinem Lernbereich ganz gut verbessert. Die von dir ausgewählten Übungen scheinen dir also gut zu helfen. Mach weiter so.

Oder: Du hast ganz viele Partnerdiktate gemacht, gar keine Abschreibtexte bearbeitet und auch keine Sortierübungen mit dem Modellwortschatz durchgeführt. Beim letzten Diktat hast du dich in deinem Lernbereich gar nicht verbessert. Probier doch einmal aus, ob du mit den Sortierübungen und den Abschreibtexten schneller zum Ziel kommst.

Die Rückmeldung über den Lernverlauf soll die Kinder zur Weiterarbeit ermutigen. Die konkrete Lernberatung soll bei den Kindern eine Methodenkompetenz aufbauen. Selbstständigkeit und Eigenverantwortung kann sich bei den Kindern nur aufbauen, wenn diese selbst wissen, wie sie lernen und mit welchen Methoden sie ertragreich üben. Genau dies ist eine der wichtigsten Grundlagen für einen klassenübergreifenden Unterricht.

Norbert Sommer-Stumpenhorst

Rechtschreiben üben

Übungsphasen sind im jahrgangsübergreifenden Unterricht in unterschiedlichen Formen zu realisieren: Ich kann im Tages- oder Wochenplan z. B. das tägliche Lernwörtertraining mit unterschiedlichen Lernwörtern zeitgleich stattfinden lassen.

Rechtschreib-, Rechen- oder Lesetraining legen die Kinder zeitlich individuell in Freiarbeitsphasen des Tages- oder Wochenplans fest. Bei mir sind die Pläne grundsätzlich nicht vollständig mit Pflicht- und Küraufgaben ausgefüllt, es bleiben Zeiträume – insbesondere auch für Langsamlerner – für selbstbestimmte Themen und Aktivitäten, Freie Arbeit eben.

Ich lege für mich täglich ein bis zwei Phasen für Neueinführungen (z. B. einer Arbeitstechnik) fest oder für differenzierte lehrerzentrierte Fördermaßnahmen und Wiederholungen. Dazu wähle ich die Kinder für ein solches Miniplenum aus, z. B. wenn das Verdoppeln oder die schriftliche Division noch nicht „sitzen“.

Selbstständiges Üben

Die Frage, welche Übungsinhalte aus welchen Fachbereichen Möglichkeiten für *selbstbestimmtes, selbstverantwortetes und selbsttätiges* Üben bieten, kann nach meiner Erfahrung nur so beantwortet werden: prinzipiell alle und alles. Alle Inhalte aller Lernbereiche bedürfen vielfältiger Übung, um als Kenntnisse, Wissen, Fertigkeiten und Fähigkeiten verfügbar zu sein, das ist eine Binsenweisheit. Wichtige Prinzipien für erfolgreiches Üben und Lernen lassen sich in freier Arbeit besonders gut realisieren. Durch Selbsttätigkeit Erworbenes hat größere Aussichten, behalten zu werden, als das vom Lehrenden Übernommene. Zudem gibt es die Möglichkeit sofortiger Korrektur eventueller Fehler beim Üben (durch Mitschüler oder Lehrende), ehe sie im Verlauf längeren Übens den Lernerfolg beeinträchtigen oder dauerhaft stören.

Rechtschreiben üben

Für jeden Lehrenden ist es mühsam, die vielfältigen täglichen Übungssituationen mit variablen spielerischen und differenzierten Übungsformen zu planen, die für effektive Rechtschreiblernprozesse notwendig sind.

In jahrgangsübergreifenden Klassen ist es nach meiner Meinung leichter, die Übungs- und Anstrengungsbereitschaft aufrechtzuerhalten und differenzierte Anforderungen und Lernhilfen zu organisieren. Wir sammeln

So können wir unsere Lernwörter üben

Einzelarbeit – Partnerarbeit – Gruppenarbeit
Eigenkontrolle – Partnerkontrolle – Lehrerkontrolle

Abschreiben: mit Abschreibkarte, mit Abschreibschieber, mit Verbenbaum, mit Wortlisten

Aufschreiben: auf Wortkarten für Wörterkarteien und Rechtschreibspiele, in Wortlisten

Wortbilder gestalten

Übungstexte schreiben: Knickdiktat, Kassettendiktat, Eigendiktat, Laufdiktat, Partnerdiktat, Fragediktat, Dosendiktat, Bilddiktat, Drehdiktat

Rechtschreibspiele: Bingo, Quartett, Memory, Schwarzer Peter, Domino, Rechtschreibscheiben, Duo

buchstabieren

silbieren

kommentieren

Wir kontrollieren und korrigieren mit
- dem Lernwörterheft,
- der Wörterkiste,
- einem Wörterbuch.

Übungsformen auf Lernplakaten. So wächst allmählich ein Methodenrepertoire, aus dem die Kinder selbstständig auswählen können.

Rechtschreiblernprozesse verlaufen bei Kindern individuell verschieden, die Lernziele werden bis zum Ende der Grundschule auf unterschiedlichem Niveau erreicht und sind insbesondere dann für alle Kinde erfolgreich, wenn die Übungsformen und -mittel auf die Individualität der Kinder abgestimmt sind.

Mit einem solchen Übungsrepertoire können die Lernenden jeweils die Sozialform selbst wählen, sie bestimmen über die ihnen gemäße Lernmenge, -dauer (je nach Ausdauer und Konzentrationsfähigkeit), das Lerntempo (Lese-, Schreib-, Korrekturtempo), sie wählen nach eigenen Übungsvorlieben die Übungsformen und Materialien aus, sie können nach Leistungsfähigkeit und -interessen an ihren Fehlerschwerpunkten (Defiziten) oder Sonderbegabungen und -interessen arbeiten (z. B. Regelungen, Ausnahmefälle wie *kommen – kam*, *die Blüte – blühte* etc.).

Die automatische Beherrschung rechtschreibspezifischer Arbeitstechniken ist dabei nicht Voraussetzung für selbstbestimmtes Üben. Die Sicherheiten im Abschreiben, Kontrollieren und Korrigieren, Nachschlagen und Wörterbuchgebrauch werden vielmehr durch selbsttätiges Üben und regelmäßige Anwendung allmählich gelernt, gefestigt, gesteigert.

Für Rechtschreibübungen ist die *Eigen-* und *Partnerkontrolle* mit Hilfe des Lernwörterheftes, mit Wortkarten oder dem Wörterbuch möglich. Alternative Diktatformen und Abgeschriebenes werden mithilfe der jeweiligen Textvorlagen kontrolliert und korrigiert. Zum Schluss wandern alle „Ergebnisse" in mein Korrekturkörbchen. Freie Arbeit ermöglicht mir Sofortkorrektur.

Für das Einprägen neuer und die Wiederholung „älterer" Grundwortschatzwörter gibt es verabredete Übungssequenzen mit täglichen Kurzübungen:

- abschreiben – ins Lernwörterheft, auf *Wortlisten*, Wortkarten,
- aufschreiben – als Eigendiktat,
- nach Diktat schreiben – als Partner-, Gruppen-, Lehrerdiktat, in Form verschiedener alternativer Diktatformen (siehe oben),
- ordnen: nach dem Abc, nach Wortlänge, nach Wortarten, nach Silbenzahl, nach leicht oder schwierig,
- Schreibgestalten als Wortbilder, -schlangen, -treppen, -türme.

Für das Einprägen von Einzelwörtern als Wortgestalt mit allen Sinnen ist bei vielen Kindern die schreibende Gestaltung als *kreative Übung* heiß geliebt. Diese Übungsform wird deshalb auch für die Arbeit an hartnäckigen

Fehlerwörtern genutzt: Dasselbe Wort wird in verschiedenen Farben oder Schriftarten, -größen, -richtungen geschrieben und das Ergebnis als Bild gestaltet. Ideen für kreative Schreibgestaltungen und zum produktiven Umgang mit Gedichten sind in unserer Bücherecke zu finden und werden immer wieder als Anregungen genutzt.

Viele entdecken, dass ihnen Motorik hilft: Sie lernen besonders schnell und dauerhaft, wenn sie dabei „laufen". Andere üben lieber in Einzelarbeit mit einer Kassette.

Gisela Süselbeck

Freies Bewegen

Sportunterricht wird nicht selten als unangenehme Pflichtübung gesehen. Bisweilen wird er von Lehrkräften erteilt, die sich darin nicht hinreichend ausgebildet fühlen. Deshalb mag das Arbeiten mit jahrgangsgemischten Klassen als zusätzliche Bürde erscheinen. Was soll den jüngeren Kindern angeboten werden, das die älteren nicht langweilt? Was kann mit den Älteren veranstaltet werden, für das auch die Jüngeren schon genügend Voraussetzungen mitbringen? Der Sportunterricht mit Jahrgangsklassen lässt sich nicht einfach auf das jahrgangsübergreifende Arbeiten übertragen. Dass er sich gewinnbringend und anregend gestalten lässt, soll mein Beitrag zeigen.

Eine Szene zur Einführung

Freier Bewegungsunterricht: In einer Ecke der Halle liegt eine Reihe von drei Turnmatten. Die Kinder laufen und springen darüber, setzen sich, fühlen das Element oder ignorieren das Gerät, befassen sich mit etwas anderem. Es vergeht etwas Zeit. Ein Mädchen setzt die Hände nebeneinander auf die erste der Matten, beugt den Kopf nach unten, zieht ihn zur Brust, gibt sich mit den Füßen einen Stoß und macht eine Rolle vorwärts. Sie wird dabei von drei Kindern beobachtet. Sie kommen hinzu, versuchen ebenfalls eine Rolle. Zweien gelingt es. Eins scheitert. Es bekommt nicht genug Schwung, um in die Rollbewegung zu gelangen. Die anderen greifen zu. Das Mädchen, das zunächst keine Rolle konnte, wird herumgewuchtet, versucht es erneut. Weitere Kinder kommen herbei. Eine Schlange bildet sich. Wer an der Reihe ist, macht eine Rolle. Bei Problemen Tipps und beherztes Helfen. Rolle vorwärts, sich einreihen, warten, das Problem erörtern, Erlebtes mit anderen reflektieren, Rolle vorwärts. Die Szene dauert die halbe Sportstunde an. Sie wiederholt sich in variierter Form in den Folgestunden.

Lasst Kinder agieren

Kinder bestimmen vollkommen selbstständig, was sie im Sportunterricht tun und was sie lassen. Sie wählen ihre Bewegungsform selber aus, entscheiden, ob sie mit dem Ball oder mit dem Seil spielen oder ein Sportgeschäft bauen. Die Lehrperson nimmt auf diesen selbstbestimmten Prozess von Bewegungsfindung und -ausführung keinen Einfluss. Sie ist aber alles andere als überflüssig. Sie muss Hilfestellung geben, wenn dies gewünscht wird. Sie muss beobachten. Und: Sie muss den Rahmen geben, in dem ein solcher Unterricht gefahrlos, gerecht und damit pädagogisch verantwortbar stattfinden kann. „Lasst Kinder agieren" darf nicht missverstanden werden als Aufforderung zu einer fahrlässigen und pädagogisch bedenklichen Laissez-faire-Veranstaltung.

Den Rahmen für freies Bewegen gestalten

Der Schwerpunkt liegt darin, Kindern methodische Kompetenz zu geben. Dabei stehen zwei Aspekte im Vordergrund: Es darf keine Gefährdung geben, Einzelne dürfen sich nicht ohne Rücksicht auf andere durchsetzen. Innere Bewegungsfreiheit auf der einen Seite erfordert einen eindeutigen Rahmen auf der anderen Seite. Wer seinen Schülerinnen und Schülern größtmögliche Bewegungsfreiheit gewähren möchte, muss sich auf ein klar umrissenes Regel- und Kenntnisgeflecht der Kinder stützen. Um welche Kenntnisse handelt es sich hierbei?

Zunächst müssen alle gewisse, trivial anmutende Grundregeln internalisiert haben. Schmuck, Uhren etc. müssen automatisch abgelegt werden. Die Halle darf nicht ohne Genehmigung der Lehrkraft verlassen werden. Prinzipiell gilt: Was für den üblichen Sportunterricht selbstverständlich sein sollte, gewinnt im freien Bewegungsunterricht erhöhte Bedeutung, weil es in diesem eher zu unübersichtlicheren Situationen kommen kann.

Weiterhin müssen Kinder eine hohe Gerätekompetenz erwerben. Diese beginnt mit einer Erziehung zur Ordnung: Nicht mehr verwendete Geräte werden nach Gebrauch am dafür vorgesehenen Ort verstaut: das Einhalten von Ordnung als Beitrag zu mehr Sicherheit. Darüber hinaus setzt freier Bewegungsunterricht Kenntnisse zum Auf- und Abbau der Geräte voraus. Die

Kinder müssen wissen, bei welchen die Unterstützung durch die Lehrerin erforderlich ist, wie Geräte getragen und anschließend gesichert werden. Auch sollten den Kindern Aspekte eines geräte- und körperschonenden Transports nicht fremd sein. Komplexere Kinder-Aufbauten dürfen erst nach Genehmigung durch die Lehrkraft verwendet werden.
Außerdem müssen sie lernen, den zur Verfügung stehenden Raum sachgerecht und fair aufzuteilen. Insbesondere Mannschaftsspiele erfordern klar umgrenzte Spielfelder, die nicht die gesamte Halle einnehmen dürfen. Sie müssen so beschaffen sein, dass weder die Feldspieler die übrigen Kinder noch die übrigen Kinder die Feldspieler stören oder gefährden. Nicht zuletzt muss die Spezifik der einzelnen Geräte genauestens vertraut sein. Über einschlägige Schriften verfügen alle Schulen. An dieser Stelle exemplarisch einige Standard-Geräte:

- Weichböden etwa dürfen nicht überquert werden, da sie potenzielle Landeflächen sind. Sie werden mit sechs Personen auf Hüfthöhe getragen.
- An Tauen und Ringen darf nur senkrecht zur Aufhängungsschiene geschwungen werden, weil Kinder anderenfalls zusammenstoßen könnten.
- Geräte mit Rollen dürfen nicht als Fahrzeuge zweckentfremdet werden.
- Es empfiehlt sich weiterhin, die maximale Kletterhöhe von Gitterleitern farblich zu markieren.

Methodenkompetenz erweitern

Freier Bewegungsunterricht lässt sich in der jahrgangsübergreifenden Lerngruppe sofort einsetzen. Je früher Kinder diesen kennen lernen, desto unbelasteter und offener gestalten sie ihre Bewegungsräume. Der Geräteaufwand ist gering, und die Kinder haben nur solches Gerät zur Verfügung, das ohne Gefährdung und mit sicherer Bedienung sofort verwendbar ist: z. B. Springseile, Tücher, Reifen oder weiche Bälle. Die Gerätekompetenz *der Kinder wird dann schrittweise* erweitert. Es empfiehlt sich, dabei jeweils die aktuelle Situation zu erkennen und aufzugreifen.

Dass freies Bewegen im Sportunterricht kein willkürliches Geschehen ist, sondern methodisch einer klar strukturierten Linie folgt, zeigt auch die Notwendigkeit des systematischen Vertiefens und Übens der erworbenen Kenntnisse. Es obliegt der Lehrkraft, das gewonnene Wissen durch regelmäßige Wiederholung und durch strikte Einforderung der Regeleinhaltung zu festigen.

Im Rahmen dieser Unterrichtsform können auch Bewegungslandschaften angeboten werden. Am effektivsten lassen sich diese für die ganze Schule an einem festgelegten Tag realisieren. Sie werden morgens auf- und erst am Ende des Schultages wieder abgebaut.

Die Chancen

Hier möchte ich die Vorzüge darstellen, die sich für das Unterrichten von jahrgangsübergreifenden Gruppen ergeben:

Im Zentrum steht die Möglichkeit, dass Schülerinnen und Schüler ihre Bewegungsprobleme selbst bestimmen können. Sie beziehen sich intuitiv optimal angepasst auf ihre individuellen körperlichen, sozialen und psychischen Voraussetzungen. Die Erstklässler werden in solchen Sportstunden ebenso motiviert und angemessen seine Bewegungsmöglichkeiten ausschöpfen wie das zehnjährige Kind. Jeder kann seinen eigenen Weg zur Lösung eines Bewegungsproblems gehen, ohne sich in einer exponierten Vorführ-Situation – unter teilweise enormem sozialem Druck – zu befinden.

Freier Bewegungsunterricht trägt somit auch zur Leistungserziehung bei. Hier macht jedes Kind unabhängig vom Alter eine für seine Persönlichkeitsentwicklung unverzichtbare Erfahrung: Es erlebt, dass es etwas kann. Selbst erdachte oder gewählte Probleme werden in Angriff genommen und in der Regel so lange bearbeitet, bis sie gelöst werden. Leistung wird hierbei als ein Handeln verstanden, in dem Kinder an die Grenzen ihrer Möglichkeiten gehen und diese sogar überschreiten.

Ein weiteres Moment ist das Modelllernen. Kinder beobachten die anderen, sie haben ständig eine Vielfalt an Bewegungsmöglichkeiten vor Augen. Sie sehen, werden neugierig, fragen nach, erproben und erweitern damit ihr Bewegungsrepertoire. Auch hier kommt ein gewünschter Effekt jahrgangsübergreifenden Unterrichts zum Tragen: Jüngere sehen das, was Ältere schon können. Diese geben ihr Wissen weiter, übernehmen Verantwortung, reflektieren und festigen ihren Kompetenzen damit.

Das freie Bewegen leistet auch einen Beitrag zur Gesundheitserziehung. Die Kinder betätigen sich auf eine Weise aktiv, dass sie sich auch psychosozial wohl fühlen. Zwänge und Momente des Bloßgestelltseins wie beim Riegenturnen, die Ängste und Hierarchien verursachen, bestehen nicht.

Thomas Auras

Literatur

AURAS, THOMAS (2001): Kinder als Bewegungsexperten: freies Bewegen im Sportunterricht. Köln: Strauß

AURAS, THOMAS (2004): Andere Perspektiven zulassen: Kinder als Bewegungsexperten. In: NEUMANN, PETER/BALZ, ECKART (Hrsg.): Mehrperspektivischer Sportunterricht – Orientierungen und Beispiele. Schorndorf: Hofmann

7 Differenzierungskonzepte erarbeiten

Differenzierungsformen

Das Ziel unserer täglichen Arbeit muss sein, jedem Kind mit seinen unterschiedlichen Voraussetzungen, Begabungen und Fähigkeiten optimale, sinnvoll motivierende, ermutigende Möglichkeiten zum individuellen Lernfortschritt zu bieten. Andauernde Überforderung, Misserfolge, Konkurrenzdruck sowie Versagensängste führen zu Selbstwertkrisen, in denen Kinder an und in Schule scheitern müssen.

Wir möchten erreichen, dass Kinder lernen zu lernen und dabei Verantwortung für sich, für ihre Zeit und ihre Kraft übernehmen sowie Hilfe von anderen annehmen. Sie sollen Vertrauen in die eigene Leistungsfähigkeit und Leistungsbereitschaft entwickeln – so oder ähnlich steht es im Übrigen in den meisten Richtlinien für die Arbeit in der Grundschule. Dafür können wir im jahrgangsübergreifenden Unterricht eine Menge tun. Wir bedienen die individuellen Zugangs- und Lernweisen von Kindern auf vielfältige Art und Weise der Differenzierung. Wir differenzieren durch die Veränderung der äußeren Bedingungen.

Gemeinsames Erarbeiten

Bei der gemeinsamen Erarbeitung desselben Lerninhaltes möchte ich ganz bewusst jedes Kind, auch die Jüngeren, mit diesem Thema oder Teilen davon beschäftigen, damit es sich vielleicht schon – ganz nebenbei und wie selbstverständlich – Kenntnisse aneignet, die man ihm eigentlich in seinem Alter noch nicht zutraut. Hier erhalten besonders leistungsstarke Kinder Anreize, Lerninhalte der höheren Jahrgänge zu erarbeiten. Um dies altersgerecht zu gestalten, eignen sich natürlich nicht alle Themen. Wir Lehrenden können hier aber gut beobachten, welche Aufnahmekapazitäten und Fähigkeiten einzelne Kinder schon besitzen, um sie noch gezielter fördern zu können.

Wie bei der Erarbeitung eines Themas für die unteren Jahrgänge die Mithilfe der Größeren von Bedeutung sein kann – wobei selbstverständlich auch sie lernen –, wird in anderen Kapiteln dieses Buches beschrieben. Hier liegt die Chance, dass leistungsschwache Kinder in der Arbeit mit Jüngeren im Sinne des „lehrenden Lernens" eigene Lernschritte wiederholen und vertiefen.

Schüler helfen Schülern

Kinder lernen oft schneller und lieber von anderen Kindern. Sie sind sich in Denken und Sprache näher, sodass sie sich bei einer Erklärung in manchen Fällen eher erreichen können, als es zwischen dem Kind und einem Erwachsenen gelungen wäre. Wenn Schülerinnen und Schüler sich untereinander helfen, erwerben sie darüber hinaus sprachliche und kommunikative Kompetenzen. Sie lernen, eigene Gedanken (Fragen und auch Antworten) so in Worte zu fassen, dass andere sie verstehen. Dies bezieht sich nicht nur auf Lerninhalte, sondern auch auf das Kennenlernen und Einüben von Arbeitstechniken sowie auf das Miteinander in der Gruppe und deren Bereitschaft, sich gegenseitig zu helfen und damit bei der Arbeit zu unterstützen.

Abteilungsunterricht

Hier fasse ich Kinder mit nahezu gleichen Lernvoraussetzungen und gleichem Leistungsstand zu einer Lerngruppe zusammen, während die übrigen Kinder selbstständig in ihrem Lehrgang arbeiten. Die Zusammensetzung der Kleingruppe kann jeweils aus unterschiedlichen Jahrgängen bestehen. Die Kinder haben aber eines gemeinsam: Sie benötigen ein weitergehendes Lernangebot, eine Einführung, eine Erklärung, Unterstützung oder auch nur vertiefende Wiederholung mithilfe der Lehrerin und der Mitschüler zu einem thematisch eingegrenzten Lernbereich. Das glückt in der Jahrgangsmischung eines Abteilungsunterrichts besonders gut. Somit ist gewährleistet, dass jedes Kind zum richtigen Zeitpunkt den Lernzuwachs erfährt, der innerhalb seines Lernplans ansteht oder der aufgrund von Lerndefiziten oder Fehlzeiten bisher nicht erzielt werden konnte. Dadurch wird individueller Lernfortschritt ermöglicht und Unter- oder Überforderung vermieden.

Gemeinsames Diktat

Zu jedem Projekt wird ein gemeinsames Diktat geschrieben. Dabei handelt es sich aber nicht um die reguläre Überprüfung der Rechtschreibefähigkeiten, die jeder Dritt- oder Viertklässler zu seinem Lehrgangsfortschritt passend absolviert. Im April steht z. B. das Frühlingsdiktat an. Schon eine Woche zuvor werden die Texte (ein und derselbe für alle) und differenzierte Vorbereitungsanweisungen an die Kinder gegeben. Die Vorbereitung findet zu Hause statt und wird mit der anderen „ständigen Hausaufgabe" verrechnet.

Alle Kinder der Jahrgänge 1 bis 3 und ein Vierer bekommen den ganzen Text (ca. 70 Wörter). Vier Kinder des Jahrgangs 4 erhalten nur die Lernwörter und drei von ihnen gar kein Material, haben aber die Aufgabe, bei den anderen z. B. die Übungsblätter zu kontrollieren. Der Jahrgang 2 und einige Dreier erhalten zusätzlich drei Seiten mit Übungsaufgaben. Einige wenige Dreier müssen selbst ihre Übungsform finden. Die meisten Zweier und Einer konzentrieren sich allerdings nur auf die im Text unterstrichenen Lernwörter, während sich die schwächeren Kinder des Jahrgangs 1 nur fünf der lautgetreuen Wörter einprägen. Die Leistungsstärkeren dürfen vorbereiten, was sie sich zutrauen.

Auch der Ablauf und der Erwartungshorizont beim Diktat selber beziehen sich auf die unterschiedlichen Leistungsstufen, wobei ich immer wieder die Erfahrung mache, dass sich Kinder deutlich höhere Ziele setzen, als ich ihnen zugeordnet habe und hätte. Nicht immer glückt dies, aber doch oft genug, sodass ich diesen Kindern die Wahlfreiheit lasse.

Diktatzeit

Alle, die nun den ganzen Text schreiben, sitzen vor mir. Allen, die nur einzelne Wörter schreiben, kehre ich den Rücken zu. Während ich den Text diktiere, halte ich ganz kurz eine Wortkarte mit dem im Satz vorkommenden Lernwort hoch, und zwar so, dass es nur die Kinder hinter mir lesen können. Dies ist gleichzeitig Abschreibdiktat, Orientierung und Hilfe für ganz schwache Schüler. So klappt es und macht allen sehr viel Spaß. Die Kinder – vor allem die jüngeren – sind stolz, dass sie mit allen zusammen ein Diktat schreiben können. Zum Schluss dürfen die Kinder noch ihr „Jokerwort" nachschlagen. Das heißt, ein Wort, bei dem sie sich nicht sicher sind, darf im Wörterbuch überprüft werden.

Möglichkeiten innerer Differenzierung

Oft staunen Eltern und Besucher, aber auch Kinder, die im laufenden Schuljahr von anderen Grundschulen zu uns stoßen: „Aber die arbeiten ja alle an etwas anderem! Die haben ja ganz unterschiedliche Hausaufgaben – auch innerhalb eines Jahrgangs!" Ja! Für die Kinder in jahrgangsgemischten

Lerngruppen ist Unterschiedlichkeit etwas völlig Selbstverständliches, das sie vorbehaltlos tolerieren. Das in altersgleichen Gruppen unvermeidbare Messen und Vergleichen tritt hier in den Hintergrund.

Im Lehrgang hat jeder Jahrgang seinen eigenen Fahrplan. Innerhalb des Fahrplans hat aber gegebenenfalls jedes Kind seinen eigenen, mit mir abgesprochenen oder von mir vorgegebenen Lernkurs. Binnendifferenzierung für jeden Förderbedarf, jede Leistungsebene, jeden Lernstand, jeden Lerntypus mit seinen unterschiedlichen Wahrnehmungskanälen ist selbstverständlich und die Basis für unsere Arbeit. Materialien zur Rechtschreibung beispielsweise gibt es mit sehr unterschiedlichem Anspruch in Wortschatz, Wortwahl, Transferleistungen, Übersichtlichkeit und Aufgabenmenge. Sie werden merken: Sie kennen ihre Kinder und können anhand der Unterrichtsbeobachtungen und bisherigen Lernentwicklung des Kindes beurteilen, was aus der Ihnen nun zur Verfügung stehenden Materialvielfalt das für ein bestimmtes Kind Passende ist.

Rechtschriftliche Überarbeitung eines Textes

Anhand seines eigenen Textes erlernt ein Kind die für sich und diesen Text relevanten Rechtschreibregeln. Die Lehrerin wählt auf das Kind zugeschnittene Übungsmaterialien und dem Kind entsprechende Methoden und Kanäle (auditive und/oder visuelle). Sie versetzt das Kind so in die Lage, das Rechtschreibproblem zu bearbeiten. Auditiv orientierten Kindern bietet sie z. B. deutliches Vorsprechen oder rhythmisiertes Sprechen der Regeln oder auch der Regelreime an. Für mehr visuell orientierte Kinder schreibt die Lehrerin das Wort noch einmal richtig auf und weist auf die unterschiedliche Schreibweise hin. Sie empfiehlt dem Kind vielleicht, das Wörterbuch stärker einzubeziehen (Kontrolle: Seitenzahl hinter jedes nachgeschlagene und korrigierte Wort), oder sie hilft dem Kind mit optischen Übungen zum Wortbild („Geheimschrift“: hohe Balken, kurze Striche je nach der Höhe des Buchstabens in der dreigeteilten Lineatur oder stattdessen Kästchen als so genannte Worthäuser).

Wahl des Grundwortschatzes

Hinsichtlich des Umfangs und des sprachlichen Niveaus stimmen wir den rechtschriftlich zu sichernden Grundwortschatz auf das jeweilige Kind ab und passen ihn bei Tempo, Umfang von Wiederholungen und der Anzahl der zu erlernenden neuen Wörter dessen individuellem Übungsbedarf an.

Buchstabenlehrgang

Hier erlernen die Kinder in ihrem ganz eigenen Tempo eine feste und aufeinander aufbauende Folge von Buchstaben (Oo – Ii – Nn – Tt – Ff – Bb – Rr – Ee – Ss – Aa – Mm – Ll – Eiei – Uu – Dd etc.) kennen und üben sie auf unterschiedlich intensive Art sowie mit unterschiedlichen Wahrnehmungsschwerpunkten (Buchstaben intensiver sehen oder fühlen oder hören ...).

Welche Differenzierungsstruktur ist die Richtige?

Was vorzuziehen ist, hängt von verschiedenen Überlegungen ab. Wenn ich an meinen Klassenalltag denke, sind mir zwei Bedingungen besonders wichtig – und zwar im Hinblick auf die vielen störanfälligen Kinder, die wir heutzutage in unseren Lerngruppen haben, und im Hinblick auf die arbeitsorganisatorische Bewältigung. Ich würde immer die Differenzierungsstruktur vorziehen, die mir einen möglichst konstanten, störungsfreien und überschaubaren Unterrichtsalltag – auch für die Kinder – gewährleistet, welcher auch absprachetechnisch gut zu bewältigen ist.

Durch den 45-Minuten-Rhythmus, der zwangsläufig wieder ins Spiel kommt, wenn man den Schwerpunkt auf Fördergruppen legt, die eine Kollegin außerhalb des normalen Unterrichtsgeschehens betreut, würde ich mich um wesentliche Merkmale unseres Unterrichtskonzeptes beschnitten fühlen. Für mich findet optimale Förderung und Differenzierung im Klassenraum während einer normalen Unterrichtsphase statt. Kinder haben dort Zugriff auf helfende Kinder, mehrere Erwachsene (Doppelbesetzung, Elternhilfe, Sonderpädagogen etc.) und auf vielfältiges geeignetes Material. So ist hochgradige Differenzierung am besten zu bewältigen.

Förderkonzept statt jahrgangsübergreifender Unterricht?

Die derzeitige Gretchenfrage: Können wir uns all diese Möglichkeiten denn auch zunutze machen, wenn wir keine jahrgangsübergreifenden Stammgruppen installieren, sondern uns dazu entschlossen haben, ein Förderkonzept von miteinander kombiniertem Differenzierungsoptimum und individualisiertem Lernen auf die Beine zu stellen?

Förderpläne in Jahrgangsklassen unter Einbeziehung der Altersmischung und der Ausschöpfung aller personellen Kapazitäten bedeutet zwangsläufig, dass ich Gruppen immer wieder neu zusammenstellen muss. Dies ist eine Belastung für Kinder, Lehrerin, Unterricht, Klassenstrukturen und -alltag. Es geht zu Lasten von Fachkolleginnen, von Überschaubarkeit,

Effektivität, Spontaneität und somit letztendlich der Wirkkraft. Auch das Spektrum der Schülerhilfe untereinander ist stark eingeschränkt, denn es werden ja Gruppen zusammengefasst, die in sich wieder die gleiche Problematik aufweisen und somit homogen sind. Die Vorteile der heterogenen Gruppe, besonders die Vertrautheit der Kinder einer Klasse untereinander, die Kräfte des eingespielten Teams einer sozialen Gemeinschaft, die wichtig für die gegenseitige Unterstützung und die Verantwortung füreinander sind, kommen nicht zum Tragen.

Als es in unserer Schule noch die Trennung zwischen den unteren beiden und den oberen beiden Jahrgängen gab, hatten wir das so genannte Wandern auf dem Flur, den „Gruppentourismus". Um die Kinder aneinander zu gewöhnen, die Ende jeden Jahres in die Nachbarklasse wechselten, wurden klassenübergreifende gemeinsame Projekte abgehalten. Wie viel Zeit ging alleine für das tägliche Zusammenstellen der Gruppen, das Einpacken der nötigen Arbeitsmaterialien, für Disziplinschwierigkeiten, die in der gewohnten Lernumgebung und mit der „eigenen" Lehrerin kein Problem dargestellt hätten, und vieles mehr verloren.

Stellen Sie sich nun einfach den Fall vor, dass vielleicht zweimal am Morgen stets wechselnde Kinder oder Gruppen ihre nötigen Sachen einpacken und den Raum verlassen, um in einen anderen Raum zu ziehen. Dies zu organisieren – besonders für die Erstklässler – kostet Zeit zu Lasten des Förderunterrichts und verbleibenden Klassenunterrichts. Die Kollegin müssen Sie vorher ins Bild gesetzt haben, damit sie jedes Kind seinem Lernstand gemäß fördern kann. Die Fachkollegin muss ein eigenes Handlungskonzept vorweisen, welches für die Kinder zunächst einmal inhaltlich fremd ist. Da die Gruppe nicht konstant zusammenbleibt, wird sich auch kein Gruppenklima entwickeln. Zudem beobachtet die Klassenlehrerin ein Kind anders, genauer. Sie hat Gelegenheiten und Beobachtungsmöglichkeiten in anderen aufschlussreichen Zusammenhängen, die eine Fördergruppenleiterin nicht hat.

Mein Rat ist eindeutig

Es lohnt sich, den Kraftaufwand und den Mut aufzubringen, drei oder vier Jahrgänge in festen neuen Stammgruppen zusammenzuschließen und dann nur noch davon zu profitieren: im Sinne der Kinder und im Sinne der eigenen Arbeitskraft sowie Berufszufriedenheit.

Gabriele Hesse

Kinder differenzieren sich selbst

Und das häufig sachgerechter, als die Lehrenden es könnten. Viele Kolleginnen und Kollegen haben z. B. äußerst positive Erfahrungen mit differenzierten Hausaufgaben gemacht: Wir sammeln Vorschläge für geeignete Hausaufgaben zu unseren aktuellen Themen. (Das funktioniert übrigens in allen Fächern.) Es gibt viele Ideen für mündliche, praktische (z. B. Pflanzen, Blätter sammeln, Haustiere, Vögel, Wetter beobachten, Preise notieren) und schriftliche Hausaufgaben. Die Kinder dürfen selbst auswählen, was sie tun. Sie werden staunen, Kinder wählen nicht das, was am schnellsten geht, besonders leicht erscheint – und was Eltern und Lehrende sonst noch alles befürchten. Häufig bekam ich lange Geschichten, wurden spannende Texte zu selbst gewählten Themen vorgelesen …

Beim selbstbestimmten Üben, z. B. bei täglichem Lernwörter- oder Rechtschreibtraining, wählen Kinder selbstständig unterschiedliche Sozial- und Übungsformen. Auch die Wahl des Arbeits- oder Leseortes in und außerhalb des Klassenraumes sowie die Entscheidung für thematische Lernstationen sind sehr unterschiedlich.

In jahrgangsgemischten Klassen konnte ich immer wieder staunend beobachten, wie Kinder sich sowohl thematisch als auch bezüglich der Lern- und Arbeitsformen sowie hinsichtlich der Materialien an oberen oder an unteren Jahrgangsstufen orientieren. Als für ein 3. Schuljahr Suchsel als neues Verfahren zur Übung von Lernwörtern vorgestellt wurden, waren mehrere Zweitklässler so interessiert, dass sie die eigenen Aufgaben ignorierten und sofort selbst Suchsel erstellten und diese Form in ihr Übungsrepertoire übernahmen.

Ähnliches war bei dem Lernangebot feststellbar, eigene Texte als Partner-, Schleich-, Laufdiktat oder als Abschreibübung zu schreiben. In dem entsprechenden Ordner fanden sich Texte von Kindern der Klassen 2 bis 4; ebenso wurden die Übungen jahrgangsübergreifend genutzt.

Die Nutzung von Mathematik- und Sachunterrichtskarteien ist in allen jahrgangsübergreifenden Klassen stärker vom individuellen Können, von Fähigkeiten, Fertigkeiten und Interessen bestimmt als von der Zugehörigkeit zu einer bestimmten Jahrgangsstufe.

Gisela Süselbeck

Eigenständiges Lernen

Die offenen Stunden sind ein Unterrichtskonzept, das in ausgeprägten täglichen Phasen das Geschehen so weit wie möglich in die Hände der Kinder legt und damit für jahrgangsübergreifenden Unterricht besonders geeignet ist. Hier bestimmen die Kinder vollkommen eigenständig und im Wesentlichen unbeeinflusst von der Lehrerein oder dem Lehrer das Geschehen. Es sind keine 45-Minuten-Stunden, sondern je nach Erfordernis auch längere Zeitabschnitte gemeint. In seiner didaktischen Orientierung liegt dieses Konzept zwischen dem (gelegentlichen) Ermöglichen von Freiarbeit und einer fast vollständigen Öffnung. Hier zunächst die Skizze eines Unterrichtsgeschehens.

Eindrücke

Das Arbeitsgespräch als Auftakt der offenen Stunde ist beendet. Einige Kinder haben berichtet, was sie vorhaben. Notwendige Absprachen wurden getroffen. Arndt und Jimmy bauen an ihren Booten weiter. Tamara erstellt eine Halloween-Maske. Material finden sie im Bastelregal. Werkzeug wie Stifte, Kleber, Scheren ist auf jedem Tisch vorhanden.
Joelle nimmt sich ihre Diskette und führt ihre gestrigen Schreibversuche an einem Computer fort. Sie weiß, wie ein Rechner bedient wird.
Sophia zieht es vor, ein Computer-Logikspiel zu spielen. Robin miaut mich an. Er ist eine Katze. Holt sich auch bei anderen Streicheleinheiten.
Unter der Regie von Vanessa versuchen sich drei Kinder an der Erprobung eines eigenen Theaterstücks. Es klappt nicht. Hier wie in den Büchern, die Alex, Michelle und Franziska schreiben, wird das Thema „Ritterburgen und Prinzessinnen", das die Klasse seit einiger Zeit bewegt, verarbeitet. Wie man aus DIN-A3-Blättern und einem langen Tacker ein Buch herstellt, wissen die Kinder von der letzten Stunde.
Johanna sitzt im Lesebett und liest. Kim daneben betrachtet die Bilder.
Am Gruppentisch fertigt Lucas eine Skizze vom Stromkreis an, den er soeben entdeckt hat. Im Technik-Regal liegen Lupen, Batterien, Draht, ein Pümpel, Experimentierkarten u. v. m. Andere Kinder werden neugierig, woher das Klingeln kommen mag, das Lucas erzeugt.
Unterdessen ziehe ich mich mit drei Kindern zurück. Wir machen Übungen zur Förderung der phonologischen Bewusstheit.
Die Triangel ertönt. Nach dem Aufräumen treffen wir uns im Forum. Einige Kinder stellen ihre Arbeit vor, bringen ihre Werke an der Präsentationstafel an, beantworten Fragen.

Begründung

Für das Unterrichten in jahrgangsübergreifenden Gruppen hat das Konzept der offenen Stunden eine Menge Vorteile:

Subjektorientierung

Die Idee der Subjektorientierung wird in offenen Stunden konsequent verwirklicht. Kinder haben die Möglichkeit, sich mit dem zu befassen, was sie wirklich bewegt und interessiert.

Natürliche Differenzierung

Dabei wählen sie intuitiv angemessene Schwierigkeitsgrade. Der Reiz, sich mit einer Sache zu befassen, ist dann am größten, wenn die Lösung eines Problems möglich, aber nicht sicher ist. Unabhängig von Alter und Entwicklungsstand suchen sich die Schülerinnen und Schüler die passenden Themen und Aufgaben. Offene Stunden bieten die Möglichkeit einer natürlichen Differenzierung.

Üben und Anwenden

Ebenso ist zu beobachten, wie Kinder sich mit Dingen befassen, die sie bereits beherrschen. Sie genießen es, ihre Fähigkeiten und Fertigkeiten routiniert zur Anwendung zu bringen. Das entwicklungsadäquate Üben und Anwenden ist regelmäßiger Bestandteil in den offenen Stunden.

Intrinsische Motivation

Kinder entscheiden sich selbst für die Auseinandersetzung mit verschiedenen Gegenständen. Das Interesse gilt den Gegenständen und Handlungsformen selbst. Noten und Zwang oder andere äußere künstliche Motivatoren spielen keine Rolle. Die Schülerinnen und Schüler sind intrinsisch motiviert.

Vielseitige Angebote

Das Unterrichtsgeschehen und die Angebote sind nicht eintönig und gleichschrittig für alle vorgeschrieben. Themengebiete und Handlungsformen sind vielfältig, abwechslungsreich und fächerübergreifend. Unabhängig von Interesse und Alter hat jedes Kind die Möglichkeit, dasjenige auszuschöpfen, was ihm bedeutungsvoll erscheint. Es sieht darüber hinaus auch Kinder, die sich mit Dingen befassen, die möglicherweise noch nicht sein Interesse gefunden haben oder noch nicht in seinen Blick gekommen sind. Somit erweitern sich Betätigungsfelder und Horizonte.

Modelllernen

Diese Vielfalt birgt die Chance der Aufrechterhaltung und Entwicklung einer Lernkultur, in der das Modelllernen einen zentralen Platz einnimmt. Jüngere Kinder sehen, wie ältere schreiben, lesen und Vorträge halten. Die Älteren sind stolz, ihr Wissen weitergeben zu können. Sie beantworten Fragen in sinnvollen Zusammenhängen und nicht als akademisch-künstliche Schulübung. Sie werden auch im Hinblick auf ihr Können ernst genommen.

Verantwortung

Nicht nur damit stehen Kinder in der Verantwortung. Sie müssen den Lernweg der anderen unterstützen und sind außerdem eigenverantwortlich für den eigenen Arbeits- und Lernprozess. Das innere Streben des Kindes bewegt es zum Fortschritt. Sie gehen den Weg aus eigener Kraft und werden nicht von außen angeschoben. Sie verlernen das Lernen nicht.

Atmosphäre des Wohlbefindens

Das Arbeiten in offenen Stunden ist geprägt von einem Klima der Lernlust, ohne Druck und Demütigung bei Unterlegenheit im Wettbewerb. Das Beisammensein von Jung und Alt ist nicht nur auf dem Pausenhof gegeben, sondern auch im Unterricht eine Selbstverständlichkeit. Diese Atmosphäre dient nicht nur der psychosozialen Gesundheit. Sie ist unabdingbar für das Lernen, das immer eine positive hormonelle Ausgangslage voraussetzt.

Bewegungsdrang

In offenen Stunden wählen Kinder ihren Arbeitsort selbst. Sie können am Tisch genauso wie auf dem Boden oder im Flur arbeiten. Sie sind nicht an ihren Stuhl gefesselt und können – wenn auch begrenzt – ihrem natürlichen Bewegungsdrang nachgehen.

Methodik und Organisation

Obwohl in offenen Stunden auf die Kräfte des Kindes vertraut wird und die Kinder aktiv das Geschehen bestimmen, sind Gehalt und Effektivität der Handlungen entscheidend von der methodischen Begleitung im schulischen Kontext abhängig. Es geht darum, den Rahmen so zu gestalten, dass Lern- und Entwicklungsmöglichkeiten in idealer Weise entfaltet werden.

Einbettung im Stundenplan

Es empfiehlt sich, offene Stunden täglich fest in den Stundenplan zu integrieren. Sie erhalten damit den gleichen Stellenwert wie andere Stunden. Für Kinder ergibt sich Transparenz und Rhythmisierung. Die Lehrkraft hat eine hilfreiche Planungsstruktur.

Lehrergeleitetes und eigenverantwortliches Arbeiten

Eine Unterrichtsgestaltung, die sich nur auf offene Stunden stützt, ist meines Erachtens nicht der ideale Weg. Der lehrergeleitete Unterricht in den herkömmlichen Klassenstunden muss ergänzend hinzukommen. Die Lehrerinnen und Lehrer haben die Möglichkeit, in den offenen Stunden Beobachtetes in den Klassenstunden aufzugreifen. Sie erkennen, wo Interessen oder Defizite liegen, und können darauf reagieren. Nicht zuletzt wird den Kindern in den Klassenstunden methodisches Wissen vermittelt, das sie in den offenen Stunden benötigen und zur Anwendung bringen.

Regeln

Das methodische Fundament für das Arbeiten in offenen Stunden ist das einsichtige Einhalten von Regeln. So frei sich das Lernen in offenen Stunden gestaltet, so konsequent muss auf die Einhaltung dieser Regeln geachtet werden. Ihre Einhaltung stellt viele Kinder vor eine schwierige Aufgabe, mit der sie bisweilen überfordert sind. Die Bedeutung dieser einfachen, geradezu trivial anmutenden Grundverhaltensmuster ist nicht zu überschätzen. Ein konzentriertes, fruchtbares Lernklima kann nur in Ordnung und Ruhe entstehen.

Phaseneinteilung

Offene Stunden sollte man mit einem Arbeitsgespräch einleiten. Hier äußern sich die Kinder, die dies schon wissen, was sie vorhaben oder weiterführen wollen. Oft müssen organisatorische Absprachen getroffen werden. Nach der Arbeitsphase ist häufig eine Präsentation sinnvoll. Die Bemühungen der Kinder werden gewürdigt. Wieder werden Ideen vermittelt, Anregungen gegeben.

In der Erarbeitung verschiedener Präsentationsformen liegt ein weiterer zentraler Aspekt des Methodenlernens in offenen Stunden. Immer dann, wenn es sich aus der Situation heraus anbietet, kann die Kompetenz der Kinder erweitert werden. Das beginnt wiederum mit trivial anmutenden Grundkompetenzen: Wenn ein Kind etwas vorträgt, müssen alle anderen schweigen. Das Papier, Plakat oder Objekt des Vortrags muss gut sichtbar für alle aufgehängt oder gezeigt werden. Wenn die oder der Vortragende zur Erklärung einen Zeigestock verwendet, können die Zuhörer oder Zuschauer besser folgen. Das anschließende Rückfragen und Antworten gelingt nur mit einer gefestigten Gesprächskultur auf hohem Niveau. Je nach Entwicklungsstand und Präsentationssituation kann die Lehrerin gemeinsam mit den Kindern die Vortragskompetenz und -vielfalt erweitern.

Lehrerrolle

Mit einiger Wahrscheinlichkeit wird den Lehrerinnen und Lehrern die Rollenfindung schwerer fallen als den Kindern. Vor allem müssen sie es aushalten können, in offenen Stunden nicht mehr alle Fäden in der Hand zu halten und auf die innere Lernbereitschaft und -fähigkeit der Kinder zu vertrauen. Das bedeutet nicht, dass die Lehrkraft hier nicht eine wichtige Position einnimmt. Sie ist verantwortlich für Raum, Material, Lernklima, Regelbeachtung und gezielte Erweiterung des Methodenrepertoires. Sie beantwortet Fragen, gibt Hilfen und fördert im Bedarfsfall einzelne Kinder. Und sie hat die Aufgabe, Kindern, die in offenen Stunden orientierungslos sind, Angebote zu machen. Nicht zuletzt ist auch sie Modell für die Schülerinnen und Schüler. Die Lehrkraft ist Vorbild in der Art, wie sie schweigt, spricht, zuhört, fragt, sich interessiert, arbeitet, mit Menschen umgeht, ihnen vertraut und sie ernst nimmt.

Thomas Auras

Offener Unterricht

Zunächst stellen wir Ihnen zwei unterschiedliche Methoden der Binnendifferenzierung vor, ohne die jahrgangsübergreifendes Unterrichten nicht erfolgreich sein kann: zum einen die herkömmliche Angebotsdifferenzierung (etwa in Form von Frei- oder Wochenplanarbeit, Werkstattunterricht oder Stationenlernen), zum anderen die bislang eher unübliche Selbstdifferenzierung, eine Differenzierung „vom Kinde aus“. Die Selbstdifferenzierung ermöglicht, was die Angebotsdifferenzierung wegen der ihr eigenen Grenzen nicht leisten kann: die optimale „Passung“ für jedes einzelne Kind.

Sodann skizzieren wir Aspekte des offenen Unterrichts, der eine effektive Selbstdifferenzierung und damit aktive und selbstverantwortete Lernprozesse auf einem durchgehend hohen Motivationsniveau ermöglicht. Schließlich geben wir eine Reihe von praktischen Ratschlägen und Empfehlungen für die fortlaufende Motivierung eines selbstständigen Lernens.

Binnendifferenzierung: Möglichkeiten und Grenzen

Schon in der Jahrgangsklasse sind die Altersunterschiede beträchtlich: Die Altersspanne beträgt bis zu drei Jahre. In der jahrgangsübergreifenden

Klasse sind die Unterschiede noch größer. So ist hier in besonderer Weise offensichtlich: Ein gleiches und gleichförmiges Unterrichtsangebot kann unmöglich alle Kinder gleichermaßen erreichen.

Doch wie kann oder wie sollte differenziert werden? Und was heißt „so weit wie möglich“? Kann man etwa 20 oder 25 höchst unterschiedlichen Kindern Tag für Tag ein kognitiv und motivational passendes Unterrichtsangebot maßschneidern? Das ist doch schon wegen einer übermäßigen zeitlichen und inhaltlichen Belastung nicht zu schultern. – Dieser Meinung sind jedenfalls viele Didaktiker und die meisten Unterrichtspraktiker – und das zu Recht.

Doch gilt dies für jeden Versuch und für jede Art der Binnendifferenzierung? Kann Differenzierung grundsätzlich nur einige, nicht aber alle Kinder erreichen? Unsere Antwort: Es kommt darauf an, wie man differenziert oder differenzieren lässt.

Wer wirklich jedes Kind erreichen will, springt mit den üblichen Differenzierungsangeboten wie etwa Frei- und Wochenplanarbeit, Werkstatt- oder Stationenlernen langfristig zu kurz. Sie ermöglichen es allenfalls, in einem abgesteckten Rahmen, vorgegebene, d. h. „angebotene“ Aufgaben in je unterschiedlicher Reihenfolge und Geschwindigkeit abzuarbeiten.

Das ist gewiss besser als ein gleichschrittiges Lernen gleicher Inhalte. Doch auch die Angebotsdifferenzierung verfehlt noch so manches Kind. Das Angebot mag nicht interessieren oder motivieren; es überfordert oder unterfordert möglicherweise einige Kinder; der Rahmen ist für das eine Kind zu weit, für ein anderes zu eng gesteckt; die vorgebahnten Lernwege passen nicht auf den individuellen Lernstil, die verpflichtenden Lernzeiten (zu kurz oder zu lang) nicht auf die „Eigenzeit“ jeden Kindes, etc. – Keineswegs nur „schwache“ Kinder sind davon betroffen (Überforderung), sondern auch begabte Kinder (Unterforderung).

Wir haben die Kinder aus unserer dirigistischen Obhut entlassen, wir wollten ihre Motivation, ihre Fantasie und ihre Kreativität nicht mehr einengen. Die Folge: Einmal frei in der Wahl ihres „Curriculums“, ihrer Lernwege und Lernzeiten – mithin eigenverantwortlich für ihre selbst gewählten Lernprozesse – fingen die Kinder an, wie entfesselt zu lernen: hoch motiviert und hoch konzentriert, ausdauernd und unermüdlich, sich gegenseitig ansteckend und überbietend. Und das alles ohne unser Zutun, ohne unsere Lernköder, Impulse, Ermahnungen, Anweisungen oder gar Zwangsmittel.

Eine solchermaßen „entfesselte“, wirklich Freie Arbeit – das wurde uns bald bewusst – zwingt dazu, lieb gewordene und scheinbar unverrückbare Regeln über Bord zu werfen: die Bindung an feste Raumstrukturen, an fixierte Zeittakte (45 Minuten), an vorgegebene und „unaufgebbare“ Verhaltensregeln. Also mussten wir unseren bislang eher frontalen Unterricht umbauen.

Unsere offenen Verfahren unterscheiden sich deutlich von den üblichen Lehr- und Motivationstechniken und sind insofern ungewöhnlich. Doch fußen sie auf längst bekannten Erkenntnissen der Motivationspsychologie. Ihre Umsetzung in offene Unterrichtspraxis ermöglicht (und erfordert es zuweilen auch), weitere Bausteine unseres Gesamtgebäudes kurz in den Blick zu nehmen: Auf ihnen beruht nämlich seinerseits der Baustein „Offene Motivationsverfahren“.

Folklore: Motivation „von außen“

Wie motiviert man Kinder so, dass sie nicht nur auf ein Thema „anspringen“, sondern auch dauerhaft interessiert und motiviert daran weiterarbeiten? Wie schwierig dies sein kann, wissen Sie als Unterrichtspraktiker sicherlich aus manchmal leidvoller Erfahrung. Da haben Sie sich vielleicht lange über die „Gegenwarts-, Zukunfts- und exemplarische Bedeutung“ Ihres Themenangebots den Kopf zerbrochen (nach Klafki) oder darüber, ob es dazu taugt, Schüler „zu kompetenter, selbstbestimmter und solidarischer Lebensführung“ (nach dem „Hamburger Modell“) zu ertüchtigen – und die Reaktion Ihrer Schülerinnen und Schüler: Desinteresse, Langeweile, Protestgemurmel.

So erstaunlich ist dies eigentlich nicht, jedenfalls nicht immer. Fragen Sie sich einmal und antworten Sie ehrlich, ob Sie sich für den Dreisatz oder das Plusquamperfekt wegen seiner „exemplarischen“ Bedeutung erwärmen könnten oder deshalb, weil das sie (später?) in die Lage versetzt, kompetent und solidarisch zu handeln.

Feiertagsdidaktische Überlegungen der obigen Art sind zumeist nicht alltagstauglich und werden eigentlich nur für Demonstrationsstunden von Referendaren angesichts einer gestrengen Prüfungskommission angestellt – und das oft mit fraglichem Erfolg.

Dieser Mangel einer alltagstauglichen, d. h. praxisnahen „Didaktik der Motivation“ hat zu einer Folklore von Motivationstechniken geführt, die von einer Lehrer-Generation an die nächste weitergereicht wird: die Handpuppe als „kindgemäßes Vorspiel“ für die Zehnerüberschreitung; eine Karikatur als „heimlicher“ oder „lustiger“ Türöffner zum Aufsatzthema; die „bunten Hunde“ als Appetithappen für Rechenübungen; die inszenierte „Überraschung“ (einen dreibeinigen Salamander als Blickfang für das Sachthema mitbringen); das „Rollenspiel“ (als „Einstieg“ für das Lernen sozialer Kompetenz); die „Verrätselung“ (Problemlösung in einem Bild „verstecken“); die Herstellung eines „persönlichen Bezugs“ („Gestern ist mir was ganz Spannendes passiert“).

Doch leider funktioniert dieser „Motivationsschnickschnack“ (HILBERT MEYER) bei weitem nicht immer. – Zudem unterstellen derartige Motivationstricks dreierlei:

- Kinder seien ohne Anreize von außen nicht lernbereit;
- die angebotenen Themen und Inhalte hätten von sich aus keinen oder wenig Aufforderungscharakter, also müssten sie schön verpackt werden, um die Arbeit zu versüßen;
- und schließlich: Lernen sei immer ungeliebte Arbeit und Mühe, mithin eine Last, die man Kindern so leicht wie möglich machen müsse.

Alle drei Unterstellungen sind erwiesenermaßen falsch. Zumindest noch bei Schuleintritt sind Kinder in der Regel hoch motiviert zu lernen; sie bringen hunderterlei Lernerfahrungen und Interessen mit; sie stürzen sich geradezu enthusiastisch auf fesselnde und interessante Aufgaben/Themen, wenn man sie nur lässt, und sie wollen ständig gefordert sowie durch „schwierige“ Aufgaben herausgefordert werden.

„Offene“ Motivationsverfahren: Empfehlungen

Abschließend einige Empfehlungen, wie eine effiziente Motivationsförderung aussehen kann:

Empfehlung 1: ***Akzeptieren und nutzen Sie vom ersten Schultag an die Unterschiede zwischen den Kindern.***

Passen Sie Ihre Kinder nicht an das Curriculum an, sondern das Curriculum an Ihre Kinder. Die Gleichschaltung auf einen „virtuellen“ Durchschnitt bringt nämlich Kinder aus ihrem natürlichen je eigenen Takt.

Schaffen Sie anstelle dessen eine „Lernkultur der Vielfalt“. Nutzen Sie die bunte Unterschiedlichkeit verschiedener Kinder, die in der jahrgangsübergreifenden Klasse besonders bunt ist, um ihr Curriculum anzureichern. Soll doch ein Kind schon im Tausenderraum rechnen, obwohl die Zehnerüberschreitung noch ein halbes Jahr vor uns liegt. Und warum darf unser Experte für Solarenergie sein Interesse und sein Wissen nicht einbringen, bloß weil der Lehrplan dazu (noch) nichts hergibt? Dabei sind beide Multiplikatoren von Wissen und Motivation für die anderen Kinder: Unser Solarfachmann brachte ein ganzes Projekt in Gang, an dem weitere 12 Kinder begeistert teilgenommen haben; unser Mathematiker löste ein regelrechtes

Mathematikfieber aus: Plötzlich rechneten Zweitklässler „schwierige" Aufgaben aus dem 4. Schuljahr – und teilweise noch höher hinaus. Andere Kinder rechneten derweil weiterhin im Zahlenraum unter 10, zulässigerweise und ohne dafür verachtet zu werden. Wir als Lehrer (plötzlich nicht mehr lehrend), sahen und erlebten staunend, was Kinder so leisten konnten, obwohl oder vielmehr weil wir uns heraushielten.

Zugelassene Vielfalt erfordert und schafft erfahrungsgemäß eine „Kultur der Toleranz" für nicht nur kognitive, sondern auch „soziale" Unterschiede zwischen den Kindern. So hatten wir bisweilen ziemlich „bunte Hunde", die in die Klassengemeinschaft zu integrieren waren: Kinder mit bizarr ungewöhnlichem Verhalten oder auch mit „unbeschulbaren" Verhaltensstörungen, Kinder aus anderen Kulturkreisen, einmal im 2. Schuljahr einen hochbegabten Vierjährigen als Quereinsteiger, der noch sehr kleinkindhaft und eigentlich nicht schulfähig war: Sie alle sind sofort oder irgendwann als letztlich bereichernd auf- und angenommen worden. Diese Toleranz erzeugt schließlich ein „Klassenklima", das dem Leistungsniveau und der Lernfreude äußerst zuträglich ist – das belegen viele Untersuchungen und unsere Erfahrungen.

Empfehlung 2: ***Lassen Sie die Kinder aktiv und selbstständig lernen.***

Beschränken Sie Ihren (be)lehrenden Unterricht auf ein notwendiges Minimum. Wenn Sie zu aktiv sind, passivieren Sie Ihre Kinder und ihre „natürlichen" autonomen Lernaktivitäten. Überdies hemmen Sie ihr Bedürfnis nach Autonomie und Selbstwirksamkeit. Im herkömmlichen, eher frontalen Unterricht wird Kindern in der Regel nur fünf Prozent der Unterrichtszeit für „freies" Arbeiten eingeräumt (frei von Lehrerkontrolle oder Lehrerbetreuung). Den Rest der Zeit „schuften" also die Lehrerinnen und Lehrer: Vortrag, gelenktes Unterrichtsgespräch, Diktat, Disziplinsicherung, Aufgabenverteilung, Hausaufgabenkontrolle und -verteilung, Verwaltungsarbeiten.

Drehen Sie dieses Verhältnis um. Natürlich ändert sich damit Ihre herkömmliche Lehrerrolle, damit zwangsläufig auch die tradierte Schülerrolle.

Empfehlung 3: ***Überlassen Sie weitestgehend den Kindern die Entscheidung über ihre Lerninhalte, Lernwege, Lernzeiten.***

Sie können sich den üblichen Motivationsschnickschnack sparen, ebenso die Zeit und den Kraftaufwand, Kinder ständig auf Ihren Weg zu bringen und zu halten sowie immerzu anzutreiben und zu kontrollieren. Die ersparte Zeit können Sie besser nützen: zum Beispiel, sich einzelnen Kindern zuzuwenden, bei Bedarf und wenn sie dies nachfragen. Doch verstolpert sich ein Kind, das seinen eigenen Zugang und Lernweg zur Lösung seiner Aufgabe bestimmen kann, nur selten (und dann sind Sie ja da!).

Dagegen ist ein vorgeschriebener Lernweg (und nur *einer*) für viele Kinder nicht einsichtig bzw. übersehbar und voller möglicher Stolpersteine. Nicht einsichtige Wege führen zu nicht einsichtigem Lernen: Das Kind versteht nicht so recht – wenn überhaupt –, was es „gelernt" hat, wenn es überhaupt etwas gelernt hat.

Also lassen Sie die Kinder ihre eigenen Wege gehen. Sie werden sich wundern, wie viele ihrer Wege „nach Rom führen". Verzichten Sie doch einmal versuchsweise darauf, den Kindern bei der „ach so schwierigen" Zehnerüberschreitung den Standardweg aufzuzwingen. Dann finden sie nach unseren Erfahrungen höchst unterschiedliche, ungewöhnliche und originelle Lösungswege heraus, auf die Sie nie kommen würden.

Sie müssen übrigens nicht fürchten, dass Kinder, denen man die Wahl ihrer Inhalte überlässt, nur noch (zu) einfache Aufgaben wählen. Erfahrungsgemäß ist das Gegenteil der Fall: Sie wählen und verlangen immer schwierigere und komplexere Aufgaben – dies entspricht ihrem natürlichen Bedürfnis nach und ihrer natürlichen Vorliebe (Präferenz) für immer komplexere Herausforderungen. Und diese Komplexitätspräferenz legen auch schwache Kinder an den Tag. Sie wollen ebenfalls keine „Babyaufgaben".

Sie müssen nicht befürchten, dass schwächere Kinder nicht mitziehen wollen oder können – wie oft und fälschlich behauptet wird. Den meisten Kindern ist das am Curriculum orientierte Standardlehrbuch nicht herausfordernd genug – und so lassen sie es zumeist links liegen.

Wenn Sie Lernzeiten freigeben, also individualisieren, dann müssen sie auch einrechnen und zulassen, dass zur gleichen Zeit Kinder Unterschiedliches lernen und zur ungleichen Zeit Gleiches. Während das nicht so leistungsstarke Kind sich erstmals an die Zehnerüberschreitung wagt, berechnet unser Mathematikgenie die Diagonalanzahl im n-Eck. Ein sprachlich hochbegabtes Kind, das als Quereinsteiger mit einer Lernblockade zu uns gestoßen ist, lernt dann im 3. Schuljahr die Zehnerüberschreitung, die alle anderen Kinder bereits in der zweiten Hälfte des 1. Schuljahrs gemeistert haben. – Zu solchen Ungleichzeitigkeiten führt eine Selbstdifferenzierung von Kindern notwendigerweise. Sie sind also in einem offenen Unterricht eine nicht nur geduldete, sondern auch die gewollte, ganz normale Wirklichkeit.

Insofern ist schon ein selbstdifferenziertes, offenes Lernen auch ein virtuell jahrgangsübergreifender Unterricht. Die Kinder dürfen sich „vorzeitig" weit in die Curricula höherer Klassen vorwagen, die hochbegabten sogar bis in die gymnasiale Mittelstufe hinein. Dass alle Kinder hierbei das Mindest- oder „Sockelniveau erreichen, liegt natürlich weiterhin in Ihrer Verantwortung. Wir haben die Erfahrung gemacht, dass freigelassene Kinder dieses Mindestmaß an Leistung eher so nebenbei erreichen. Allenfalls ganz leistungsschwache Kinder bedürfen zuweilen einer pädagogisch dosierten Hilfe, um es schließlich doch selber zu schaffen.

Empfehlung 4: ***Verzichten Sie auf unnötige Hilfen (Prinzip der minimalen Hilfe)***

Normal und gut begabte, motivierte Kinder brauchen sie ohnehin nicht, und sie fragen sie auch nicht nach. Doch auch dem „schwachen" Kind, das Ihre Hilfe sucht, sollten Sie eine eigene und eigenständige Lösung nicht abnehmen. Tragen Sie es nicht etwa über das Hindernis, geben Sie ihm nur Hilfe zur Selbsthilfe: eine mögliche Lösungstechnik, eine andere Richtung oder einen anderen „Anlauf" zum Überspringen, eine Aufmunterung („Ich weiß, du kannst das selber"). Nur ausnahmsweise sollten Sie dem Kind das Hindernis niedriger hängen – nämlich wenn sich das Kind selbst das Hindernis zu hoch gesetzt hat (kommt selten vor!). – Und wie berechtigt stolz strahlt es dann, wenn es nach wiederholtem Bemühen das Hindernis doch noch aus eigener Kraft übersprungen hat.

Alle Kinder – nicht nur die leistungsschwächeren, auch die begabten – brauchen solche Erfolge aus eigener Kraft und Anstrengung. Nur sie gewährleisten die Zurechenbarkeit der Leistung zur eigenen Bemühung (to be an origin!), stabilisieren die Leistungs-Motivation und die Erfolgszuversicht. Eine Kette von Erfolgen vermehrt beide und führt zu fortdauernder Selbstmotivierung.

Hannelore & Helmut Zehnpfennig

8 Den Lernfortschritt im Auge behalten

Ich habe meine Lehrerrolle verändert

Von der Stoffvermittlung zur Lernberaterin, -helferin, -beobachterin. In der Arbeit mit Kindern habe ich schon sehr früh erfahren, was ich ihnen alles zutrauen kann. Immer wieder hat mich erstaunt, was sie selbstständig entscheiden, planen, organisieren, regeln können.

In Arbeitsformen wie Freiarbeit oder Projekten war ich zunehmend von der Rolle der ständigen und alleinigen Stoffvermittlung befreit. Das ist entlastend, so kann ich andere wichtige Aufgabenbereiche übernehmen, die im jahrgangsübergreifenden Unterricht unverzichtbar sind. Ich bin Beobachterin, Lernhelferin, Beraterin, Korrekturleserin. Weitere Rollen entdecken die Kinder immer wieder für mich. Ich werde als Zuhörerin beim Vorlesen, bei der Erprobung von Gedichtvorträgen oder Rollenspielen gebraucht. Auch bei Lern- und Bewegungsspielen bin ich manchmal unverzichtbar.

Anfangs habe ich häufig Geduld trainieren müssen, um den Rollenwechsel durchzuhalten, den Mund zu halten, um den Kindern das Wort zu geben. Inzwischen habe ich gelernt, an meinem Arbeitstisch so lange zu bleiben, bis man mich um Rat oder Hilfe bittet. Wir haben zudem die Regelung vereinbart, dass Lehrerhilfe die letzte Möglichkeit ist; vorher werden Partner oder „Experten“ aus der Klasse gefragt.

So habe ich regelmäßig Zeit für die notwendigen Beobachtungen bezüglich Lernstand, Lerntempo, Arbeits- und Sozialverhalten einzelner oder aller Kinder. Konkrete Beobachtungen können dadurch schneller für gezielte Fördermaßnahmen genutzt werden und vor allem kann ich mündliche oder praktische Übungen und Arbeitsprozesse stärker in meine Beobachtungen einbeziehen, bin nicht überwiegend auf Testsituationen, schriftliche Lernzielkontrollen und Klassenarbeiten angewiesen. Als Lernbeobachterin konzentriere ich mich auch auf die folgenden Aspekte:

- Ist die *Raumgestaltung* für die notwendige Bewegung bei Partner- und Gruppenarbeit optimal? Gibt es genügend „Ruhezonen“ für Stillarbeit (Bastelecke, Lesezelt, Spielecke)? Ist der Geräuschpegel in Arbeitsphasen akzeptabel, auch beim Arbeiten auf dem Flur, in Gruppen- oder Fachräumen? Gibt es Stolperecken (etwa durch Tornister, Tische), die wir beseitigen müssen?

- Welche *Materialien* werden angemessen genutzt? Sind sie funktional, motivierend, selbstständig anzuwenden und zu ordnen? Müssen Materialien übersichtlicher angeordnet werden?
- *Schülerbeobachtung* ist der wichtigste und zeitintensivste Bereich. Auffälligkeiten, Besonderheiten bei einzelnen oder mehreren Kindern hinsichtlich Selbstständigkeit, Arbeitstempo, Sicherheit, Ausdauer, Konzentration (auch im Hinblick auf einzelne Wochentage, Phasen im Tages- oder Schuljahresablauf, nach Klassenarbeiten, Unterrichtsgängen, Sportunterricht etc.) halte ich in kurzen Notizen sofort fest. Die Strukturierung und Systematisierung erledige ich zu Hause. Welche Kinder bevorzugen welche Sozial- und Organisationsformen? Wer holt sich wo und wann Hilfe? Wer orientiert sich an Materialien oder Aufgaben oberhalb oder unterhalb seiner Jahrgangsstufe, in einem oder in mehreren Fächern?
  Die Arbeit ist von mir so organisiert, dass ich Zeit für Korrekturen fest einplane. Die Kinder sehen dann auf meinem Tisch eine rote Karte mit der Aufschrift: Ruhe, bitte nicht stören! Sie wissen und sollen respektieren, dass ich für die notwendigen Sofortkorrekturen Ruhe und Zeit brauche. Dazu gehören natürlich nur „eilige“ und wenig zeitaufwändige Kontrollen und Korrekturen, wie z. B. die Neueintragungen von Grundwortschatzwörtern ins Lernwörterheft oder auf Wortkarten; Beschriftungen von Sammlungen und Ausstellungen; Endkorrekturen von Lernplakaten, zu „veröffentlichenden“ Briefen, Texten, Einladungen, Plakaten, Handzetteln.
  Es gehört zum Konzept des erziehenden Unterrichts, dass meine Kinder erleben, dass auch ich Ruhe und Zeit für genaues und sachgerechtes Korrigieren brauche und dabei eventuell in Duden oder Lexikon etwas nachschlagen muss.
- Phasen Freier Arbeit nutze ich auch für kurze situative Einzelgespräche oder zu spontanen schriftlichen Rückmeldungen von Beobachtungen.
- Ich organisiere den Unterricht so, dass ich mich im Tagesablauf phasenweise zurücknehme, die Kinder selbstständig arbeiten, üben und lernen lasse. Das ist in jahrgangsübergreifenden Klassen mit offenen Unterrichtsformen eher möglich als in Jahrgangsklassen, weil ältere Kinder als Lernhelfer, Partner und Experten fungieren. Das ist handelndes, soziales, kooperatives Lernen: Kinder lernen miteinander und voneinander.

Gisela Süselbeck

Den Fortschritt feststellen und bewerten

Wir bemühen uns um eine Leistungserziehung, in der ein gutes Ergebnis genauso wichtig ist wie die Bereitschaft zu lernen, zu leisten, zu fragen und zu helfen. Leistung wird jeden Tag in unterschiedlichster Form gezeigt und festgestellt: in der Lehrgangsarbeit und den Produkten im Projekt, im Arbeitsverhalten, der Mitarbeit bei Unterrichtsgesprächen und natürlich in Klassenarbeiten und Tests.

Und wie behält man dabei den Überblick?

Um das individuelle Arbeiten und den Entwicklungsprozess jedes Kindes dokumentieren zu können, haben wir Listen entwickelt, in denen die Lehrerin den Lernfortschritt notiert. Gleichzeitig sieht sie durch diese Listen, an welcher Stelle der Schüler steht, um auch im Vertretungsfall für eine kontinuierliche Begleitung sorgen zu können.

Für den Jahrgang 1 haben wir ein System entwickelt, nach dem wir der festgelegten Lernabfolge der Buchstaben jeweils ein Bildsymbol zugeordnet haben. Die Reihenfolge befindet sich an den Buchstabenkisten und an der Buchstabeneisenbahn, also an jedem Arbeitsmittel, das für die Erarbeitung dieses Buchstabens geeignet ist. Dieses hohe Maß an Selbstständigkeit unterstützt uns bei der Dokumentation des Lernfortschritts. Die Lehrgangsliste für diesen Jahrgang ist entsprechend angelegt. Darauf befinden sich das Symbol/Buchstabe und die Namen der Kinder. Eingetragen wird – wie in den anderen Fortschrittslisten – das Datum des Tages, an dem die Lehrerin das entsprechende Kapitel als erledigt beurteilt hat.

Auch für das Fach Mathematik haben wir Tabellen angelegt, in denen die festgelegte Abfolge der Tiersymbole (für die wir Tierstempel-Sätze verwenden) für die zugeordneten Kapitel und die Namen der Kinder stehen. In die entsprechenden Koordinatenfelder tragen wir dann das Datum der erledigten Arbeit und das Testergebnis ein.

Arbeitsnachweise

Dafür, dass jede Arbeit sowohl Würdigung als auch Anerkennung im Hinblick auf das „Arbeitssoll“ erfährt, sorgen die Kinder sehr zuverlässig: Auf jedem Arbeitsblatt in jeder Mappe findet sich neben dem Namen auch das Datum und die Signatur der Lehrerin oder eines älteren Schülers. Die erledigte Arbeit wird dokumentiert, gesammelt und dient dem Nachweis über die geleisteten Lern- und Übungsschritte. Auch die Lehrgangsnachweisliste

Sprache Jg. 2 Name	Schreibschrift VA	Füllerführerschein	Abc A–Z 1 und 2 Wörterbuch	RS-Lehrgang	Zusätzliches RS-Übungsmaterial (RS-Begleiter, RS-Mäppchen etc.)	Wortarten (Nomen, zus. Nomen, Artikel, Verben, Adjektive)	Einzahl / Mehrzahl Ableitungen	Satzbildung	Texte verfassen	Bemerkungen Besondere Vereinbarungen

◀ *„Fortschrittsliste Sprache“*

(„Das habe ich heute im Lehrgang gemacht“) wird sorgfältig geführt und gehütet, da sie genau wie die Mappeninhalte darlegt, welche Teilleistungen mit welchen Arbeitsmitteln erbracht wurden. Dies machen die Kinder selbstständig und „beweisen“ damit auch, dass sie zur nächsthöheren Stufe zugelassen werden oder einen Test schreiben können.

Bei uns hat sich die folgende Praxis der Leistungsfeststellung durch Klassenarbeiten bewährt:

Sprache

Jahrgang 1: Die Lernausgangslage und den Fortschritt jedes Kindes beim Lesen- und Schreibenlernen stellen wir durch das individuelle Überprüfen und Beobachten in der Kleingruppe fest. Die Lehrerin analysiert das Ergebnis und bespricht es bei Gelegenheit mit den Eltern. Sie plant auf dieser Grundlage und durch die Beobachtungen im Lehrgang und Kurs den weiteren Lernweg, die Methoden und die Arbeitsmittel.

Jahrgang 2: Hier stellt die Klassenlehrerin den Fortschritt und Lernstand jedes Kindes im Lese-Schreib-Lernprozess anhand geeigneter vorhandener Materialien oder Test- und Diagnoseverfahren fest. Daran angepasst arbeitet das Kind dann an einzelnen

Rechtschreibphänomenen. Den Lernzuwachs überprüft die Lehrerin individuell in unterschiedlichen Lernsituationen:

- beim Schreiben und Überarbeiten freier Texte,
- im Einzelgespräch mit der Lehrerin,
- durch Beobachtung im Kursunterricht oder gemeinsamen Unterricht,
- bei der schriftlichen Übung in der Lehrgangsarbeit und
- durch kleine „Übungsdiktate" zum „Dran-Gewöhnen" und aus Sympathie mit den Gepflogenheiten der Größeren.

Jahrgang 3 und 4: Grundlage der Leistungsfeststellung sind weiterhin die Unterrichtsbeobachtungen sowie die Analyse der freien Texte. Parallel dazu arbeiten die Kinder an jahrgangsspezifischen Lerninhalten im Lehrgang und im Kurs. Den Lernfortschritt stellt die Lehrerin nach einem angemessenen Zeitraum durch eine Klassenarbeit (Diktat, Aufsatz) fest. Da uns andere sinnvolle Instrumentarien zur Verfügung stehen, pflegen wir die Anzahl der Klassenarbeiten sehr gering zu halten. Sie werden – abhängig vom Übungsbedarf und der individuellen Belastbarkeit der Kinder – in Kleingruppen zeitversetzt oder auch in der Jahrgangsgruppe bzw. in der ganzen Klasse zeitgleich gestellt.

Zu einem Lehrgangsdiktat melden sich die Kinder an, wenn sie in ihrer Rechtschreibkartei, die selbstständig als ständige Hausaufgabe bearbeitet wird, an vereinbarte Haltepunkte (alle sechzehn Karten) gekommen sind. Zunächst nehmen sie sich dann aus der „Diktat-Kiste" die entsprechend gekennzeichnete und zum Jahrgang farblich passend markierte Vorbereitungsmappe heraus. Einige Tage lang werden nun die unterschiedlichsten Übungen bearbeitet (u. a. Partnerdiktate, Selbstdiktate), bis sich das Kind sicher fühlt. Dann bekundet es die Bereitschaft, sich das Diktat diktieren zu lassen. Für das Diktat fassen wir nach Möglichkeit mehrere Kinder zusammen, die sich am selben Punkt befinden. Eine Lehrerin oder eine Helfermutter diktiert es dann während einer Kursstunde oder auch im Lehrgang.

Mathematik

Jahrgang 1: Die Lernausgangslage stellen wir durch individuelles Überprüfen und Beobachten in der Kleingruppe und während des Unterrichts sowie im persönlichen Umgang fest.

Jahrgänge 1 bis 4: Neue mathematische Inhalte erarbeitet die Lehrerin in der Jahrgangsgruppe, bei Bedarf auch in Kleingruppen. Nach einer individuellen Übungszeit bearbeiten die Kinder der Jahrgänge 3 und 4 zeitlich versetzt Klassenarbeiten zum bearbeiteten Thema. Jeder Schüler setzt diesen Termin im Gespräch mit der Lehrerin selbst fest.

Arbeits- und Sozialverhalten

Beobachtungen zum Arbeits- und Sozialverhalten und Besonderheiten aus dem Unterrichtsalltag haben Sie schon immer für Ihre ca. 25 Kinder gesondert festhalten müssen. Das ist auch jetzt nicht anders. Jede Lehrerin hat sicherlich ihre Form dafür gefunden. So werden Karteikarten, Tagebücher, Beobachtungsbögen oder digitale Karteien geführt. Ich habe mir eine Datei in meinem Computer als Schülerkartei eingerichtet (s. Abb. S. 209).

Dieses Beispiel zeigt eine von vielen Möglichkeiten. Wenn am Schulmorgen etwas Außergewöhnliches vorgefallen ist – im Negativen wie im Positiven –, mache ich mir eine ganz kurze Notiz auf einem Zettel. In meiner Klassenmappe habe ich eine Folientasche, in der ich alle diese Kurznotizen sammele. Am Wochenende begebe ich mich dann an diese „Zettelwirtschaft" und übertrage die Vorkommnisse, Anekdoten, Aktennotizen oder was auch immer in meine Computerdatei. Manchmal mache ich mir dabei auch die Mühe, die Situationen schon genau zu beschreiben. Das hat den Vorteil, dass ich, wenn es ans Zeugnisschreiben geht, schon über eine Vielzahl von Formulierungen und kleinen Texten verfüge, die ich nur noch in das Zeugnis hineinkopieren und redaktionell in den Zusammenhang einpassen muss.

Leistungsbewertung

Anstrengungsbereitschaft, individueller Lernzuwachs, konstruktive Mitarbeit im Unterricht, Kritikfähigkeit und Sozialverhalten bleiben während der Grundschulzeit Kernpunkte, die wesentlich mit in die Leistungsbewertung einfließen. Leistungsbewertung findet in den unterschiedlichsten Formen durch die Lehrerin und durch die Kinder untereinander statt. Im Lesekreis z. B. erhält ein Kind eine Beurteilung durch die Rückmeldungen und Kommentare seiner Mitschüler. Dies geschieht ebenso bei den Schreibkonferenzen und zudem ständig in den täglichen Unterrichtsgesprächen. Die Lehrerin begleitet aufmerksam diesen Prozess der aufbauenden Kritik, zu der auch die Kinder im Umgang miteinander erzogen werden. Ziel der Leistungsbewertung ist eine positive Verstärkung, um den Leistungswillen der Kinder zu wecken und zu erhalten.

Mit dem Schulanfang wachsen die Kinder in das Prinzip der aktiven und passiven Leistungsbewertung hinein. So wird in der Schuleingangsphase jede schriftliche Aufgabe gewürdigt. Anerkennung jeder Anstrengung, Ermutigung, Beratung sowie Vorschläge und Tipps durch Lehrerin und Mitschüler sorgen für eine gleich bleibende Lernfreude.

Jahrgang 1 **Schuljahr 2003/04**

Arbeits- und Sozialverhalten:

- Hilfsbereitschaft:
- Selbstständigkeit:
- Konzentrationsfähigkeit:
- Ordnung:
- Klassendienste:
- Hausaufgaben:

Lina:

- sofort wohl gefühlt, mutig, braucht aber viel und holt sich viel Bestätigung (Pult)
- früh gelesen im Lesekreis
- in der Jubiläumsprojektwoche: Perlen
- November: wollte selber einen Römertext verfassen
- Januar 03, will wie die Großen Fragen zu den Weihnachtsferien von der Tafel abschreiben
- super Säulen z. Römern gezeichnet (Thema eigentlich der Großen)
- in der Adventszeit tolles „Eselchen Aaron“ gezeichnet (z. Kalendergeschichte)
- sehr eigenwillig, manchmal tut sie nicht, was ich ihr auftrage, versucht immer, eigenes Programm durchzuziehen
- beim Frühlingsdiktat (1. Diktat einzelne Wörter) noch etwas chaotisch durcheinander geschrieben, aber fast alles richtig
- Verkehrserziehung: Türchenplakat mit ganzen Sätzen, aber nicht komplett bearbeitet

1. Halbjahr/2. Schuljahr:

- Zirkusprojekt: Lamas dressiert oder waren es Ziegen?
- Lina hat sich im Laufe des ersten Halbjahres öfter sehr eigenwillig verhalten. Sie wollte weiterkommen, allerdings nicht die nötigen Leistungen und die nötige Sorgfalt zeigen. Hat dann öfter mal Heftseiten mit meinen Kommentaren „verloren“. Hab mit der Mutter darüber gesprochen. Die sieht in Ansätzen die Problematik und will auch ein Auge drauf haben.
- Liest schon schön, braucht aber Vorbereitung.
- Schrift noch immer wenig sauber und gleichmäßig
- Beteiligung und Konzentration im Unterrichtsgespräch eher zögerlich. Nach Aufforderung schon eher.

Unsere Zeugnisse

Durch unsere Kommunikationsstruktur und eine Kultur von Vereinbarungen über Austauschmöglichkeiten und Rückmeldungen werden die Eltern auch im laufenden Schuljahr in die Lage versetzt, die Leistungsfähigkeit und den Leistungsstand ihres Kindes richtig einzuschätzen.

Um dem Anspruch an eine ehrliche, zugleich motivierende Leistungsbeurteilung gerecht zu werden, behalten wir die persönliche Form der Rückmeldung an Kinder und Eltern auch im Zeugnis bei: Wir schreiben einen Zeugnisbrief an das Kind. Unsere Zeugnisse sind pädagogische Entwicklungsberichte. Am Elternsprechtag werden sie für die Eltern in die Erwachsenensprache „übersetzt". Deshalb ist dieser für uns unabdingbarer Bestandteil der Zeugnisausgabe.

Am Ende des ersten Schuljahres befinden sich darin Aussagen, die die Eingewöhnung in den Schulalltag, individuelle Lernfortschritte, Anstrengungsbereitschaft und das soziale Miteinander in der Klasse dokumentieren. Am Ende des zweiten Schuljahres findet zusätzlich eine stärkere Bewertung der Leistung Eingang in das Zeugnis.

Durch Beschluss der Schulkonferenz arbeiten wir auch im dritten Schuljahr ohne Noten. Von der ersten Halbzeit der Grundschule zur zweiten findet eine qualitative Veränderung der Leistungsbewertung statt. Das Kind wird nicht mehr überwiegend am individuellen Lernzuwachs gemessen, sondern stärker mit den Lehrplanvorgaben verglichen. Dadurch bedingt, verändert sich auch die Art der Kommentare unter schriftlichen Arbeiten. Es wird auf Umfang und Art der Fehler hingewiesen. Die Fehleranalyse wird mit dem Kind und den Eltern besprochen. Sie dient durch Tipps und Hinweise zur Bewältigung des jeweiligen Problems.

Für alle Kinder ist es selbstverständlich, dass ein Teil ihrer Mitschüler (Jahrgang 4) Noten bekommt. Damit das Kind mit Noten umzugehen lernt, bemühen wir uns um Transparenz in der Zensurengebung, geben weiterhin ausführliche Kommentare bei den Klassenarbeiten (mündlich und/oder schriftlich) und führen Gespräche mit dem Kind. Die Zensurenlisten sind Bestandteil des Stammgruppenbuches. Ich habe sie leicht abgewandelt und unseren Verwaltungsstrukturen angepasst. Bei Interesse an einzelnen Fortschrittslisten, Ergebnislisten, Zensurenlisten oder Alltagsübersichten bitte ich um Kontaktaufnahme unter Hesse.Gabriele@t-online.de.

Versetzung – oder auch nicht?

Durch das individuelle Lernen gelingt es uns, die Schullaufbahn der Kinder durchlässig zu gestalten, denn Begabtenförderung ist ebenso möglich wie erneutes Wiederholen des Stoffes. Die Unterrichtsinhalte der Grundschule können bei uns in drei, aber auch in fünf Jahren erarbeitet werden, ohne dass das Kind Lernstoff wiederholen oder nacharbeiten muss und vor allem: ohne Verlust der sozialen Bezugsgruppe.

Bei der Wiederholung arbeiten sie in einzelnen Lernbereichen am Lernstoff des vorhergehenden Jahrgangs und festigen so ihren Leistungsstand. Leistungsstarke Kinder erhalten auf der anderen Seite Anreize, Lerninhalte mit Größeren zu erarbeiten. Wenn dies zu einer vorzeitigen Aufnahme des Lernstoffes eines Schuljahres führt, ist das Überspringen einer Klasse möglich.

Formal ist völlig klar, welches Kind gerade in welcher Jahrgangsstufe ist. In allen Übersichtslisten ordnen wir die Kinder dem formalen Jahrgang zu. So behalten Sie den Überblick. Wenn Sie anhand Ihrer Beobachtungen und Listen in Deutsch und Mathematik sehen, dass ein Kind in wesentlichem schnelleren Tempo die Lernerfordernisse des Jahrgangs, in dem es sich befindet, erfüllt, kann es durchaus sein, dass mit den Eltern und Kolleginnen gemeinsam darüber beraten wird, ob dieses Kind nun nicht formal in die nächste Jahrgangsstufe wechseln sollte. Dies geschieht aber nur auf dem Papier. Das Kind arbeitet weiter kontinuierlich in seinem Fahrplan und dem anschließenden des nächsten Jahrgangs. So verteilen sich die Lerninhalte von vielleicht drei Jahren auf zwei. Genauso ist es bei einem Kind, das viel mehr Übungsmaterial benötigt, um die Lernschritte zu verinnerlichen. Es braucht viel mehr Zeit, um in allen Lernbereichen der vier Grundschuljahre auch wirklich sicher zu sein.

Gabriele Hesse

Pensenpläne

„Was hat denn Sandra heute gemacht ?“, fragt sich ein Lehrer, der über seine ersten Erfahrungen mit Freiarbeit nachdenkt. „Was soll ich denn jetzt arbeiten?“, fragt ein Kind seine Lehrerin. – Alltag während der Freiarbeit.

Ich kann mich noch gut erinnern, dass ich im ersten Jahr meiner Arbeit an der Montessori-Grundschule Borken im Schuljahr 1985/86 mit meiner Sonderschulkollegin jeden Mittag stichwortartig aufgeschrieben habe, was jedes Kind in der Freiarbeit gemacht hat, oder besser gesagt, was wir von ihnen wahrgenommen haben. Ein Vordruck, der für jeden Wochentag drei Zeilen für die Bereiche Sprache, Mathematik und Kosmos hatte, sollte uns dabei strukturell helfen. So manchen Tag fragten wir uns in der Anfangszeit: „Was hat denn heute Sandra gemacht?“ Sandra war doch mit ihrer Arbeit so beschäftigt, ohne von uns Hilfe einzufordern, dass wir sie in ihrem Tun gar nicht wahrnahmen. Morgen, ja morgen, werden wir ein besonderes Augenmerk auf sie richten.

metallene Einsätze	
Sandpapierbuchstaben	
Holzbuchstaben mit Fühlsack	
Buchstaben schreiben Wörter legen nach Vorlage (mit beweglichem Alphabet)	
Wörter auswendig legen	
Lernwörterkarteikarten	
Übungsdiktate (1.Schuljahr: 1–12, 2. Schuljahr: 1–24)	
Lernzielkontrolle (1. Schuljahr: 1–3, 2. Schuljahr: 1–6)	
Geschichten: ▸ Erlebnis ▸ Fantasie ▸ Bildergeschichte ▸ Nacherzählung	
Gedichte	

Arbeitsmaterialien Deutsch für die Jahrgänge 1/2

Neben dem Nachweis für die Freiarbeit in Ergänzung des Klassenbuches diente diese zeitaufwendige Buchführung mehr und mehr dazu, unsere eigene Wahrnehmungsfähigkeit zu erweitern, die wir doch vorher eher gruppen- oder klassenbezogen ausgerichtet hatten.

Jahre später machten wir den Versuch, alle vorhandenen Materialien für die Lernbereiche Mathematik und Sprache mit ihren Lektionen aufzulisten und darüber Buch zu führen, wann jedes Kind woran gearbeitet hat. Dies diente uns auch als Grundlage dafür, unsere Entwicklungsberichte halbjährlich schreiben zu können.

Das waren zwei Zwischenstationen zu unseren *Pensenplänen*, die ich in den letzten Jahren umsetze. In unseren Lerngruppen (Jahrgänge 1 bis 4) haben wir alle Material- und Lernangebote für die Jahrgänge 1/2 (zusätzlich mit Piktogrammen versehen) und für die Jahrgänge 3/4 mithilfe des Computers aufgeführt und ausgedruckt. Einige Materialien sind grau unterlegt: Das sind die grundlegenden Basisbereiche innerhalb der zwei Jahre, die den Mindeststandards der Jahrgangsstufen 2 bzw. 4 entsprechen. Andere haben einen weißen Hintergrund; das sind zusätzliche Lern- und Arbeitsangebote. Als Beispiel siehe Tabelle S. 212.

Hinter jedem Arbeitsangebot ist Platz für maximal 12 farbige Klebepunkte, die die Kinder zu den Materialien oder Arbeiten kleben können, sofern sie die jeweilige Arbeit abgeschlossen haben.

Eine Legende am Rande der Pensenpläne, die mit Folie überzogen für die Jahrgänge 1/2 auf einer Fläche von 1,5 x 2 m unter der Tafel und für die Jahrgänge 3/4 auf einer Pinnwand unter der Hochetage aufgehängt sind, weist jedem Kind seine Farbe zu. Damit haben wir nach meiner Erfahrung Folgendes erreicht:

- Gerade die Dritt- und Viertklässler hatten bei der *Wahl ihrer neuen Arbeit* eine Übersicht über die Möglichkeiten, die sie vielleicht beim Vorbeigehen an den Regalen gar nicht mehr wahrnahmen, weil sie ja schon alles zu „kennen“ meinten, das heißt gesehen hatten.
- Brauchte ein Kind Hilfe bei der Darbietung oder Handhabung eines Materials und standen wir Lehrer gerade nicht zur Verfügung, so konnte die oder der Hilfesuchende aufgrund der Pensenpläne herausfinden, wer schon daran gearbeitet hatte und ihm genauso helfen konnte.
- Ich sah im Laufe des Halbjahres, woran das einzelne Kind gearbeitet hatte, welche Schwerpunkte oder auch welche Vermeidungen es zeigte. Dies diente als gute Grundlage für die Ausführungen in den Entwicklungsberichten.

Eine einfache und ebenso praktikable Übersicht bietet die folgende Tabelle, bei der die verschiedenen Arbeiten des einzelnen Kindes in ihrem Bearbeitungszeitraum ersichtlich werden. Jedes Kind selbst trägt, nachdem es sich für eine Arbeit entschieden und damit begonnen hat, seine neue Arbeit mit Anfangsdatum in die Tabelle. Wenn es diese nach Tagen oder Wochen beendet hat, trägt es das Enddatum ein. Die Klassenlehrerin oder der -lehrer zeichnet in der letzten Spalte ab, sofern er die Arbeit des Kindes gesehen und überprüft hat.

So kann ich als Lehrer auch feststellen und gegebenenfalls mit dem Kind vereinbaren, ob es neue Arbeiten beginnen kann oder noch angefangene zu Ende führen oder korrigieren muss.

Diese Übersichtstabelle für die Hand des Kindes sah ich bei einer Hospitation an der Maria-Montessori-Grundschule in Meppen.

Name:			
Datum Anfang	**Name der Arbeit**	**Datum Ende**	**Lehrperson**

Arbeitsnachweis für die Freiarbeit

Siegfried Werner

Lerntagebuch

Erfahrungen

Das Individuum in seiner jeweiligen Besonderheit hat eine bestimmte Entwicklung und eine bestimmte Lerngeschichte. Dies bedeutet, dass nicht alles für alle gleich gut ist, heißt es bei SPITZER (vgl. 2000, S. 203). Für den Unterricht ergeben sich dadurch Konsequenzen. Gleiche Vorgehensweisen, also Buchunterricht oder das Arbeiten mit vielen Kopien, sind nicht effektiv.

Für meinen Unterricht suchte ich hierzu eine Alternative: Das Lerntagebuch steht am Ende einer Unterrichtseinheit, eines Unterrichtstages oder einer -woche. Als Lerntagebuch kann ein Heft oder ein Buch dienen, in das die Kinder für sie wichtige Dinge eintragen können, die sie gelernt haben. Es kann in allen Fächern eingesetzt werden. Die Eintragung erfolgt individuell, d. h. ohne Vorgabe seitens des Lehrers und ohne vorgegebene Lösungswege. Eine andere Form des Lerntagebuches ist das Experimentierheft, in dem die Kinder durchgeführte Versuche eintragen.

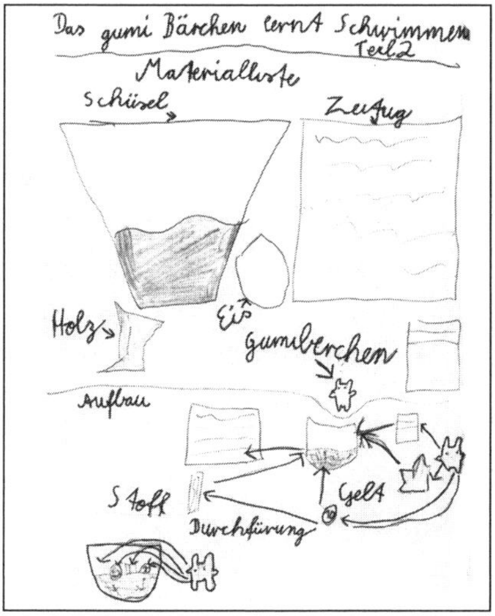

Als ich das Lerntagebuch zum ersten Mal einsetzte, waren die Kinder motiviert, jedoch allgemein noch unsicher. Viele Kinder fragten nach und wollten sich vergewissern, ob alles richtig sei. Versuchten sie, Erwartungen von Erwachsenen gerecht zu werden?

Lernbegleitung

Den Kindern habe ich nur wenige Tipps im Sinne einer Lernbegleitung gegeben. Lernbegleitung bedeutet für mich, die Kinder in ihren Denkvorgängen zu unterstützen und ihnen nicht unablässig zu sagen, was ich persönlich erwarte, um eigenständiges Denken nicht zu blockieren. Die besten Ideen tauschten die Kinder schon während der Arbeit untereinander aus. Ideen des einen wurden von anderen gerne übernommen. So optimierten sich die Einträge aller Kinder im Laufe der Zeit. Nach und nach baten die Kinder kaum noch um Hilfe, sie präsentierten vielmehr stolz ihre eigenen Ergebnisse. Eine Form war individuell gefunden. Besonders wichtig sind gemeinsame Reflexionen, in denen die Kinder ihre Ergebnisse präsentieren und für gelungene Einträge positive Rückmeldung erhalten.

Reflexion

Weil sich die Kinder mit den Inhalten auseinander gesetzt haben, sind sie in der Lage, ihre Eintragung im Lerntagebuch selbstständig zu schreiben. Aus diesem Grund gewinnt das Tagebuch bei den Kindern im Gegensatz zu einer Mappe voller Arbeitsblätter, bei denen vielleicht nur Lücken ausgefüllt wurden, erheblich an Wert. Durch die intensive Auseinandersetzung mit einem Thema reflektieren die Kinder intensiv. Das führt dazu, dass sie überlegter an alle Dinge herangehen. Kinder lernen zwischen wichtigen und unwichtigen Dingen zu unterscheiden. Sie sind zunehmend in der Lage, sich länger mit einer Sache auseinander zu setzen. Kinder lernen, ein leeres Blatt einzuteilen und sinnvoll zu füllen. Rückmeldungen über die Einträge erhalten die Kinder von mir mündlich. Ein schriftlicher Kommentar im Lerntagebuch würde die Seite, die mit Mühe gestaltet wurde, verändern.

Diagnose und Ergebnissicherung

Das Lerntagebuch gibt dem Lehrer Einsicht in die Denkstruktur und die Fähigkeiten eines Kindes. Als Lehrerin habe ich somit eine genaue Information über die Entwicklung eines Kindes, z. B. über Abstraktionsfähigkeit, Verständnis der Unterrichtsinhalte, Fähigkeiten über die Notation im Tagebuch. Das Tagebuch hilft bei der Diagnose von Lernschwierigkeiten. Die wertvollen Informationen, die mir das Lerntagebuch bietet, kann ich dann als Grundlage für Beratungen und zur Förderung des einzelnen Kindes nutzen.

Das Lerntagebuch dient in meinem Unterricht als Ergebnissicherung und bedeutet für mich eine Alternative zu Kopien und traditionellem Buchunterricht.

Annette Hofmeister

Literatur
CWIK, GABRIELE/RISTERS, WILLI: Lernen lernen von Anfang an I und II. Cornelsen Scriptor: Berlin 2004
SPITZER, MANFRED: Geist im Netz, Heidelberg 2000

Lerntagebuch zur Förderung des Lernklimas

Die Nutzung der Vorerfahrungen der Kinder, die Berücksichtigung eigener Lösungswege und die kontinuierliche Reflexion der Lernprozesse fördern ein Lernklima und eine Lernkultur, die Kindern die eigenen Lernprozesse transparenter machen. Die Dokumentation dieser Prozesse erfolgt nicht nur durch die Lehrerin, sondern auch jedes Kind sollte diese für sich festhalten. Ein sinnvolles Ritual ist der wöchentliche Eintrag ins Lerntagebuch.

Dokumentation

Im jahrgangsübergreifenden Unterricht dokumentiert das Lerntagebuch in erster Linie wichtige Stationen der Woche, orientiert sich – im engeren Sinne eines Tagebuchs – an dem, was gemacht wurde. Wichtig in der Einführungsphase ist das gemeinsame Kreisgespräch. Inhalte und Erlebnisse der Woche werden zusammengetragen und ggf. durch Erinnerungshilfen visualisiert. Der hier zusammengetragene Klassenlernstoff bildet in der Anfangsphase das Grundgerüst für mögliche Eintragungen. Auf dem Weg zum individuellen Reflexionsinstrument muss das Kind in seiner Selbstwahrnehmung konsequent unterstützt und der Blick auf seine ganzheitliche Entwicklung erweitert werden. Hilfreich sind Fragen wie: Was hast du diese Woche Neues gelernt? Was war besonders schwierig? Was hat dir geholfen, diese Schwierigkeiten zu überwinden? Welche Aufgaben und Arbeiten konntest du besonders gut? Was möchtest du in der nächsten Woche anders machen oder verbessern?

Reflexion

Im Anfangsunterricht veranschaulichen die Kinder ihr Anliegen durch Zeichnungen, die sie beschriften, durch erste Wörter, die sie lautieren, oder durch wichtige Sätze, die sie diktieren. Das Lerntagebuch ist hier neben dem Instrument der Rechenschaftslegung, der Erinnerung und der Dokumentation auch ein wichtiger offener Schreibanlass in einem für das Kind bedeutsamen Sinnzusammenhang.

Nach der Notation folgt der Austausch über die Lernerfahrungen im Kreisgespräch. Die Kinder, die ihre Tagebuchnotizen zeigen und vorstellen wollen, können dies tun und ermöglichen so der ganzen Klasse, einen Einblick in Wahrnehmung und Fortgang der Lernprozesse zu nehmen. Falls es gewünscht wird, kann die Klasse eine ermutigende Rückmeldung geben und weitere Unterstützungsmöglichkeiten vorschlagen.

Konsequenter Einsatz

Die Ernsthaftigkeit der Kinder im Umgang mit dem Lerntagebuch und die Bedeutung, die sie ihren Aufzeichnungen beimessen, hängt erheblich von der Konsequenz des Einsatzes in Bezug auf Kontinuität und Verlässlichkeit ab sowie von der Wertschätzung durch die Lehrkraft. Dies gilt insbesondere in der Anfangsphase, in der das Lerntagebuch nicht immer dem Anspruchsniveau der Reflexion zu genügen scheint. Die Erfahrung zeigt, dass bei konsequenter Durchführung eine Reflexionsfähigkeit entsteht und ein Bewusstsein dafür, dass Lernprozesse nicht geradlinig verlaufen und beeinflussbar sind.

Die Entwicklung des Lerntagesbuchs zu einem Reflexionsinstrument wird hier aufgebaut und es verlagert in den folgenden Schulbesuchsjahren deutlich seinen Schwerpunkt. Die Auflistung der Lerninhalte macht den Kindern zunächst Fülle und Bandbreite des Gelernten deutlich und stützt die Lernmotivation und die Lernfreude. Durch den kontinuierlichen Einsatz dient das Lerntagebuch nun immer mehr zur Verschriftlichung von Lernprozessen.

Lernwegbegleiter

Lerntagebücher sind insbesondere im Kontext offener Unterrichtsformen zu sehen. Sie enthalten auch die Selbstbeobachtung der Kinder im Umgang mit gebundenen Lernformen und selbstständig durchzuführenden Lerngängen. Wichtig ist eine Lern- und Klassenkultur, die Lernwege vielschichtig und differenziert wahrnimmt.

Unterricht, der die Interessen der Kinder berücksichtigt und ihre Vorkenntnisse nutzt, macht die Kinder zu Handelnden im Lernprozess. Die Lehrkraft begleitet, unterstützt, regt an, fordert und fördert. Durch die obligatorische Abfrage bei der Einführung in ein neues Thema „Das weiß ich schon über ...!", „Das möchte ich noch wissen" wird für jedes Kind der Lernweg individuell entfaltet. Mögliche Arbeitsschwerpunkte zum Thema oder eine Frage, der die Kinder nachgehen, bestimmen die Unterrichtsgestaltung. Das Kind wird durch eine selbst formulierte Problemstellung alleine oder mit Partnern zum Experten, indem es Materialien gezielt sichtet und nutzt, seine Ergebnisse dokumentiert und präsentiert. Wichtig für derart offene Arbeitsphasen ist der gemeinsame Rückblick an Ende des Tages oder insbesondere nach der Wochenplanarbeit unter dem Aspekt: Was habe ich heute geschafft? Wo hatte ich Schwierigkeiten? Was hat mir geholfen? Was brauche ich, um meine Arbeit fortzuführen?

In offenen Lernprozessen unterstützt die Lehrkraft durch genaue Beobachtung und Nachfrage das Kind. Anregungen und gemeinsame Überlegungen sowie Fragen, die dem Kind helfen, den Lernweg selbstständig weiter zu gestalten, sichern, dass das Kind nicht hinter seinen Leistungsmöglichkeiten zurückbleibt. Das veränderte Rollenverständnis der Lehrkraft wird auch im Umgang mit dem Lerntagebuch deutlich. Es ergänzt die Beobachtung der Lehrerin, dient aber in erster Linie der individuellen Reflexion des Kindes und kann eine ganzheitlichere Wahrnehmung des Kindes unterstützen.

Christiane Mika

Lesepass und Wörterbuchpass

Ich kann in offenen Unterrichtsformen – beispielsweise während der Freiarbeit, in schülerorientierten Unterrichtsvorhaben und Projekten – die Gesprächs- und Arbeitsprozesse der Kinder regelmäßig beobachten: z. B. Arbeitsdauer, Arbeitstempo, Sozialform (Einzel-, Partner-, Gruppenarbeit) beim mündlichen, praktischen, schriftlichen Arbeiten, die jeweilige Konzentration, Organisation oder Kooperation.

Zu Lernfortschritten, Lernstand und Unsicherheiten, aber auch Besonderheiten des Arbeitens mache ich mir kurze Notizen. Ob in Form eines pädagogischen Tagebuches oder mit Hilfe von Karteikarten, muss jeder für sich erproben und entscheiden. Für die Dokumentation von Lernfortschritten haben sich Arbeitspässe bewährt.

Der Lesepass begleitet das Lesen vom 1. bis zum 4. Schuljahr. Die Kinder entscheiden selbst, was sie vorlesen (Selbsteinschätzung!). Die Vorlesezeiten werden festgelegt (z. B. täglich, wöchentlich ...). Fehlversuche und Verlesungen werden im Pass nicht eingetragen, nur gelungene Leseleistungen dokumentiert.

Sowohl die Heterogenität bei Schulanfängern als auch die unterschiedlichen Lernfortschritte in jahrgangsübergreifenden Klassen machen Lernpässe zu einem besonders hilfreichen Medium zur Dokumentation des Lernstandes. Lesepässe begleiten meine Schülerinnen und Schüler mit unterschiedlichen Aufgaben bis zum Ende der Grundschule.
Wenn der Pass voll ist, wird er im Schülerordner abgeheftet. Er kann auch kurzfristig in unserer Leseecke ausgestellt werden.

Autor	Titel	Bewertung				
		--	-	0	+	++
		--	-	0	+	++
		--	-	0	+	++
		--	-	0	+	++
		--	-	0	+	++
		--	-	0	+	++
		--	-	0	+	++
		--	-	0	+	++
		--	-	0	+	++
		--	-	0	+	++
		--	-	0	+	++

Mit wachsender Lesefertigkeit – nicht schuljahresweise! – wachsen die Aufgabenstellungen und Lernziele im Lesepass. Klassen-, Schul- und öffentliche Bücherei sind Quellen für geeignete Lesestoffe ebenso wie eigene Bücher. Für viele Kinder ist der Lesepass ein Weg zum Lesespaß, der durch individuelles, regelmäßiges Lesetraining und zahlreiche Vorlesesituationen mit unterschiedlichen Zuhörern (Partner, jüngere Leser, Lehrer, Eltern) zum Lesen und Vorlesen verlocken soll. Häufig regt der Lesepass zum selbstbestimmten motivierten Üben an. Insbesondere auch dadurch, dass die Kinder unterschiedliche Lesetexte – lange und kurze, leichte und schwierige, informative und unterhaltende –, verschiedene Textsorten, Autoren und Themen selbst entdecken oder durch Lehreranregungen und Zuhörerwünsche gezielt suchen.

So wird häufig die kontinuierliche Dokumentation des Lesens zu einem Motor für die eigenen Leseinteressen bis zum Ende der Grundschulzeit.

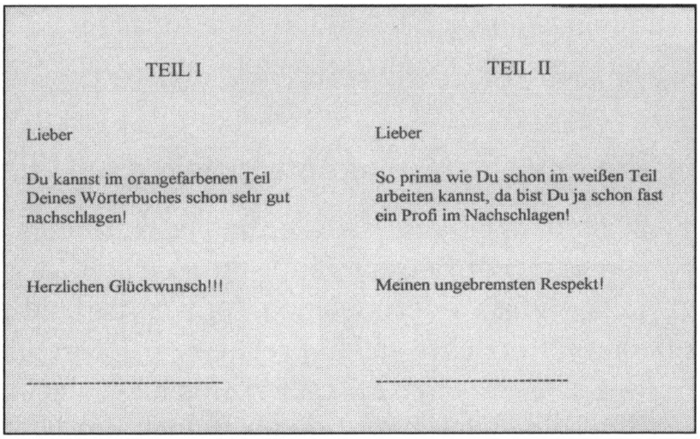

TEIL I

Lieber

Du kannst im orangefarbenen Teil Deines Wörterbuches schon sehr gut nachschlagen!

Herzlichen Glückwunsch!!!

TEIL II

Lieber

So prima wie Du schon im weißen Teil arbeiten kannst, da bist Du ja schon fast ein Profi im Nachschlagen!

Meinen ungebremsten Respekt!

Mit dem Kennenlernen ihres ersten Wörterbuches bekommen die Kinder außerdem einen *Wörterbuchpass*. Darin werden Nachschlagsicherheit und Nachschlagtempo im jeweils von ihnen gewählten Wörterbuch dokumentiert. In der Grundschule brauchen Kinder drei bis vier Wörterbücher mit steigendem Schwierigkeitsgrad. Einige benutzen schon im 4. Schuljahr einen Rechtschreibduden: „Da finde ich wenigstens alle Wörter aus meiner Geschichte." Einmal in der Woche ist Wörterpass-Prüfung mit festgelegter Arbeitszeit.

Wir haben auch einen 1 x 1-Pass und einen Gedichtpass. Der Fantasie von Kindern und Lehrern sind für die Erfindung weiterer Arbeitspässe keine Grenzen gesetzt.

Gisela Süselbeck

Klassenarbeiten: Mathematik

Offenere Aufgaben auf der Grundlage des aktiv-entdeckenden Lernens erlauben Kindern unterschiedlichen Lern- und Entwicklungsstands, individuelle Erfahrungen zu machen und ihre mathematischen Kompetenzen zu erweitern. In den gemeinsamen Mathematikgesprächen im Anschluss an eine Arbeitsphase kommen durch die große Heterogenität der jahrgangsübergreifenden Lerngruppe und die unterschiedlichen Sichtweisen mehr Erfahrungen, Entdeckungen, Rechenwege und Erklärungen zur Sprache als in einer Jahrgangsgruppe. Hier können alle voneinander lernen. Die jüngeren profitieren beispielsweise von den rationaleren Vorgehensweisen der älteren Kinder, während die älteren vielleicht durch die unkomplizierten und zum Teil pfiffigen Lösungswege der jüngeren überrascht werden.

Wie kann man sich über den Leistungsstand und die Lernentwicklung einer jahrgangsübergreifenden Lerngruppe kundig machen und fortlaufend den Überblick behalten? Wie muss in einem solchen Unterricht eine entsprechende Leistungsmessung aussehen?

Herkömmliche Mathematikarbeiten mit Punktewertung

Es liegt auf der Hand, dass Mathematikarbeiten als Punktetests, in der alle Kinder einer Jahrgangsgruppe die gleichen Aufgaben des gleichen Schwierigkeitsgrades in der gleichen Zeitspanne bearbeiten, dem Konzept eines offenen Unterrichts widersprechen.

Da solche Arbeiten leicht und angeblich objektiv zu bepunkten und zu bewerten sein sollen, werden meist auch nur leicht abfragbare Fertigkeiten und Kenntnisse aus dem Bereich Arithmetik ausgewählt. Wichtig für die Bewertung ist zwecks einfacher Bepunktung in erster Linie das richtige Ergebnis. Nicht der Weg zu der Lösung zählt, der den Hauptteil der Arbeit des Kindes ausmacht, sondern das Produkt. Durch die enge Aufgabenauswahl solcher Arbeiten erhält die Lehrerin wenig Informationen über den tatsächlichen Lernstand des Kindes. Sie kann auch nicht ermitteln, wo ein Kind besonders kreativ vorgegangen ist oder wo es einen Denkfehler gemacht hat. Hinzu kommt, dass das Kind aufgrund der engen Aufgabenauswahl nicht die Möglichkeit hat zu zeigen, was es wirklich kann, obwohl es in anderen mathematischen Bereichen zu hervorragenden Leistungen fähig und leistungsbereit ist.

Jahrgangsübergreifender Unterricht legt besonderen Wert auf das soziale Gefüge einer Klasse und auf die Individualität eines jeden Kindes. Herkömmliche Mathematikarbeiten provozieren durch ihre Konkurrenzorientierung das Gegenteil. Durch die Punkteanzahl unter der Arbeit wird den Kindern ihr Stand in der Leistungshierarchie innerhalb ihrer Lern- oder Altersgruppe eingeredet.

Für eine lernförderliche Atmosphäre im Sinne einer pädagogischen Leistungsbeurteilung ist wichtig, dass die Kinder durch das Aufzeigen ihrer Lernfortschritte und Stärken zum Weiterlernen ermutigt werden. Wenn Kinder sich ihrer Kompetenzen bewusst sind und sie in diesen bestärkt werden, können auch Lernrückstände aufgezeigt werden. Dann wird das Kind in dem Bewusstsein seiner Entwicklung und seiner anderweitigen Kompetenzen die Kraft haben, seine Schwächen anzugehen. Herkömmliche Mathematikarbeiten aber sind defizitorientiert. Nicht das, was die Kinder können, sondern das, was sie falsch gemacht haben, wird markiert und fällt somit ins Auge.

Neue Formen von Mathematikarbeiten

Mathematikarbeiten abzuschaffen wäre die falsche Schlussfolgerung, vielmehr wäre es konsequent, sie so zu stellen, dass sie dem pädagogisch anspruchsvollen Konzept eines offenen, aktiv-entdeckenden Unterrichts in einer jahrgangsübergreifenden Lerngruppe auch tatsächlich gerecht werden.

Sie müssen also prozessorientiert, differenziert und kompetenzorientiert sein sowie Aufschluss über den Lernstand und die Lernentwicklung geben. So können sie der Lehrerin als Grundlage für eine individuelle Beratung und Förderung des Kindes dienen und ihr eine Rückschau und damit gezieltere Planung des Unterrichtes ermöglichen. Letztlich muss sie den Kindern aufzeigen, was sie schon können, wie sie sich verbessert haben und woran sie noch üben müssen. So wird die selbstständige Planung des eigenen Lernweges unterstützt.

Wie eine Arbeit konzipiert sein sollte

Mit Hilfe der folgenden Bausteine, die auf einer Idee von Selter (2000, S. 27 f.) basieren, lassen sich differenzierte, informative und kompetenzorientierte Mathematikarbeiten konzipieren.

Platz für Nebenrechnungen und Notizen lassen

So werden Kinder angeregt, ihre Überlegungen zu notieren. Die Denkweise des Kindes lässt sich dann nachvollziehen und man kann gegebenenfalls verstehen, warum ein Kind zu einer falschen Lösung gelangt. Meist lässt sich feststellen, dass das Kind – bei durchaus vernünftigen Überlegungen – einen fehlerhaften Rechenweg angewendet hat.

Vorgehensweisen erläutern
Hier kann sich die Qualität der Bearbeitung zeigen.

Offenere Aufgaben stellen
Aufgaben sollten individuell zugänglich sein und viele verschiedene Lösungswege für Kinder verschiedener Jahrgangsstufen zulassen. Sie lassen sich durch die verschiedenen Zugänge auf unterschiedlichem Kompetenzniveau bearbeiten, sodass Kinder unterschiedlicher Lernstände, ohne unter- oder überfordert zu sein, erfolgreich arbeiten können.

Wahlaufgaben stellen
Die Kinder sollten in einer Mathematikarbeit die Möglichkeit haben, zwischen allen oder einem Teil der Aufgaben wählen zu dürfen.

Eigenproduktionen zulassen
Hier zeigen Kinder, inwieweit sie die vorgegebene Aufgabe durchdringen, welche Muster sie entdecken und ob sie diese fortführen können.

Verschiedene Kontexte vorgeben
Dabei lässt sich beobachten, ob ein Kind die Aufgabe in einem bestimmten Zusammenhang erfolgreich lösen kann und in einem anderen nicht.

Beziehungsreiche Aufgaben stellen
Durch so genannte „schöne Päckchen" ist zu erfahren, inwieweit Kinder sich der Beziehungen zwischen den Aufgaben bewusst sind und ob sie sich diese zunutze machen können.

Hilfsaufgaben angeben
Sie bieten eine Orientierung für das Kind und können zu einem besseren Verständnis der Aufgabenstellung beitragen.

Bewertung offener, differenzierter, kompetenzorientierter Arbeiten

Meine Arbeiten orientieren sich an diesen Bausteinen. Dabei verwende ich keine Punkteverteilung, sondern bewerte die Ausarbeitungen der Kinder wie freie Texte im Deutschunterricht. Ich bin mir der Subjektivität dieser Bewertungsart bewusst. Bei der Punkteverteilung bei einer herkömmlichen Mathematikarbeit ist dies m. E. aber ebenso. Bei Befragungen in Lehrerfortbildungsveranstaltungen konnte ich ermitteln, dass Lehrerinnen und

Lehrer bei der Aufgabe, eine herkömmliche Mathematikarbeit zu bepunkten, so stark in der Punkteverteilung differierten, dass sich die daraus resultierende Note oft bis zu drei, manchmal sogar bis zu fünf Noten unterschieden hätte.

Jedes Kind erhält von mir eine schriftliche Rückmeldung zu seiner Ausarbeitung mit besonderem Blick auf seinen Lernfortschritt und mit speziellen Hinweisen, was es üben sollte oder wo ein Denkfehler liegt. Die Viertklässler und die Drittklässler erhalten darüber hinaus die Beurteilung in Form einer Note.

Wenn sich der Mathematikunterricht in jahrgangsübergreifenden Klassen öffnen will, muss er einen adäquaten Umgang mit dem Thema Leistungsbewertung entwickeln.

Mathematikarbeiten, die mithilfe dieser Bausteine konzipiert werden, sind dabei m. E. ein wichtiger Schritt. Herkömmliche Mathematiktests können weiterhin eine Rolle spielen, wenn nach einer Automatisierung die Sicherheit und Schnelligkeit beim Rechnen abgefragt werden soll, wie z. B. nach Automatisierungsübungen zum Einmaleins. Neben den Mathematikarbeiten, die nur einen kleinen Teil des Unterrichtes ausmachen, müssen natürlich Portfolios, Forscher-Mappen, Ergebnisse aus Partner- und Gruppenarbeiten, die mündliche Mitarbeit, Referate, Unterrichtsbeobachtungen, die Kooperationsfähigkeit etc. in die Bewertung einfließen.

Insa Mayer

Literatur

Mayer, Insa/Schwätzer, Ulrich (2004): Bausteine zur Öffnung von Mathematikarbeiten. Kompetenzorientierte Lernberatung in Mathematik. Grundschulmagazin H. 3, S. 29–34

Selter, Christoph (2000): Informative Aufgaben zur Leistungsfeststellung. In: Die Grundschulzeitschrift H. 135/136, S. 26–29

9 Die Eltern einbeziehen

Wie wir die Eltern überzeugten

Es ist schwer, Eltern die Zustimmung zu einer Neuerung abzuringen. Was man hat, hält man fest, auch wenn man etwas Besseres bekommen könnte; alles Neue erschreckt.

Von Folgendem waren wir fest überzeugt:

- Nur, wenn wir die Eltern gewinnen, können wir das Vorhaben durchführen. Wir werden es nicht gegen ihren Willen tun.
- Wir müssen so lange geschickt verhandeln, bis wir die meisten auf unserer Seite haben.
- Wenn es uns in diesem Jahr misslingt, werden wir es im nächsten Jahr erneut versuchen.

Es war uns klar, dass uns nicht die Sache selbst, sondern der Tag X die größten Sorgen bereiten würde, der Tag, an dem Kinder von drei homogenen Klassen anders verteilt werden mussten. Zwei Drittel jeder Klasse musste zu einem anderen Lehrer. Wir wussten, dass das für niemanden leicht auszuhalten war, aber wir kannten die Flexibilität unserer Kinder und waren bereit, alles so kinderfreundlich wie möglich zu organisieren. Die Eltern unterstellten jedoch ihren Kindern, dass sie das auf keinen Fall aushalten könnten, ohne massiven Schaden zu erleiden oder leistungsmäßig nachzulassen.

Was tun?

- Wir haben die Eltern an mehreren Elternabenden umfassend informiert.
- Wir haben ihnen unsere organisatorischen Vorstellungen genau erläutert.
- Wir haben unsere Argumente dafür immer wieder geduldig vorgetragen.
- Wir haben uns ihre Gegenargumente angehört und zu entkräften versucht.

Die Gegenargumente:

- Kinder müssen sich von ihrem Lehrer trennen.
- Das „Versprechen“ der Schule, das Kind hätte *einen* Lehrer vom 1. bis zum 4. Schuljahr, wird nicht eingehalten. Das ist ein Vertrauensbruch!
- Die Großen werden als Hilfslehrer missbraucht.
- Sie haben als die Großen keine Anregungen mehr.
- Die Kleinen werden überfordert.
- Die Leistungen der Kinder werden nachlassen.
- Kinder müssen sich von ihren Freunden trennen.
- Die Auswahl für Freundschaften werden zu sehr eingeschränkt.
- Der Lehrer hat schon genug zu tun mit den Behinderten; dies würde ihn vollends überfordern.
- Das ist organisatorisch überhaupt nicht zu realisieren.
- Ihr Lehrer könnt gar nicht einschätzen, was da auf euch zukommt.
- Das geht sowieso schief, das ist sonnenklar.
- Macht doch, was ihr wollt, aber nicht mit *meinem* Kind.

Eltern, die dem Vorhaben an sich positiv gegenüberstanden, hielten sich bei diesem Ansturm der Ablehnung leider mit ihren Äußerungen zurück und schwiegen.

Das Ergebnis der Abstimmung:

- Die Eltern, die ihr Kind noch im Kinderhaus hatten (zukünftige Erstklässler), sahen in der Mischung der Jahrgänge etwas Gutes und waren absolut dafür.
- Eltern von zukünftigen Zweitklässlern waren teilweise dafür, teilweise dagegen oder stellten die Bedingung, dass ihr Kind beim Lehrer verbleiben sollte.
- Eltern von Drittklässlern waren dagegen.

Erst ein Jahr später führten wir die Mischung von drei Jahrgängen ein. – So kann man sich allmählich der Erfüllung eines Wunsches nähern.

Schließlich führten wir einen Elternabend zur Aufteilung der Kinder durch: Die Kollegen hatten eine Vorentscheidung getroffen, die sie den Eltern mit großen Namenskärtchen vorstellten. Diese waren in der Turnhalle mit Kreppband an großen Tapetenbahnen angeheftet. Dabei war Folgendes weitgehend berücksichtigt worden:

- Das Kind soll bei der Lehrperson bleiben (meist Behinderte).
- Das Kind soll seine engsten Freunde nicht verlieren.

- Das Kind soll zu einer bestimmten Lehrperson kommen.
- Problemkinder sollen gleichmäßig verteilt werden.
- Das Verhältnis Jungen/Mädchen soll ausgeglichen sein.

Die Eltern hatten nun Gelegenheit, die Kärtchen noch zu verschieben, wovon sie ausgiebig Gebrauch machten. Aber sie erkannten bald, dass die persönlichen Wünsche Auswirkungen auf andere Kinder oder das Gesamtgefüge hatten. So wurden sie nach und nach einsichtig. Das führte zu konstruktiver Zusammenarbeit von Eltern und Lehrern und schließlich zu vollständiger Übereinstimmung.

Christiane Gobbin-Claussen

Der erste Elternabend

Die erste Unterrichtswoche in einer jahrgangsübergreifenden Klasse liegt hinter mir. Der Termin für den ersten Elternabend rückt unaufhörlich näher. Wie soll dieser Abend verlaufen? So wie immer?

Sie alle kennen sicherlich die Situation. – Aus Lehrersicht: Man redet leicht zu viel. Hier noch eine Information, dort noch ein Hinweis auf das Sortieren der Hefte. – Aus Elternsicht: Man kommt vielleicht mit einem Wunsch, einer Frage, mit Erwartungen, und am Ende des Abends hat man möglicherweise kein einziges Wort gesprochen. Vielleicht hat man auch nicht den Mut gefasst, sich zu äußern.

So soll dieser erste Elternabend auf gar keinen Fall verlaufen. Mein Ziel ist, den Eltern meiner Klasse möglichst durch eigenes Erleben einen kleinen Einblick in jahrgangsübergreifendes Arbeiten zu vermitteln, indem ich bei der Planung bewusst „neue“ Methoden einsetze. Außerdem sollen alle Eltern zu Wort kommen und die Möglichkeit erhalten, ihre Erwartungen, aber auch Befürchtungen zum Ausdruck zu bringen.

Der erste Elternabend

In der Einladung zum Elternabend ist neben dem Üblichen (Wahlen, Verschiedenes) das Thema „Jahrgangsübergreifender Unterricht: Erwartungen/Befürchtungen“ angekündigt. Folgende Vorbereitungen führte ich durch:

- Tagesordnungspunkte auf einzelne DIN-A4-Pappen schreiben,

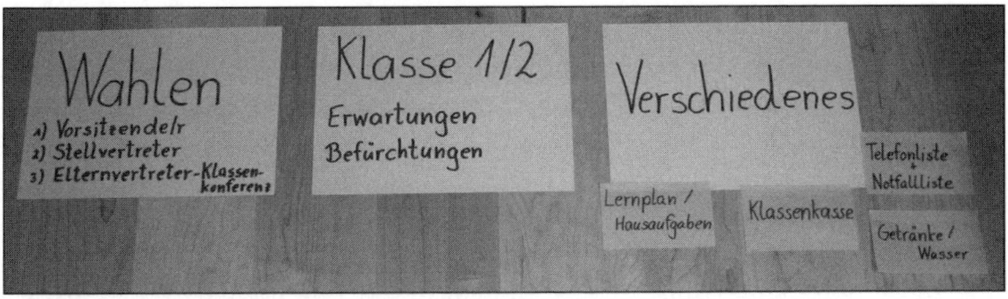

- Weitere Klebezettel zur Ergänzung einzelner Aspekte für *Verschiedenes* bereitlegen,
- Tafelbild an der Innentafel gestalten: Erwartungen mit grünem Stift/grüner Kreide, Befürchtungen mit rotem Stift/roter Kreide.

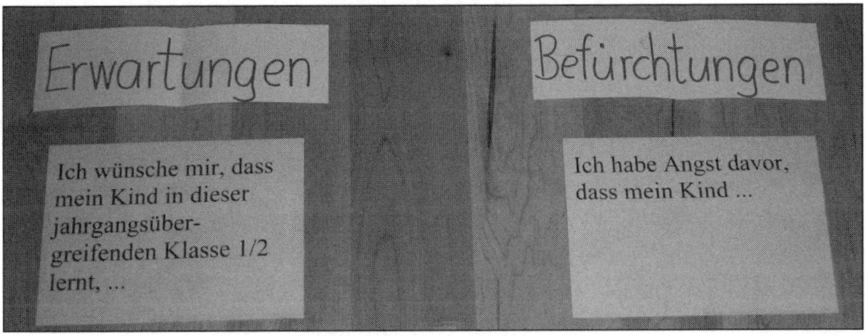

Folgende Sitzordnung ist günstig:
- Gruppentische mit jeweils sechs Stühlen, wobei der Blick zur Tafel möglich ist,
- auf jedem Gruppentisch rote und grüne Karteikarten sowie mehrere Edding-Stifte,
- kurzes Vorabgespräch mit einzelnen deutschen Eltern, sich möglichst an den vier vorhandenen Gruppentischen zu verteilen, um so für die ausländischen Eltern als Gesprächspartner zur Verfügung zu stehen und bei Sprachproblemen behilflich sein zu können.

Verlauf – Start einer prozessbegleitenden Evaluation durch und mit Eltern

Zu Beginn stellte ich den Eltern noch einmal kurz die Tagesordnung vor, wobei ich die einzelnen DIN-A4-Pappen an eine Wandseite geklebt hatte. So konnte ich bei fortschreitendem Verlauf die einzelnen schon „erledigten" Tagesordnungspunkte abheften. Dies hatte darüber hinaus den Vorteil, dass ich jeweils den Überblick behielt und keine wichtigen Details verloren gingen.

Außerdem vereinbarte ich mit den Eltern gleich zu Beginn der Sitzung eine Zeitperspektive über den Verlauf des Abends. Wir stellten die Wahlen zurück und starteten mit dem Punkt: *Erwartungen und Befürchtungen*. Nach einer kurzen Erklärung und dem Verweis auf das Tafelbild entwickelte sich rasch eine überaus angeregte Diskussion an den einzelnen Gruppentischen. Entsprechend sollten die Eltern ihre Erwartungen auf den grünen Kärtchen notieren, Befürchtungen auf den roten. Dabei bat ich darum, immer nur einen Aspekt auf eine Karteikarte zu schreiben. Meist gab es an den Tischen einen „Schreiber“, der für alle anderen notierte.

Nach Ablauf dieser Phase, in der ich mich in die Beobachterrolle zurückziehen konnte, sollte nun jeweils ein Mitglied der jeweiligen Tischarbeitsgruppe die Ergebnisse vorstellen. Auch für die Eltern war dies teilweise eine neue Erfahrung, vor der Gruppe einen Kurzvortrag über die Arbeitsergebnisse zu halten. Bevor die zweite Gruppe ihre Ergebnisse vortrug, erläuterte ich kurz das „Dominoprinzip“ beim Anheften der Karten. Voller Spannung verfolgten die Eltern in dieser Phase die einzelnen Erwartungen und

Befürchtungen. Auch für mich war es sehr interessant und aufschlussreich, etwas über die Ansichten und Meinungen der Eltern zu erfahren. Nach einer kurzen Zusammenfassung der Ergebnisse machte ich den Vorschlag, die Zusammenstellung (Erwartungen/Befürchtungen) zur Grundlage für den nächsten Elternabend zu machen.

Zusammenfassung der Ergebnisse und Erfahrungen

In der folgenden Auflistung sind die Äußerungen der Eltern zusammengefasst:

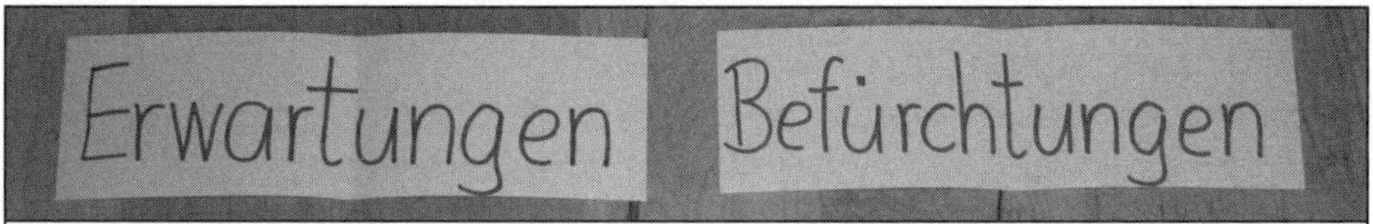

Ich wünsche mir, dass mein Kind in dieser jahrgangsübergreifenden Klasse ...

- nach einer Eingewöhnung von der stärkeren Differenzierung profitiert.
- die vorgegebenen Ziele erreicht.
- lernt, anderen zu helfen und tolerant zu sein.
- lernt, selbstständig zu arbeiten.
- schneller selbstständig wird.
- motivierter lernt.
- schneller verantwortungsbewusst wird.
- Teamgeist entwickelt.
- Disziplin lernt.
- ein Zugehörigkeitsgefühl entwickelt und ein starker Klassengeist entsteht.
- sich wohl fühlt.

Ich befürchte, dass mein Kind ...

- sich unter den vielen großen Zweitklässler-Jungen nicht entfalten und durchsetzen kann.
- in der 1. Klasse überfordert ist, weil sich das Lerntempo und Niveau an den Älteren orientiert.
- als Erstklässler überfordert wird.
- eventuell als Zweitklässler unterfordert ist.
- die Lernziele nicht erreicht.
- zu wenig Kontrolle bei den Hausaufgaben erhält.

Wenn man als Lehrerin oder Lehrer diese Aufstellung liest, bemerkt man, wie viel oder auch wie wenig Eltern – geprägt von ihrer Erfahrung und auch durch die Berichterstattung in den Medien – vom Unterricht in jahrgangsübergreifenden Klassen wissen.

Der zweite Elternabend (drei Monate später)

Die Ergebnisse des ersten Elternabends sollen unsere weitere Arbeit in der Klasse bestimmen. Zugleich sollen sie der Beginn einer prozessbegleitenden Evaluation sein. So erfolgte die Einladung zu einem zweiten Abend mit dem Thema: *Austausch über erste Erfahrungen mit jahrgangsübergreifendem Unterricht.* Folgende Vorbereitungen des Elternabends führte ich durch:

- jeweils zwei Arbeitsblätter mit der Zusammenfassung der Erwartungen und der Befürchtungen bereitstellen,
- Tafelbild: wie am ersten Elternabend, Überschriften: Erwartungen Befürchtungen; darunter die entsprechenden Satzanfänge: „Ich wünsche ...", „Ich befürchte ...",
- Papierstreifen, mit den von den Eltern genannten Aspekten herstellen; drei farbige Papierkreise in Rot, Gelb und Grün hinter den einzelnen Aspekt kleben.

Zu Beginn des Abends knüpfte ich an die Ergebnisse der ersten Sitzung an und bat die Eltern, eine „Ampelwertung" vorzunehmen. Für dieses Vorgehen hatte ich mich entschieden, um ein auch für ausländische Eltern möglichst leicht verständliches Verfahren anzuwenden. Die Ampelwertung sah folgendermaßen aus:

1. Erwartungen
- rot: mein Wunsch ist noch nicht erfüllt
- gelb: mein Wunsch erfüllt sich in Ansätzen
- grün: mein Wunsch ist schon erfüllt

2. Befürchtungen
- rot: meine Befürchtung ist eingetroffen
- gelb: ich kann die Situation noch nicht einschätzen
- grün: meine Befürchtung habe ich nicht mehr

Die Eltern konnten jetzt – nach vorangegangenen Gesprächen an den einzelnen Gruppentischen – alle gleichzeitig an der Tafel ihre Wertung durch ein Kreuz in den jeweiligen Farbkreisen vornehmen. Nach dieser Phase, die auch für mich wegen der Ergebnisse spannend war, notierten wir die Auswertung, um auch sie als „Meilenstein" auf unserem Weg durch die Grundschulzeit festzuhalten.

Resümee und Auswirkungen

Nach meinen Erfahrungen mit Elternabenden und Elterngesprächen habe ich immer wieder festgestellt, dass viele Eltern – aufgrund ihrer persönlichen Erfahrungen aus ihrer eigenen Schulzeit – keine realistische Vorstellung mehr vom Schulalltag heute haben. Umso verständlicher ist dann ihre Sorge, wenn neue Konzepte eingeführt werden sollen, wie jetzt das jahrgangsübergreifende Unterrichten, das Eltern häufig mit „Abteilungsunterricht" gleichsetzen. Entsprechend gab es Befürchtungen auf dem Elternabend.

Hier hat es sich aus meiner Sicht als sehr positiv erwiesen, Eltern die Möglichkeit zu geben, ihre Erwartungen und auch ihre Befürchtungen zu äußern. Durch geeignete Methodenwahl konnte ich die Eltern in den laufenden Prozess unserer Unterrichtsentwicklung und schließlich der Schulentwicklung insgesamt einbeziehen. Vorträge dienen der Information, das eigene Erleben aber in und mit der Klasse ihres Kindes kann viel eher Befürchtungen nehmen. Letztlich entlastet es auch die Lehrerin und den Lehrer, die in offener, vertrauensvoller Atmosphäre gemeinsam mit dem Kollegium und den Eltern die Arbeit meistern und neue Wege wie das jahrgangsübergreifende Unterrichten erfolgreich gehen wollen.

Karin Matheisen

Eltern gewinnen

Die Umstellung von Jahrgangsklassen auf jahrgangsgemischte Klassen ist ein großer Einschnitt in traditionelle Vorstellungen von Schule. Allgemein bekannt sind solche Maßnahmen als Kompromiss oder als Notlösung in kleinen Dorfschulen und bei einigen wenigen Schulen, die nach reformpädagogischen Konzepten arbeiten. In der „normalen" Grundschule wird selbstverständlich in Jahrgangsklassen unterrichtet.

Jetzt ist eine andere Form von Grundschule angesagt, in der die Kinder erfolgreicher lernen, die Schule wirksamer fördern kann. Und wer von den Eltern würde sich dies nicht wünschen. Nur dass das Patentrezept die „jahrgangsgemischte Lerngruppe" sein soll, das wird ihnen weniger einleuchten.

Deren Skepsis, Verunsicherung und Misstrauen auszuräumen und deren Akzeptanz zu erreichen, muss daher der erste Schritt in einem gemeinsamen Prozess sein, an dem alle zu beteiligen sind. Die Eltern müssen wissen, worum es geht, damit sie die Arbeit ihrer Kinder weiterhin überzeugend unterstützen können. Und das können sie nur mit der notwendigen eigenen Sicherheit. Daher kann die Umstellung nur gemeinsam zu einer überzeugenden und erfolgreichen Sache werden.

Voraussetzung für diesen Schritt, bevor alle weiteren erfolgen können, sind das Abklären und der Konsens im Kollegium über den Zeitpunkt der Umstellung, mögliche Konzeptansätze (die später auszuarbeiten sind), das Festlegen, wer Klassenlehrerin wird etc.

Das Wichtigste danach ist eine breit angelegte Information der Eltern. Damit die Schule die Informationen nicht verkürzt oder gefiltert weitergibt und – wie bei der „Stillen Post" – Verunsicherungen entstehen, sollten sie möglichst zeitgleich an alle Eltern weitergegeben werden. Zudem sollte in entsprechenden Veranstaltungen genügend Raum für Fragen und zum Austausch von Argumenten zur Verfügung stehen. Die einzelnen Schritte werden im Folgenden beschrieben.

Informationsveranstaltung für alle Eltern

Diese Veranstaltung dient einer ersten grundlegenden Information. Themen, die auch schon in der Einladung stehen:

- Information über die rechtlichen Grundlagen. Diese in Stichworten visualisieren, auszugsweise auch vorlesen und erläutern (Voraussetzung: eingehende Beschäftigung damit in einer Lehrerkonferenz).
- Neues Verständnis von Schulfähigkeit, veränderte Akzentuierung des kindlichen Lernens. Zum neuen Verständnis die amtlichen Ausführungen vorstellen und erläutern.
- Diskussion (Klären von Teilnehmerfragen)

Im Anschluss an diese Informationen Raum für Teilnehmerfragen zur Verfügung stellen. Dabei sollten die Eltern erfahren, dass ihre geäußerten Befürchtungen, Vorbehalte und Wünsche festgehalten werden und selbstverständlich in die Planungsarbeit mit einfließen. Am Ende der Veranstaltung werden die Eltern auf weitere Gesprächsmöglichkeiten hingewiesen: Ein Elternbriefkasten wird in den nächsten Wochen vor dem Lehrerzimmer aushängen, in den sie – auch anonym – Zettel mit ihren weiteren Fragen einwerfen können. Auf diese Fragen wird bei zwei weiteren Informationsmöglichkeiten eingegangen: ein in Kürze geplanter Elternabend in allen

Klassen (Termin bekannt geben) sowie zwei bis drei Sprechstunden der Schulleitung für weitere Fragen (Termin bekannt geben). In Informationsrundbriefen werden regelmäßig Zwischenergebnisse der Konzeptentwicklung mitgeteilt.

Elternabende in allen Klassen

Zu diesem Elternabend in der gewohnten Weise einladen.
Mögliche Fragen und Antworten:

- Lernen Kinder wirklich etwas, wenn kein Klassenunterricht stattfindet?

  Selbstbestimmtes Lernen anhand ausgesuchter didaktischer Lernmaterialien mit der Möglichkeit der Selbstkontrolle macht mehr Spaß, ist motivierender und daher effektiver. Probleme beim Lernen kann die Lehrperson, die ja frei ist vom Unterrichten, sofort aufgreifen und beheben.

- Werden denn die Kinder alles lernen, was in der Grundschule vorgesehen ist?

  Die Schule ist natürlich weiterhin den Richtlinien und Lehrplänen verpflichtet. Dies wird sowohl bei der Materialauswahl als auch bei der Planung des gemeinsamen Unterrichts berücksichtigt.

- Werden die größeren Kinder denn nicht in ihrem Lernen und Weiterkommen durch die jüngeren Kinder gestört?

  Da Kinder für diese Form des Arbeitens viele Regeln lernen und verlässlich einhalten müssen, wachsen die jüngeren Kinder schnell und natürlich in das bestehende System hinein und haben ihrerseits die notwendigen Regeln bald verinnerlicht. Häufig regeln die Kinder ihr Verhalten untereinander. Wenn die jüngeren Kinder stören, werden sie von den älteren Kindern ermahnt und in ihre Grenzen verwiesen.

- Orientieren sich die älteren Kinder nicht eher nach „unten", wenn sie mit jüngeren Kindern zusammen in einer Klasse lernen?

  Da sich die älteren Kinder auch immer als „Helfer und Berater" der jüngeren Kinder fühlen, entwickeln sie erfahrungsgemäß auch viel Ehrgeiz, einen gewissen Vorsprung zu behalten. Und sie können als „Helfer" Gelerntes beim nochmaligen Erklären festigen, aber auch eigene Unsicherheiten aufdecken und beheben.

- Wie sieht es mit der Benotung aus? Gibt es noch genügend Grundlagen?

  Systematische Bewertungen finden nach wie vor statt. In offenen Lernsituationen kann die Lehrperson die Leistungen der Kinder vielfältiger und genauer beobachten, sodass insgesamt die Notengebung sehr viel differenzierter durchgeführt werden kann.

- Gibt es Kinder, die nicht für einen solchen Unterricht geeignet sind?

  Diejenigen Kinder werden es am besten schaffen, die auch durch elterliche Erziehungskonzepte bisher Freiräume hatten, ihre eigenen kleinen Dinge zunehmend selbstständiger regeln zu können. Kinder, denen Eltern viel abnehmen, für die alles entschieden und gemacht wird, die werden es schwerer haben mit der jetzt notwendigen Selbststeuerung.

- Führen häufiger Gruppenwechsel (von der jahrgangsgemischten Stammklasse in altersgleiche Lerngruppen) und Lehrerwechsel nicht bei den Kindern zu Irritationen?

  Die Jahrgangsgruppe innerhalb der Stammklasse (1 bis 3) bleibt vier Jahre lang eine stabile Bezugsgruppe, wobei es für die Kinder eine feste Größe ist, dass jährlich neue dazukommen und die Großen gehen. Dies ist verlässlich und schafft daher keine Irritationen. Wenn drei Klassenverbände als Team zusammenarbeiten, wird sich das 4. Schuljahr aus drei stabilen Gruppierungen zusammensetzen, die sich von Anfang an aus dem Fachunterricht kennen. Was den Lehrerwechsel im 4. Schuljahr betrifft, sollte diese Lehrkraft mindestens im vorhergehenden Schuljahr den Kindern aus einem Fachunterricht bekannt sein.

Kinder informieren

Auch Kinder haben ein Bild von Schule im Kopf. Es zu verändern bedeutet auch für sie Irritation und Unsicherheit. Daher ist es wichtig, zeitgleich mit der Elternschaft auch die Kinder über die neue Form von Schule und über die zu erwartenden Veränderungen zu informieren.

- Wo muss ich heute noch üben?
- Wo will ich meine Leistungen verbessern?
- Was möchte ich heute dazulernen?
- Wozu habe ich heute große Lust?
- Welcher Idee möchte ich nachgehen?

Es wird wichtig sein, sich mit Kindern Zeit zu nehmen, dies einzuüben, und das kann vorher schon im Kopf passieren.

Zum anderen: Bald werden Erstklässler in unsere Klasse kommen, die ebenfalls in dieser Weise lernen werden, und denen wir beim Lesen- und Schreibenlernen (neben unseren eigenen Aufgaben) helfen können. Dies wird die Kinder sehr anspornen, und auch sie werden viele Fragen stellen, die es zu beantworten gilt.

Einzelsprechstunden

Es empfiehlt sich, zwei bis drei Einzelsprechstunden anzubieten, um auf Befürchtungen der Eltern eingehen zu können. So lassen sich Vorbehalte und Sorgen ausräumen.

Schulpflegschaftssitzung

In diesem Gremium werden die Erfahrungen aus den Informationsveranstaltungen (Hauptsorgen der Eltern) noch einmal besprochen, erste Ergebnisse der Planungsgruppe vorgestellt und weitere grundsätzliche Überlegungen diskutiert. Dabei sollte eine möglichst breite Akzeptanz erreicht werden. Mögliche erste Planungsergebnisse:

- Aussagen zur Altersmischung: am besten die Jahrgänge 1/2/3 gemischt und die 4. Klasse als Jahrgangsklasse oder gar 1 bis 4
- Aussagen zu Teilungsmöglichkeiten der Klassen

Begonnen werden sollte zu Beginn des neuen Schuljahres mit der Teilung der Klasse 2, um dazu jeweils eine Gruppe von Erstklässlern zu geben, bei der Mischung 1 bis 3 können im folgenden Jahr noch einmal Erstklässler dazukommen. Auch dieser Teilungsprozess muss sehr behutsam sowohl mit Eltern als auch mit Kindern durchgeführt werden. Mögliche Schritte:

1. Kinder der betroffenen Klassen wissen, dass ihre Gruppe geteilt werden und mit einer Gruppe neuer Erstklässler ihre neue Klasse entstehen wird. Nun sollen sie bei der Teilung mitbestimmen und sich zunächst in Zweier- oder Dreiergruppen mit ihren besten Freunden und Freundinnen zusammenstellen. In Absprache mit den Kindern werden dann die Kleingruppen so lange zusammengefügt, bis zwei Großgruppen entstanden sind. Kinder erfahren an dieser Stelle, dass auch nach der Teilung die Möglichkeit bestehen wird, auch mal in die andere Klasse zu gehen und dort mit einem Kind aus der früheren Klasse zu arbeiten.
2. Unmittelbar danach sollten die beiden Gruppen sich jeweils einen Namen geben (z. B. Elefantenklasse oder Tigerklasse), um sich so schon im Vorfeld mit ihrer neuen Klasse besser identifizieren zu können. Die Kinder malen ihr Klassentier und beschäftigen sich in ähnlicher Weise bis zur wirklichen Teilung immer wieder mit der neuen Situation.

3. Parallel dazu nennen die Eltern (ggf. in einem Brief) der Lehrperson bezüglich der Teilung *ihre* persönlichen Wünsche für ihr Kind.
4. Die Daten werden miteinander abgestimmt, gegebenenfalls mit einigen Eltern nochmals nachverhandelt.
5. Am Elternabend (noch vor der Teilung) werden die geteilten Gruppen bekannt gegeben und Eltern mit in Gestaltungsprozesse einbezogen: Auf Stofftaschen für die Klassenschuhe werden die Symbole der Klassentiere aufgenäht, es werden Armbändchen mit den Symbolen hergestellt etc. – eine langsame Annäherung.

Die Mitglieder der Schulpflegschaft nennen weitere Vorschläge, die in die Planungsgruppe weitergegeben werden.

Schulkonferenz

In der abschließenden Schulkonferenz werden Konzepte vorgelegt und Beschlüsse gefasst. Das fertige Konzept wird in das Schulprogramm aufgenommen und den Eltern zur Einsicht vorgelegt.

Ingrid Nicklaus

Stichwortverzeichnis